编号：2021-2-233

岗课赛证 GKSZ

国家新闻出版署出版融合发展（北师大出版社）重点实验室
重点课题"教育出版融合发展的理论与实践研究"优秀成果
教育类专业"岗课赛证融通"配套教材

新形态教材
入眼·入脑·入手
易教·乐学

融媒体版

幼儿教师口语

（第2版）

YOU'ER JIAOSHI KOUYU

主　　编：高　昕
副主编：王雪环　马玉荣　滕　藤　褚　香
参　　编：徐　伟　孙　力　张海清　于丹丹

北京师范大学出版集团
BEIJING NORMAL UNIVERSITY PUBLISHING GROUP
北京师范大学出版社

图书在版编目（CIP）数据

幼儿教师口语/高昕主编. --2版. --北京：北京师范大学出版社，2022.8（2025.8重印）--ISBN 978-7-303-26357-8

Ⅰ.①幼…　Ⅱ.①高…　Ⅲ.①幼教人员—汉语—口语—幼儿师范学校—教材　Ⅳ.①H193.2

中国版本图书馆CIP数据核字（2020）第179172号

出版发行：北京师范大学出版社 https://www.bnupg.com
北京市西城区新街口外大街12-3号
邮政编码：100088
印　　刷：三河市兴达印务有限公司
经　　销：全国新华书店
开　　本：889 mm×1194 mm　1/16
印　　张：16.5
字　　数：322千字
版　　次：2022年8月第2版
印　　次：2025年8月第24次印刷
定　　价：36.80元

策划编辑：姚贵平　　　　责任编辑：申立莹
美术编辑：焦　丽　　　　装帧设计：焦　丽
责任校对：陈　荟　　　　责任印制：赵　龙

致读者

语言是交流和思维的工具。幼儿期是语言发展的关键期，幼儿语言的发展可以促进其全面发展。幼儿运用语言与他人交流，发展着人际交往能力，深刻地影响着自身的社会化进程，对认知的深化、概念的形成具有极大的促进作用。幼儿语言教育日益受到学前教育工作者乃至全社会的高度重视。《幼儿园教育指导纲要（试行）》《3—6岁儿童学习与发展指南》对幼儿语言发展提出了明确的要求。

幼儿教师是幼儿的第一任教师，是一个人在幼儿时期发展的关键指导者之一，其言行对幼儿一生的影响是深远的。幼儿教师在工作中运用标准、规范的普通话，能够起到言传身教的作用，帮助幼儿形成良好的语言习惯，提升其语言表达能力。同时，幼儿教师使用专业的职业用语与幼儿及家长沟通，能够自觉规范自己的言行，减少师德失范事件的发生。

幼儿教师是幼儿园教育教学活动的主要策划者、指导者和引领者。口语是教师传授知识和教育幼儿的最主要手段。教师向幼儿施加影响主要是通过口语进行的，即使在现代教育技术普遍应用的今天，教师口语的作用仍然不会被削弱。教师还承担着对幼儿进行思想品德教育和行为规范教育的重任。语言是其完成这些任务不可缺少的工具，是教师和幼儿沟通的桥梁。除了与幼儿进行交往，幼儿教师在工作中必然会与同事、家长及其他人员产生交集，在这个过程中必然要使用语言进行沟通和交流。幼儿教师口语使用得当，则能够顺利开展工作，引导幼儿形成良好的语言习惯，提升幼儿的语言表达能力，营造和谐的工作氛围。

20世纪90年代，为适应我国改革开放和现代化建设需要，深化师范教育改革，提升教师职业能力，教育部要求各级各类师范院校开设“教师口语”课程，并总结各地的成功经验，广泛征求语言应用理论、教育理论、课程理论等方面专家和各师范院校教师口语任课教师的建议和意见，经多方论证，制定了《师范院校“教师口语”课程标准（试行）》（以下简称《课程标准》），于1993年在各地试行。《课程标准》规定教师口语是“研究教师口语运用规律的一门应用语言学科，是在理论指导下培养师范生在教育、教学等工作中口语运用能力的实践性很强的课程”。从1994年起，“教师口语”作为一门全新课程在全国高等师范院校开设，从名称到内容都具有开创性的意义。课程开设以来，在教育行政部门及相关专家的指导下，再加上普通话水平测试工作的有序、有力推进，高等师范院校在“教师口语”教学研究方面取得了诸多成绩。“幼儿教师口语”是“教师口语”课程的一个特殊分支，即一门研究幼儿教师口语运用规律的科学，与“教师口语”相比较，增加了与学前教育专业紧密相关的内容，充分体现了其专业特点。

本书作者在进行多年“幼儿教师口语”教学和研究的基础上，在习近平新时代中国特色社会主义思想的指导下，全面落实立德树人根本任务，旨在培养“有理想信念、有道德情操、有扎实学识、有仁爱之心”的“四有”好老师。本书注重引入应用语言学、学前教育学等相关理论，依据《幼儿园教师专业标准（试行）》《中小学和幼儿园教师资格考试标准（试行）》，结合幼儿教师口语现状、幼儿语言发展水平和幼儿园语言教学活动实际，以及学前教育专业技能大赛要求，遴选优秀案例，精心编排内容。本书较为全面地反映了幼儿教师口语使用现状，概括了幼儿教师口语的基本特点，阐述了在新的教育背景下幼儿教师提升口语能力的意义，重点讲述了普通话基本知识、难点音训练方法以及普通话水平测试的要求等，指导学前教育专业学生提高朗读、讲故事、演讲、童话剧表演等基本技能，并结合幼儿园教育活动实例，对幼儿教师集体教学活动口语、教育口语、交际口语的恰当运用进行系统讲述。

本书与同类教材相比，其主要特点如下。

1. 与时俱进，理实融合

本书的适用对象为学前教育、幼儿保育等专业的学生，以《幼儿园教师专业标准（试行）》等为依据，体现了学前教育的新理念、新要求、新规范。针对学生的知识基础、专业要求构建相对完整的理论体系，突出理论体系的科学性、完整性与系统性，注重知识与技能的内在逻辑结构。为了便于学生理解，更好地用理论指导实践，本书较为系统地阐述了普通话语音、普通话水平测试、常用口语技巧、幼儿教师职业口语等基本概念、基本原理和基本知识，力求简明扼要，重点突出。

在教材编写中，我们充分关注内容的应用性，在“术”的层面上着力突出“有用”的价值追求。口语艺术是教师实践性知识的重要方面，实践性知识具有个体性、经验性、情境性等特点。在内容上我们着力于将理论与实践相结合，将理论阐述与实践相融合，采用课堂教学、课堂练习、课外指导、课外实践、课外活动等方式进行。

2. 课证相融，特色鲜明

学前教育专业学生应在毕业前通过国家普通话水平测试等级考试、幼儿园教师资格考试（笔试和面试）。本书紧密围绕这两项国家级考试，设置了普通话语音练习、普通话水平测试练习、幼儿文学作品讲述（表演）练习、幼儿教师职业教学口语练习等内容，以期帮助学生全面提升口语能力，达到相关测试、考试的要求。我们将《普通话水平测试实施纲要》的重点内容编入教材之中，在阐述理论时援引与幼儿园教育活动相关的案例，在设计练习时大量选用幼儿文学作品，在理论知识、实践训练上均突出学前教育专业特色。本书语言平实，深入浅出，可读性强。

3. 继承创新，媒体融合

关于普通话学习、教师口语学习，此前已有比较多的研究成果。本书在借鉴已有成果的基础上，融入最新的时代元素和教育理念，力图紧密结合学前教育及高等教育改革的实际，对教材的内容体系进行重新建构，努力反映新时代学前教育理论研究和教学实践领域的最新成果。

在教材的内容和形式上，我们创造性地融入多种媒体，借助二维码链接与教材内容高度相关的音频、视频、图片、文字资料，大大增加了教材的容量，为教师讲授指导、学生学习练习提供丰富、实用、恰切的材料。

“幼儿教师口语”为学前教育专业基础课，一般安排 32 ～ 48 课时，历时 1 ～ 2 个学期，教学内容建议安排如下（以 48 课时为例，其中理论课时为 26 课时、实践课时为 22 课时，若为其他总课时请参考，可根据实际情况进行调整）。

项目	教学内容	理论课时	实践课时
专题一 认识幼儿教师口语	学习主题 1　幼儿教师口语的内涵	1	1
	学习主题 2　幼儿教师口语的价值		
	学习主题 3　幼儿教师口语的学习内容和学习方法		

续表

项目	教学内容	理论课时	实践课时
专题二 普通话基本知识	学习主题 1　普通话的形成与发展	2	0
	学习主题 2　语音的性质及基本概念		
	学习主题 3　汉语拼音方案		
专题三 普通话语音	学习主题 1　声母	1	1
	学习主题 2　韵母	1	1
	学习主题 3　声调	1	1
	学习主题 4　音节	1	1
专题四 普通话音变	学习主题 1　变调	1	1
	学习主题 2　轻声	1	1
	学习主题 3　儿化	1	1
	学习主题 4　语气词“啊”的变读		
专题五 普通话水平测试指导	学习主题 1　认识普通话水平测试	1	0
	学习主题 2　普通话水平测试分项练习	2	2
	学习主题 3　普通话水平测试常见非语音失误与矫正	1	1
	学习主题 4　计算机辅助普通话水平测试流程		
专题六 幼儿教师口语技能	学习主题 1　科学发声	1	1
	学习主题 2　态势语		
	学习主题 3　朗读	2	2
	学习主题 4　讲述	2	2
	学习主题 5　演讲	1	1
	学习主题 6　表演	2	2
专题七 幼儿教师职业口语	学习主题 1　认识幼儿教师职业口语	1	0
	学习主题 2　幼儿教师集体教学活动口语	1	1
	学习主题 3　幼儿教师教育口语	1	1
	学习主题 4　幼儿园其他工作用语	1	1

本课程考试以口试为主，涉及普通话水平测试、幼儿文学作品讲述（表演）技能、模拟授课等；要加强平时成绩的考核，将学生的口语练习渗透到日常学习、生活中。

本书由高昕制订编写方案，统筹、策划全书的整体框架以及媒体呈现的方式和内容，负责全书及相关资料的审核。各专题具体编写分工（以专题的先后为序）：高昕执笔专题一、专题五；王雪环执笔专题二、专题六的学习主题 5；张海清执笔专题三的学习主题 1、学习主题 2、学习主题 4；孙力执笔专题四的学习主题 1、学习主题 2；于丹丹执笔专题三的学习主题 3，专题四的学习主题 3、学习主题 4，专题六的学习主题 1、学习主题 2；褚香执笔专题六的学习主题 3；滕藤执笔专题六的学习主题 4、学习主题 6；马玉荣执笔专题七的学习主题 1、学习主题 2；徐伟执笔专题七的学习主题 3、学习主题 4。全部作者均参与教案、课件、音频、视频的设计、制作。

此外，徐州幼儿师范高等专科学校及附属幼儿园、徐州高等师范学校、徐州市第三十一中学、徐州开发区第一幼儿园等单位为音频、视频的拍摄提供了人员及场地，一并致谢。

本书在编写过程中，参考了相关成果（未能一一联系上原作者，请原作者与主编联系），在此一并致谢。由于水平所限，本书仍存不足之处，恳请读者提出宝贵意见和建议（发邮件至 yaoguiping@126.com），以便我们修订、完善。

编 者

目　录
CONTENTS

目　录
CONTENTS

目　录
CONTENTS

目　录
CONTENTS

专题一
认识幼儿教师口语

>> 学习目标

1. 认识学习幼儿教师口语的必要性。
2. 掌握幼儿教师口语的内涵、价值。
3. 了解幼儿教师口语的学习内容。
4. 掌握幼儿教师口语的学习方法。

>> 思维导图

- 认识幼儿教师口语
  - 幼儿教师口语的内涵
    - 幼儿教师口语的理解
    - 学前教育相关文件对幼儿教师口语的要求
    - 幼儿教师口语的具体要求
  - 幼儿教师口语的价值
    - 幼儿教师口语是推广普通话的有力途径
    - 幼儿教师口语是组织保教活动的主要手段
    - 幼儿教师口语是幼儿学习语言的直接范本
  - 幼儿教师口语的学习内容和学习方法
    - 学习内容
    - 学习方法

>> 专题导入

一天中午，孩子们在午睡前大声讲话，老师说："孩子们，你们的身体躺在床上休息了，为什么不让你们的小嘴巴也休息一下呢？"孩子们听了都笑了起来，笑过之后就安静地睡着了。

这就是富有感染力、趣味性的语言的魅力。走进幼儿园，我们会发现，幼儿对有的教师很亲近，对有的教师很疏远，造成这一现象的主要原因之一是幼儿教师语言运用是否恰当。幼儿教师的语言是与幼儿沟通的重要工具，教师在教育教学工作中正确、恰当运用语言尤为重要。

学习主题 1 幼儿教师口语的内涵

【视频】
走在幼教的春天里

语言是交流和思维的工具。幼儿期是语言发展的关键期，幼儿语言的发展可以促进幼儿的全面发展。幼儿运用语言与他人交流，发展着人际交往能力，深刻地影响着其社会化进程，对幼儿认知的深化、概念的形成具有极大的促进作用。幼儿语言教育日益受到学前教育工作者乃至全社会的高度重视，《幼儿园教育指导纲要（试行）》《3—6 岁儿童学习与发展指南》对幼儿语言发展提出了明确的要求。幼儿教师是幼儿的第一任教师，是一个人在幼儿时期发展的关键指导者之一，其言行对幼儿一生的影响是重要而深远的。

【视频】
认识幼儿教师口语

一、幼儿教师口语的理解

教师口语是在应用语言学指导下的一门研究教师口语运用规律和特点的学科，主要研究规范发音的规律、一般交际口语的规律以及正确使用教师职业口语的规律。“幼儿教师口语”是教师口语的一个特殊分支，是幼儿教师在幼儿园保教活动和社会活动中所运用的符合一定规律的工作语言。

二、学前教育相关文件对幼儿教师口语的要求

（一）《幼儿园教育指导纲要（试行）》 >>>>>>>>>>>>>>>>>>>>>>

教育部于 2001 年颁布《幼儿园教育指导纲要（试行）》，将幼儿园的教育内容划分为健康、语言、社会、科学、艺术五个领域，其中关于幼儿语言领域发展的目标、内容与要求等的规定如下。

学习笔记

1. 目标

（1）乐意与人交谈，讲话礼貌。

（2）注意倾听对方讲话，能理解日常用语。

（3）能清楚地说出自己想说的事。

（4）喜欢听故事、看图书。

（5）能听懂和会说普通话。

2. 内容与要求

（1）创造一个自由、宽松的语言交往环境，支持、鼓励、吸引幼儿与教师、同伴或其他人交谈，体验语言交流的乐趣，学习使用适当的、礼貌的语言交往。

（2）养成幼儿注意倾听的习惯，发展语言理解能力。

（3）鼓励幼儿大胆、清楚地表达自己的想法和感受，尝试说明、描述简单的事物或过程，发展语言表达能力和思维能力。

（4）引导幼儿接触优秀的儿童文学作品，使之感受语言的丰富和优美，并通过多种活动帮助幼儿加深对作品的体验和理解。

（5）培养幼儿对生活中常见的简单标记和文字符号的兴趣。

（6）利用图书、绘画和其他多种方式，引发幼儿对书籍、阅读和书写的兴趣，培养前阅读和前书写技能。

（7）提供普通话的语言环境，帮助幼儿熟悉、听懂并学说普通话。少数民族地区还应帮助幼儿学习本民族语言。

3. 指导要点

（1）语言能力是在运用的过程中发展起来的。发展幼儿语言的关键是创设一个能使他们想说、敢说、喜欢说、有机会说并能得到积极应答的环境。

（2）幼儿语言的发展与其情感、经验、思维、社会交往能力等其他方面的发展密切相关，因此，发展幼儿语言的重要途径是通过互相渗透的各领域的教育、丰富多彩的活动中去扩展幼儿的经验，提供促进语言发展的条件。

（3）幼儿的语言学习具有个别化的特点，教师与幼儿的个别交流、幼儿之间的自由交谈等，对幼儿语言发展具有特殊意义。

（4）对有语言障碍的儿童要给予特别关注，要与家长和有关方面密切配合，积极地帮助他们提高语言能力。

（二）《3—6 岁儿童学习与发展指南》 >>>>>>>>>>>>>>>>>>>>>>

2012年，指导我国幼儿学习的纲领性文件——《3—6岁儿童学习与发展指南》正式颁布。《3—6 岁儿童学习与发展指南》在结构上将幼儿的学习与发展分为健康、语言、社会、科学和艺术五大领域。其中，幼儿园语言学习与发展目标分为两大类型：一是口头语言学习与发展的目标，二是幼儿书面语言学习与发展的目标。这两大类型的语言学习与发展目标共有六个条目，清晰地表明了幼儿阶段语言学习与发展的经验的具体状况，如表 1–1 所示。

表 1–1　幼儿语言领域的维度及目标

领域	维度	目标
语言	口头语言——倾听与表达	目标 1　认真听并能听懂常用语言
		目标 2　愿意讲话并能清楚地表达
		目标 3　具有文明的语言习惯
	书面语言——阅读与书写准备	目标 1　喜欢听故事，看图书
		目标 2　具有初步的阅读理解能力
		目标 3　具有书面表达的愿望和初步技能

口头语言维度中，目标 1 主要是从语言输入的角度，强调幼儿能够有意识地认真听并且能听懂（表 1–2）。

目标 2 主要是从语言输出的角度，强调幼儿“愿意说”这种人际交往心理能力以及使用有声语言和身体语言的表达能力（表 1–3）。

表 1–2　目标 1　认真听并能听懂常用语言

3～4 岁	4～5 岁	5～6 岁
1. 别人对自己说话时能注意听并做出回应。 2. 能听懂日常会话。	1. 在群体中能有意识地听与自己有关的信息。 2. 能结合情境感受到不同语气、语调所表达的不同意思。 3. 方言地区和少数民族幼儿能基本听懂普通话。	1. 在集体中能注意听老师或其他人讲话。 2. 听不懂或有疑问时能主动提问。 3. 能结合情境理解一些表示因果、假设等相对复杂的句子。

表 1–3　目标 2　愿意讲话并能清楚地表达

3～4 岁	4～5 岁	5～6 岁
1. 愿意在熟悉的人面前说话，能大方地与人打招呼。 2. 基本会说本民族或本地区的语言。 3. 愿意表达自己的需要和想法，必要时能配以手势动作。 4. 能口齿清楚地说儿歌、童谣或复述简短的故事。	1. 愿意与他人交谈，喜欢谈论自己感兴趣的话题。 2. 会说本民族或本地区的语言，基本会说普通话。少数民族聚居地区幼儿会用普通话进行日常会话。 3. 能基本完整地讲述自己的所见所闻和经历的事情。 4. 讲述比较连贯。	1. 愿意与他人讨论问题，敢在众人面前说话。 2. 会说本民族或本地区的语言和普通话，发音正确清晰。少数民族聚居地区幼儿基本会说普通话。 3. 能有序、连贯、清楚地讲述一件事情。 4. 讲述时能使用常见的形容词、同义词等，语言比较生动。

目标 3 主要是从语言交际技巧的角度，强调情境调解技巧和文明用语的使用等（表 1–4）。

表 1–4　目标 3　具有文明的语言习惯

3～4 岁	4～5 岁	5～6 岁
1. 与别人讲话时知道眼睛要看着对方。 2. 说话自然，声音大小适中。 3. 能在成人的提醒下使用恰当的礼貌用语。	1. 别人对自己讲话时能回应。 2. 能根据场合调节自己说话声音的大小。 3. 能主动使用礼貌用语，不说脏话、粗话。	1. 别人讲话时能积极主动地回应。 2. 能根据谈话对象和需要，调整说话的语气。 3. 懂得按次序轮流讲话，不随意打断别人。 4. 能根据所处情境使用恰当的语言。如在别人难过时会用恰当的语言表示安慰。

书面语言中，目标 1 主要强调的是幼儿喜欢阅读的内部动机以及听故事和看图书的阅读习惯（表 1–5）。

目标 2 主要强调的是幼儿初步掌握的阅读理解能力（表 1–6）。

目标 3 主要强调幼儿对书写表达的心理愿望和能力，即阅读的输入、理解和输出三个目标（表 1–7）。

学习笔记

表 1-5　目标 1　喜欢听故事，看图书

3～4 岁	4～5 岁	5～6 岁
1. 主动要求成人讲故事、读图书。 2. 喜欢跟读韵律感强的儿歌、童谣。 3. 爱护图书，不乱撕、乱扔。	1. 反复看自己喜欢的图书。 2. 喜欢把听过的故事或看过的图书讲给别人听。 3. 对生活中常见的标识、符号感兴趣，知道它们表示一定的意义。	1. 专注地阅读图书。 2. 喜欢与他人一起谈论图书和故事的有关内容。 3. 对图书和生活情境中的文字符号感兴趣，知道文字表示一定的意义。

表 1-6　目标 2　具有初步的阅读理解能力

3～4 岁	4～5 岁	5～6 岁
1. 能听懂短小的儿歌或故事。 2. 会看画面，能根据画面说出图中有什么，发生了什么故事等。 3. 能理解图书上的文字是和画面对应的，是用来表达画面意义的。	1. 能大体讲出所听故事的主要内容。 2. 能根据连续画面提供的信息，大致说出故事的情节。 3. 能随着作品的展开产生喜悦、担忧等相应的情绪反应，体会作品所表达的情绪情感。	1. 能说出所阅读的幼儿文学作品的主要内容。 2. 能根据故事的部分情节或图书画面的线索猜想故事情节的发展，或续编、创编故事。 3. 对看过的图书、听过的故事能说出自己的看法。 4. 能初步感受文学语言的美。

表 1-7　目标 3　具有书面表达的愿望和初步技能

3～4 岁	4～5 岁	5～6 岁
1. 喜欢用涂涂画画表达一定的意思。	1. 愿意用图画和符号表达自己的愿望和想法。 2. 在成人提醒下，写写画画时姿势正确。	1. 愿意用图画和符号表现事物或故事。 2. 会正确书写自己的名字。 3. 写画时姿势正确。

（三）《幼儿园教师专业标准（试行）》 >>>>>>>>>>>>>>>>>>>>>>

《幼儿园教师专业标准（试行）》明确指出，幼儿园教师是履行幼儿园教育教学工作职责的专业人员，需要经过严格的培养与培训，具有良好的职业道德，掌握系统的专业知识和专业技能。

《幼儿园教师专业标准（试行）》在“专业理念与师德”维度的“幼儿保育和教育的态度与行为”领域，提出要“重视自身日常态度言行对幼儿发展的重要影响与作用”。在“专业能力”维度的“环境的创设与利用”领域，提出要“创设有助于促进幼儿成长、学习、游戏的教育环境”。在“一日生活的组织与保育”领域，提出要“充分利用各种教育契机，对幼儿进行随机教育”。在“游戏活动的支持与引导”领域，提出要“引导幼儿在游戏活动中获得身体、认知、语言和社会性等多方面的发展”。在“教育活动的计划与实施”领域，提出要“在教育活动的设计和实施中体现趣味性、综合性和生活化，灵活运用各种组织形式和适宜的教育方式”“提供更多的操作探索、交流合作、表达表现的机会，支持和促进幼儿主动学习”。在“激励与评价”领域，提出要“关注幼儿日常表现，及时发现和赏识每个幼儿的点滴进步，注重激发和保护幼儿的积极性、自信心”“有效运用观察、谈话、家园联系、作品分析等多种方法，客观地、全面地了解和评价幼儿”。在“沟通与合作”领域，提出要“使用符合幼儿年龄特点的语言进行保教工作”“善于倾听，和蔼可亲，与幼儿进行有

学习笔记

效沟通”“与同事合作交流，分享经验和资源，共同发展”“与家长进行有效沟通合作，共同促进幼儿发展”“协助幼儿园与社区建立合作互助的良好关系”。

想一想

亲爱的同学，你还记得上幼儿园时老师对你说过的话吗？能说一说这句（些）话为什么给你留下了深刻的印象吗？

三、幼儿教师口语的具体要求

各行各业都有规范的行业用语，因为工作对象、语言交流对象不同，幼儿教师口语有如下要求。

（一）语音标准，语法规范

3～6岁的幼儿正处在语言发展的关键时期，主要靠观察和模仿来学习语言。幼儿教师是幼儿主要的模仿对象，其语言会在保教活动中潜移默化地影响幼儿语言的发展。因此，幼儿教师必须使用标准的普通话进行保教工作，语音要正确，使用的词语和语法要符合现代汉语的规范。

情景再现

小宋老师是一个非常前卫的女孩儿，喜欢使用流行的港台腔和网络语言。一次，她接手了一个新班，在第一次见面时，她对孩子们说：“哇，小朋友们，你们好好可爱哦，老思（师）好好爱你们哦！”小朋友回答：“哇，老思（师），你好好漂亮哦，我们好好爱你哦！”

【评析】小宋老师把“老师”的“师”发成舌尖前音“思”是语音错误，还使用了“好好”等不符合现代汉语语法规范的用语，没有辨识能力的幼儿出于对老师的信任和喜爱，对其语言进行模仿。由此可见，幼儿教师的语音标准、用语规范对幼儿语言学习与发展起着举足轻重的作用。

（二）深入浅出，形象生动

语言和思维有密不可分的关系，幼儿的思维以形象思维为主，所以幼儿教师的语言不仅要用词浅显，而且在表述时要有声有色、形神兼备。幼儿教师应多用一些象声词、语气词、叹词以及拟人、比喻、夸张等修辞手法，让幼儿如临其境，并且要善于利用幼儿已有的知识和感兴趣的话题来让其学习新的知识，认识新的事物。

情景再现

秋天到了，跳跳看到地上落满了枯枝和树叶，就“呜呜”大哭起来。老师询问其原因，原来是跳跳以为大树妈妈要死了。老师没有给孩子阐述深刻的科学知识，而是给长头发的瑶瑶梳头发，并让跳跳在一旁看。梳完后老师问瑶瑶：“你的头发掉了，疼吗？”瑶瑶说：“不疼！”老师对跳跳说：“其实，树上掉树枝和树叶就像我们每天都要掉头发一样，是很正常的，树妈妈一点儿都不疼，头发掉了还会长，树叶掉了也会长，所以树妈妈不会死的，而且每年掉落的树叶在泥土里变成养分，会让树妈妈在第二年长出更加茂密的枝叶。”

【评析】这位老师在解决问题时，考虑到了幼儿的接受能力，没有讲述深奥的科学原理，而是用幼儿自己的感受和已有的经验巧妙地回答了看似复杂的问题，真正做到了深入浅出、通俗易懂。

（三）循循善诱，富有情趣

每个幼儿都是独立的个体，都有自己的个性。幼儿教师不仅要了解每个年龄段幼儿的共同特点，还要了解每个幼儿的性格、爱好等，只有这样，在保教过程中才能由浅及深、因人而异地进行活动指导和沟通交流。

幼儿教师语言的儿童情趣不是模仿幼儿奶声奶气的“娃娃腔”，也不是多用不规范的叠音词，如“车车”“饭饭”等，而是说幼儿喜欢听的话和能够听得懂的话，这就要求幼儿教师要有一颗童心，尊重幼儿，热爱幼儿，理解幼儿，从幼儿的视角看问题，有较强的语言表现力。

情景再现

吃午饭时，小朋友们在兴奋地谈论着六一儿童节的游戏，所以教室里很乱很吵。老师说：“咦，我们教室里什么时候飞进来那么多小蜜蜂啊？嗡嗡嗡嗡的，多吵呀！我们快把它们请出去，别打扰我们吃饭了。”孩子们听了都会意地笑了，之后便安静下来吃饭了。

【评析】幼儿教师善于使用幼儿喜欢听的、听得懂的语言，使幼儿能够心悦诚服地接受，协助老师达到教育目标。

思考与练习

1. 什么是幼儿教师口语？
2. 请简述《幼儿园教师专业标准（试行）》对幼儿教师口语的要求。
3. 请结合自己熟悉的案例，谈一谈幼儿教师口语的要求是什么。
4. 请设定一个幼儿园工作场景，假设你是一名幼儿教师，你该如何跟幼儿进行交流？
5. 请朗读下面的儿童散文诗。

扫码
查看参考答案

会唱歌的森林

有一座会唱歌的森林。

森林的歌，清逸而悠扬。仿佛好多好多歌手在歌唱，有的轻悠悠的，有的高亢激昂……

是大树在唱歌吧？森林里最多的是树。

我走进了这片森林，走进了歌声里。歌声如细碎的阳光，在枝头跳跃，在林中飞翔，走走，看看，听听。当我发现森林里最多的不是树时，我找到了真正的歌手。

瞧，每一棵树上，都有许多许多小鸟。每一只小鸟，都爱唱歌。

小鸟的歌，从树梢洒下，在枝叶的缝隙里流泻成金色的阳光瀑布。

小鸟的歌，挂在枝头的叶片上，结成晶莹的露珠。

小鸟的歌，落在地上的红草莓、圆蘑菇和各种漂亮的花朵上。

小鸟的歌，跳进溪水里，变成了活蹦乱跳的小鱼、小蟹、小虾……

小鸟的歌，汇成了森林的歌。

哦，每一座森林都会唱歌。

学习主题 2 幼儿教师口语的价值

【视频】
幼儿园大班韵律活动
"阿拉丁神灯"

学前教育专业的培养目标是培养不仅能够开展保教工作，而且能够胜任班级管理工作，具有一定的实践能力、服务能力、创新能力的高素质幼儿教师。学前教育专业学生的就业岗位、服务对象的特殊性对其工作语言提出了更高的标准、更精细化的要求，因而幼儿教师口语具备其独特的价值。

一、幼儿教师口语是推广普通话的有力途径

语言文字事业具有基础性、全局性、社会性和全民性的特点，是国家综合实力的重要支撑力量。发展语言文字事业事关历史文化传承和经济社会发展，在国家发展战略中具有重要地位和作用。

党的二十大报告要求“加大国家通用语言文字推广力度”。这是党的工作报告中第一次提出推广国家通用语言文字的要求。由此可见，国家对于推广通用语言文字工作的重视程度达到了前所未有的高度。《国家通用语言文字普及提升工程和推普助力乡村振兴计划实施方案》明确将“推进学前儿童学会普通话”作为重点任务，实施“童语同音”计划，为学前儿童进入义务教育阶段学习奠定良好语言基础。另外，《中小学生普通话水平测试等级标准及测试大纲》（试行）于 2022 年 12 月 15 日起试行。该规范充分借鉴普通话水平测试长期积累的学术成果和实践经验，力求与中小学生的心智特点和学业要求相适应，与义务

相关链接

教育是国之大计、党之大计。培养什么人、怎样培养人、为谁培养人是教育的根本问题。育人的根本在于立德。全面贯彻党的教育方针，落实立德树人根本任务，培养德智体美劳全面发展的社会主义建设者和接班人。坚持以人民为中心发展教育，加快建设高质量教育体系，发展素质教育，促进教育公平……统筹职业教育、高等教育、继续教育协同创新，推进职普融通、产教融合、科教融汇，优化职业教育类型定位。加强基础学科、新兴学科、交叉学科建设，加快建设中国特色、世界一流的大学和优势学科。引导规范民办教育发展。加大国家通用语言文字推广力度。深化教育领域综合改革，加强教材建设和管理，完善学校管理和教育评价体系，健全学校家庭社会育人机制。加强师德师风建设，培养高素质教师队伍，弘扬尊师重教社会风尚。推进教育数字化，建设全民终身学习的学习型社会、学习型大国。

——选自党的二十大报告

教育语文课程标准和教学实践相结合，与普通话水平测试有效衔接，将中小学生的普通话水平划分为6级，适用于义务教育阶段小学五年级及以上学生普通话水平的测评或评估监测。

幼儿期是语言发展的关键期，因此，要提高幼儿学好普通话的自觉意识，提升幼儿的普通话水平，为其在中小学阶段顺利通过普通话测试奠定坚实的基础。更为重要的是，幼儿在学习普通话的过程中，必将潜移默化地受到祖国优秀文化的熏陶，感受到汉语的伟大魅力，也必将在此过程中增强历史自信、文化自信，让马克思主义和中华优秀传统文化在心底牢牢扎根。

二、幼儿教师口语是组织保教活动的主要手段

幼儿教师面向幼儿开展保教活动以及与家长沟通的最重要的手段就是口头语言。

《3—6岁儿童学习与发展指南》提出幼儿园对幼儿实施体、智、德、美各方面协调发展的教育目标，要求幼儿教师口语既要有培养幼儿发展思维能力的启发性语言，又要有引导启迪幼儿学习知识的形象、生动的语言，还要有启蒙幼儿热爱美、发现美、创造美的语言，能根据不同的教育对象采用不同的语言施教，在口语表达过程中还应注意显现普通话的音韵美、节奏美等美感，让幼儿充分感受普通话的美，激发幼儿热爱普通话、学习普通话的美好情感和学习兴趣。

幼儿教师向幼儿施教主要是通过说话进行的，教师的口头表达能力影响着教学的效果。即使是在现代化教学手段普遍应用的今天，教师口头语言的作用也不可能被取代或者被削弱。如果教师的语言重复啰唆、条理不清、颠三倒四、呆板枯燥，不但不能被幼儿理解，还会直接影响幼儿表达的逻辑性、科学性。在保教活动中，教师通过口头语言向幼儿讲授知识，讲述故事，强调要点，其科学准确、充满智慧、富于启发性的语言是提高保教质量的重要手段，教师清晰、简练的语言能指导幼儿有序地开展各项活动；在家长会上，教师大方自信、有的放矢、言简意赅的表达能使家长更好地理解教师的意图并给予配合……这些，都要求幼儿教师具有较好的口语表达能力。

三、幼儿教师口语是幼儿学习语言的直接范本

《3—6岁儿童学习与发展指南》“语言领域”目标2主要是从语言输出的角度，强调培养幼儿“愿意说”这种人际交往的心理能力以及使用有声语言和身体语言的表达能力。幼儿语言学习与发展的核心是语言交际能力的提升。幼儿掌握语音、词汇和语法，其目的都是与他人进行交往。

幼儿教师施教对象是处在特殊年龄段的群体——3～6岁的幼儿。幼儿期是

学习笔记

学习笔记

人生语言学习的最佳时期、最敏感时期，也是语言能力发展最快、学习效果最好的阶段。此阶段的幼儿语言学习以自然习得为主，其语言能力是通过在生活中积极主动地运用而发展起来的。在幼儿园里，幼儿的交往对象除了同伴就是教师，教师应充分利用各种机会，引导幼儿积极运用语言进行交流。教师应当多给幼儿提供听的机会，并引导幼儿学会认真听。教师还应结合情境使用丰富的语言，特别是通过生动而丰富的语气和语调，促进幼儿对语言的理解。与幼儿进行言语沟通时，教师本身的语言素养非常重要。幼儿的知识经验较少，理解、判断能力较弱，教师口语的表达形式无形中成了幼儿习得语言的榜样。因此，幼儿教师口语首先应是准确、规范的普通话，教师在保教活动中使用的语言在语音、词汇、语法方面都应符合普通话的要求，这样才能为幼儿提供良好的语言学习和模仿范本。通过集体教学活动和游戏活动，幼儿不仅能从教师那里获得知识，而且可以学到语言。

思考与练习

1. 请结合自己的专业谈一谈幼儿教师应如何贯彻落实党的二十大报告提出的“加大国家通用语言文字推广力度”。
2. 请以“学前教育专业的学生必须学习幼儿教师口语”为题在班级内举行一个微型辩论赛。
3. 请声情并茂地朗诵下面的儿歌。

小鼓响咚咚

我的小鼓响咚咚，我说话儿它都懂。
我说小鼓响三声，小鼓说声“咚咚咚！”
哎哟哟，这不行，妹妹睡在小床中，
我说小鼓别响了，小鼓说声“懂懂懂！”

扫码
查看参考答案

学习主题 3
幼儿教师口语的学习内容和学习方法

一、学习内容

根据课程目标，“幼儿教师口语”这门课程的内容包括普通话语音知识、普通话水平测试、幼儿教师口语技能、幼儿教师职业口语四个方面。

（一）普通话语音知识

了解普通话的内涵、发展历史、语音基本知识；学习普通话声母、韵母、声调的正确发音，针对方言与普通话的差别进行针对性较强的练习；学习普通话音节的拼合规律，正确拼写音节；学习上声变调、“一”“不”变调、轻声、儿化、语气词“啊”的音变规律，围绕难点进行练习。这一部分内容的学习可以提高学生普通话的标准程度和规范程度。

（二）普通话水平测试

了解普通话水平测试内容、各项评分标准；通过案例分析测试中的易失分点，明确测试要求、练习方法；清楚计算机辅助普通话水平测试流程及注意事项。

这一部分内容有助于学生顺利通过国家普通话水平等级测试，取得相应的等级证书。

（三）幼儿教师口语技能

幼儿教师口语技能将进行口语表达技巧的实际操作练习，包括学习科学发声、保护嗓子的方法；学习口语表达中不可或缺的辅助手段——态势语的表达技巧；学习朗读的内部技巧、外部技巧以及常见文学体裁（幼儿文学作品）的朗读技巧，进行幼儿教师最重要的基本功——幼儿故事的讲述技巧练习，学习命题演讲和即兴演讲技巧。通过这一部分内容的学习，学生能够较好地掌握朗读、讲故事、演讲、表演等口语表达技巧，提高口语表达的生动性、形象性和感染力。

（四）幼儿教师职业口语

在前期普通话练习和口语技能练习的基础上，结合学前教育专业的教育学、儿童发展心理学、语言活动设计等专业课程，进行幼儿教师工作语言练习，包括教育口语、集体教学活动口语、工作交际用语等，以期帮助学生熟悉幼儿园工作，巩固专业思想。

二、学习方法

幼儿教师想要提高自己的口语修养、提升口语表达能力并非易事。一个人的口语表达能力是一种综合能力，与其情感态度、知识经验、文化积淀、心理素质和思维能力等密切相关，这就要求幼儿教师要不断加强思想道德、心理品质和知识文化等方面的修养，在实践—总结—再实践的基础上使口语能力获得明显提升。

（一）纠正方音

幼儿教师要想讲一口标准、规范、流畅的普通话，首先就要克服方言对普通话语音的影响，找到自己所在方言区在语音、词汇、语法方面与普通话的不同之处，认真比对，加以练习，逐渐改掉乡音乡调、方言土词和不符合现代汉语语法规范的语言。

（二）善于模仿

同学们在学习幼儿教师口语时不可闭门造车，可以通过学习“幼儿教师口语”在线资源，多听标准的普通话示范朗读音频，观看名家朗诵视频、声情并茂的

幼儿园教师资格考试要点

面试依据教育部印发的《中小学和幼儿园教师资格考试标准（试行）》和《中小学和幼儿园教师资格考试大纲（试行）》（面试部分），通过备课（或活动设计）、试讲（或演示）、答辩（或陈述）等环节进行。

学习笔记

学习笔记

讲故事视频、幼儿园教育教学视频等，模仿正确、规范的发音，学习口语表达技巧，提高自身的语言表达能力，增强语言的感染力。

（三）积极实践 >>>

对于在教材里、课堂上、在线课程中所学的有关普通话知识、用气发声技巧、口语表达技巧等，同学们在课后要进行反复练习，注重结合幼儿园实际工作环境进行练习，多参加口语实践活动或竞赛，在学习生活中坚持用标准、规范的普通话。

（四）阅读积累 >>>

“语言是思想的物质外壳”，语言是各种知识和信息的载体。一个人扎实的语言功底取决于其广博的知识积累和丰富的信息储备。只有掌握大量的语言表达的第一手材料，才能使口语表达材料取之不尽、用之不竭，用时方可信手拈来。因此，同学们平时要注重阅读，广泛涉猎，使自己成为一个知识渊博的人。

思考与练习

1. “幼儿教师口语”课程的学习内容有哪些？
2. 请结合自己的实际谈一谈如何学习“幼儿教师口语”这门课程。
3. 请以“如何提高口语表达能力”为题在班级内开展一次讨论会。
4. 请尝试用生动、形象的语言讲述以下两篇幼儿故事。

扫码
查看参考答案

想飞的小象

有一只小象，他刚刚出生。第一天，他看见了许多小动物。第二天，他认识了许多花儿、草儿。第三天，妈妈带他到河边，他看见了河水和高山。小象说：“世界真大呀！”这时，一只小鸟在天空中飞来飞去。小象想：“要是我也会飞，可以看更多的东西，那该多好呀！”小象爬上树去学飞，“哎哟”一声，摔了一个大跟头。蛇看见了说：“小象，我们有自己的本事。我也不会飞，可是，我会在树上睡觉。”狮子说：“我也不会飞，可是，我能跳过宽宽的大河。”老虎说：“我也不会飞，可是，我会游泳。”爸爸妈妈对小象说：“我们大象力气大，这是小鸟不能比的。”小象明白了，他跟着爸爸妈妈运木头。他用长鼻子一钩，大木头就被搬走了。大家都喜欢他。小象说：“我是小象真幸福。”

【视频】
想飞的小象

鹅大哥出门

鹅大哥一摇一摆地走出门去，来到池塘边，看见自己的倒影，心里乐滋滋地说：“瞧，我多漂亮啊，红红的帽子，雪白的羽毛，谁也比不上！”

鹅大哥真神气，大步大步往前走。看见一群小鸡，它大声嚷嚷：“让开，让开！你们这些小东西。”看见一群小鸭，它又大声嚷嚷：“走开，走开！你们这些小不点儿。”

鹅大哥越来越神气，它把胸脯挺得高高的，脑袋抬得高高的，眼睛望着天，连前面有个大泥坑也没看见，“扑通”一声，掉进了泥坑里。大白鹅变成了大黑鹅，这一下，它可就神气不了啦！

【视频】
鹅大哥出门

实践训练

训练一　朗读歌词《让我们荡起双桨》

【音频】
让我们荡起双桨

让我们荡起双桨，小船儿推开波浪，
海面倒映着美丽的白塔，四周环绕着绿树红墙。
小船儿轻轻漂荡在水中，迎面吹来了凉爽的风。
红领巾迎着太阳，阳光洒在海面上，
水中鱼儿望着我们，悄悄地听我们愉快歌唱。
小船儿轻轻漂荡在水中，迎面吹来了凉爽的风。
做完了一天的功课，我们来尽情欢乐，
我问你亲爱的伙伴，谁给我们安排下幸福的生活！
小船儿轻轻漂荡在水中，迎面吹来了凉爽的风。

训练二　讲述故事《元元的帽子》

【视频】
元元的帽子

元元在树林里玩，“呼呼呼”吹来了一阵大风，哎呀！风把元元的帽子吹跑了，帽子飞呀飞呀，飞到了树顶上。

“我的帽子！我的帽子！”元元急得大哭起来。“咦，谁在哭呀？”大象听见了，“噔噔噔”地走了过来：“小弟弟，你为什么哭呀？”元元说：“我的帽子飞了，飞到了树顶上。”大象连忙说：“不要哭，不要哭，我有长长的鼻子，我帮你拿帽子。”大象伸着长鼻子，可是够不着帽子。大象说：“对不起，小弟弟，我拿不到帽子。”

元元又哭了：“帽子，帽子，我的帽子！”“咦，谁在哭呀？”长颈鹿听见了，“哒哒哒”地走了过来：“小弟弟，你为什么哭呀？”元元说：“我的帽子飞了，飞到树顶上了。”长颈鹿连忙说：“不要哭，不要哭，我有长长的脖子，我帮你拿帽子。”长颈鹿伸着长脖子，也够不着帽子。长颈鹿说：“小弟弟，对不起，我也拿不到帽子。”

元元又哭了：“帽子，帽子，我的帽子！”“咦，谁在哭呀？”猴子蹦蹦跳跳地走了过来：“小弟弟，你为什么哭呀？”元元说：“我的帽子飞了，飞到了树顶上。”猴子连忙说：“不要哭，不要哭，我帮你拿帽子。”

元元说：“你没有长长的鼻子，也没有长长的脖子，怎么能拿到帽子呢？”猴子笑着说：“可是我会爬树呀。”猴子“噌噌噌”地爬上大树，拿到帽子。猴子把帽子戴在了头上，又“骨碌碌”地爬下树，再把帽子戴在元元的头上。元元可高兴了，连忙说：“谢谢你，小猴子！”

专题检测题

扫码
查看参考答案

请阅读下面大班语言集体教学活动教学实录，评价幼儿教师教学活动口语的优缺点。

一、音乐导入，激发幼儿兴趣。

师：小朋友们，现在是什么季节啊？请说一说你们眼中的春天是什么样的。在春天里，植物和动物会发生什么变化呢？

二、初步欣赏诗歌，分享感受。

师：诗歌名称是《春天是一本书》，下面老师朗读，请大家认真听，听完以后跟老师和小朋友分享你的感受。

（老师声情并茂地朗读诗歌。）

师：诗歌中说春天是一本什么样的书？你听到了哪些句子？你最喜欢哪一句？听了有哪些感受呢？

三、配图朗诵，分段欣赏。

1. 播放课件一，幼儿欣赏并理解诗歌内容。

师：诗人把春天比作什么？为什么？

师：春天是一本什么样的书？里面说到了哪些植物？它们是什么颜色的？为什么说春天是一本彩色的书呢？

师：除了诗歌说到的颜色以外，春天还有什么颜色呢？

小结：春天各种花都开了，有很多不同的颜色，所以说春天是一本彩色的书。

2. 播放课件二，幼儿欣赏并理解诗歌内容。

师：春天是一本什么样的书？诗歌里说谁笑了？笑起来是什么样子的？为什么说春天是一本会笑的书呢？

小结：风吹在小池塘的水面上，水波纹就像小酒窝。小朋友笑了，咧开了嘴。

3. 播放课件三，幼儿欣赏并理解诗歌内容。

师：春天是一本什么样的书？里面说到了哪些动物？它们是怎么唱歌的？为什么说春天是一本会唱歌的书呢？

小结：春天燕子飞来了，冬眠的青蛙醒了，它们都在快乐地歌唱。

四、朗诵诗歌，表现诗歌内容。

师：请孩子们自由组合，连贯朗诵诗歌，发挥想象力，一边朗诵一边用肢体动作表现。

五、活动延伸。

师：孩子们，你们的小眼睛看到了什么样的春天呢？试试把它们编到你的诗歌里吧。

学习评价与反思

评价要点：熟悉与幼儿教师口语要求相关的文件，正确认识幼儿教师口语的价值，了解本门课程的学习内容和学习方法。

专题二
普通话基本知识

>> 学习目标

1. 了解现代汉民族共同语——普通话的形成过程，初步掌握现代汉语方言的分布情况。
2. 理解普通话语音的性质，掌握普通话语音常用的基本概念。
3. 通晓《汉语拼音方案》的内容与用途，准确拼写和拼读。

>> 思维导图

- 普通话基本知识
  - 普通话的形成与发展
    - 语言的形成及作用
    - 汉语的历史及影响
    - 现代汉民族共同语与方言
  - 语音的性质及基本概念
    - 语音的性质
    - 语音的基本概念
  - 汉语拼音方案
    - 用途
    - 内容
    - 使用规则

>> 专题导入

春秋时期，孔子开堂授课，来自不同地区的学生齐聚一堂，但是他遇到了一个难题：这个难题不是因为学生太多不好管理，不是一堆堆沉重的课本，也不是学生调皮扰乱课堂秩序，而是大家来自不同地区，在教学上有交流障碍。没有统一的语言，再好的学问学生也听不懂。试想，如果孔子上课一味地用鲁国话，那么纵然他学识渊博，有很多的要言妙语，学生听不懂也无济于事。怎么办？孔子采用了一种大家都能听得懂的语言——雅言进行教学。雅言是汉民族共同语吗？和我们现在使用的普通话有什么区别？

学习主题 1 普通话的形成与发展

俄罗斯有一个谜语：不是蜜，却可以粘住一切东西。谜底是语言。高尔基曾高度评价："人民的智慧用一个谜语的形式，极其确切地说明了语言的意义。"

本主题我们主要了解汉语的发展历史和影响，掌握普通话的定义，明确现代汉民族共同语的三大标准。

一、语言的形成及作用

（一）语言的形成

语言的产生既是主动的，也是被动的，这个结果是人类进化过程中的产物，也是智慧型生物独有的特性。它是为了满足交际和交流思想的需要而在劳动过程中产生的，劳动决定了产生语言的需要，同时也决定了产生语言的可能。原始社会，人类能力弱小，为了防御猛兽的袭击，需要成群而居、共同劳动。因而也就需要一种充当相互交际、沟通了解并协调工作的工具。语言就是为了满足这种需要而产生的。

人类的语言有口头语言和书面语言两种形式。口头语言是用口头进行交际的语言形式，简称口语。书面语言是指人们在书写和阅读文章时所使用的语言，它是在口头语言的基础上发展而来的，是在文字产生之后才出现的。

（二）语言的作用

语言不但是人类社会的交际工具，而且是人类最重要的交际工具。无论经济发达的时代，还是经济十分落后的社会，都必须有属于自己的语言，都离不开语言这个交际工具。语言是社会组成必不可少的一个因素，是人类与动物相区别的重要特征之一。语言是联系社会成员的桥梁和纽带，没有语言，人类就无法交际，人与人之间的联系就会中断，社会就会崩溃，不复存在。人们在运用口头语言进行交际的时候，不但动嘴，而且脸部的表情、手的动作，乃至整个躯体的姿态等非语言因素也都会参与进来。也就是说，人类在交际的时候除了运用语言工具之外，还可以运用非语言的交际工具。

语言不但是人类的交际工具，而且是人类思维的工具，是认识成果的储存所。思维过程离不开语言，需要借助语言来进行比较、分析、综合等一系列活动，需要借助语言来形成思想，并把思想储存在头脑中，再借助语言把思想表达出来，传达给听话的人，同时使听话的人产生思想。此外，人类思维的成果——概念，还可以通过词语固定下来。总之，思维活动的过程不可能离开语言单独进行，

学习笔记

思维离不开语言，必须借助语言材料才能进行。语言也离不开思维，二者是互相依存、共同发展的。

【微课视频】
汉语的历史及影响

二、汉语的历史及影响

（一）汉语的历史 >>

汉语是汉藏语系里最主要的语言，具有悠久的历史。现代汉民族共同语——普通话是在北方方言的基础上经过政治、经济和文化的影响逐步形成的，它经历了一个长期的发展过程。根据王力先生的观点，汉语的发展史大致可以分为四个时期，如表 2–1 所示。

表 2–1　汉语发展的四个时期

发展时期	朝代	名称	特点
上古汉语	先秦两汉	雅言	言文一致
中古汉语	六朝至唐宋	通语	言文脱节
近代汉语	金元明清	天下通语 官话	出现口语词和外来词
现代汉语	五四运动至今	国语 华语 普通话	白话文取代文言文

学习笔记

1. 上古汉语：先秦两汉时期

这一时期的汉语标准语，一般认为就是《诗经》的语言，即“雅言”，也叫“洛语”“正音”。雅言主要流行于黄河流域以洛阳为中心的中原地区。这一时期的特点是言文一致，即口语与书面语比较一致。《论语》《孟子》是语录体，记载的都是当时的口语。

2. 中古汉语：六朝至唐宋时期

由于历史上“重文轻语”的倾向、儒家经典语言的确立以及汉字对书面语的特殊影响，这个时期产生了口语和书面语脱节的现象。在民族共同语的演进基础上，汉朝的“通语”就是当时朝廷命令通行全国的正式用语。唐宋时期，产生了接近口语的书面语言——白话，它是在北方方言的基础上形成的。

3. 近代汉语：金元明清时期

随着白话文学作品，如长篇章回小说的流传，北方方言得到快速推广。元代以后，北京话作为官府的通用语言传播到全国各地，在金元时期被称为“天下通语”，在明清时期被称为“官话”，逐渐成为各方言区之间共同使用的交际工具。官话作为现代汉民族共同语的口语形式，最晚在 14 世纪中期（元末明初）已经形成。

4. 现代汉语：五四运动至今

五四运动时期，出现了“三大语文运动”——汉语拼音运动、国语运动和

学习笔记

白话文运动。其中，白话文运动的兴起，动摇了文言文的统治地位，为白话文最后在书面语上取代文言文创造了条件。五四运动时期，现代汉民族共同语已经形成。

新中国成立以后，为了适应社会主义建设事业和国际交往的需要，1955 年，教育部和中国文字改革委员会联合召开了“全国文字改革会议”，会上正式确定现代汉民族的共同语是普通话。普通话的规范是“以北京语音为标准音，以北方话为基础方言”。1956 年 2 月，国务院又增补了“以典范的现代白话文著作为语法规范”这一内容。从此，普通话就有了更为科学、更为严密的定义。这个定义全面概括了普通话的语音标准、词汇基础和语法规范。

（二）汉语的影响

周朝以后，随着各朝国都的迁移，雅言的基础方言也逐渐扩散。历代汉族王朝，都不遗余力地推广雅言。雅言在唐宋时期发展到了最高峰，达到了一字一音，唐诗宋词作品大量涌现，周边各国皆争相学习洛阳雅言。以洛阳话为标准音的普通话历时超过一千年，因为雅言的科学性和古朴典雅，邻国均以主动学习雅言为荣。受雅言影响较大的是日本、朝鲜、越南等周边国家：日文“片假名”由汉字楷体的偏旁部首演变而成，“平假名”则由汉字草书演变而来，时至今日，日本文字中仍保留有一千多个简体汉字；朝鲜文字是在李朝初期，依汉语音韵而创造出的；越南文字字喃是以汉字为基础，用形声、假借、会意等方法创制的表达越南语音的新字。另外，汉语还分布在新加坡、马来西亚等国家。

汉语是我国的主要语言，也是世界上使用人数最多的语言，还是联合国确定的六种工作语言之一。另外五种语言是英语、法语、俄语、阿拉伯语与西班牙语。目前，汉语和英语是世界上使用最广泛的两种语言。随着中国经济和世界影响力的增强，汉语将是最有活力和发展前景的语言。

三、现代汉民族共同语与方言

【微课视频】
普通话与方言

现代汉民族的共同语是指以北京语音为标准音，以北方话为基础方言，以典范的现代白话文著作为语法规范的普通话。“普通”是普遍、共同的意思，并不是平平常常、普普通通的意思。

（一）语音标准：以北京语音为标准音

普通话以北京语音为标准音，原因有三。一是历史原因。自辽金以后，北京几乎一直是我国首都，是全国政治、经济、文化中心。北京语音早已随着政治、经济和文化的不断发展，影响到了全国各地。明清时期产生的“官话”，实际上就是当时通用范围较广的初级普通话。二是五四运动以后，我国开展了以北京语音为基础的国语统一运动。20 世纪 30 年代以后，话剧、电影、广播中采用了较为纯粹的北京语音，逐渐影响到全国各地，使北京语音在客观上成了普通话的语音标准。三是北京语音本身有优势。在北京语音的音节里，元音占优势，没有复辅音。音节界限分明，有声调变化，节奏感强，悦耳动听。因此，普通话以北京语音为标准音，不是凭人们的主观愿望随意确定的，而是汉语随着社会发展而发展的必然结果。

（二）词汇标准：以北方话为基础方言 >>>>>>>>>>>>>>>>>>>>>>>>

在语言发展的过程中，汉语存在着共同语与方言的问题。方言是民族语言的地域分支，汉语共同语的书面形式自秦代以来基本都是统一的，但口语语音却有明显的地域性差别。

我国地域辽阔，山川阻隔，人口众多，加上封建统治历史很长，受政治、经济的影响，形成了方言复杂的局面。对于方言区域的划分，我国语言学界的意见还未完全统一，大多数人认为现代汉语有七大方言区，即北方方言区、吴方言区、赣方言区、湘方言区、闽方言区、粤方言区、客家方言区。

北方方言区以北京话为代表，分布地域广，主要有黄河流域广大地区，长江以北地区，长江以南的镇江以西、九江以东的沿江地带和湖北（东南角除外），四川、云南、贵州、湖南西北角以及广西的西北部。从东北的黑龙江到西南的昆明，从东南的南京到西北的酒泉，这么大的地区通话基本没有什么困难。北方方言区占汉语分布地区的四分之三，使用北方方言的人口占汉族总人口的70%以上。

吴方言区以上海话为代表，分布在上海、江苏长江以南、镇江以东（镇江不在内）和浙江的大部分地区，使用人口约占汉族总人口的8.4%。吴语与吴越文化血脉相连，“醉里吴音相媚好”。吴方言区保留着较多的古汉语用字用语，文化价值高。

赣方言区以江西南昌话为代表，分布在江西（东北沿江地带和南部除外）、湖北东南角，使用赣方言的人口约占汉族总人口的2.4%。

湘方言区以湖南长沙话为代表，分布在湖南（西北部除外）以及广东的北部，使用湘方言的人口约占汉族总人口的4.9%。

闽方言区主要分布在福建和台湾等地。闽方言有两个分支：一个是闽北话区，以福州话为代表，分布在福建北部和台湾的一小部分地区；另一个是闽南话区，以厦门话为代表，分布在福建南部、广东潮州和汕头一带、海南的一部分、台湾的大部分。使用闽方言的人口约占汉族总人口的5.7%。

粤方言区以广州话为代表，分布在广东、广西。使用粤方言的人口约占汉族总人口的5.0%。

客家方言区以广东梅县话为代表，分布在广东、广西、福建、江西等地，湖南、四川也有少数地区说客家话。它继承了较多古汉语的特性。一般认为，客语和后期中古汉语（以唐宋二代为准）之间的承袭关系较为明显，使用客家方言的人口约占汉族总人口的3.6%。

（三）语法标准：以典范的现代白话文著作为语法规范 >>>>>>>>>>>>

在典范的现代白话文著作里，由于书面语是经过作家们反复推敲加工的、

学习笔记

比较成熟的书面语言，具有普遍性、确定性和稳固性，不但文字简洁明了，修辞恰当，逻辑性强，而且词汇具有广泛的通用性，语法具有明确的规范性，因此国家将其确定为语法标准。

相关链接

关于汉字的起源，目前没有定论，较普遍的说法有以下五种。

1. 结绳说。

结绳记事是汉字起源最早的说法。上古时代没有文字，人们用结绳来帮助记忆，文字发明以后，人们才用文字取代了结绳。结绳记事就是原始人用绳子打结来帮助记忆、传递消息，打结的位置和形状不同，表达的意思也不同。

2. 仓颉造字说。

仓颉造字是流传最广的说法。仓颉被认为是我国原始象形文字的创造者。传说他独居深沟，“仰观奎星圜曲之势，俯察龟文鸟迹之象”，创造出了代表世间万物的字。东汉文字学家许慎尊他为“造字圣人”。《吕氏春秋》记载：“奚仲作车，仓颉作书。”《淮南子·本经训》记载：“昔者仓颉作书，而天雨粟，鬼夜哭。”

3. 八卦说。

八卦是上古巫人用作吉凶占卜的一种特殊符号。据说伏羲根据天地万物的变化，发明创造了八卦。他又结绳为网，用来捕鸟打猎，并教会了人们渔猎的方法。

4. 河图洛书说。

河图与洛书是中国古代流传下来的两幅神秘图案。相传，上古伏羲氏时，洛阳东北孟津县境内的黄河中浮出龙马，背负“河图”，献给伏羲。伏羲依此而演成八卦，后为《周易》的来源。又相传，大禹时，洛阳西洛宁县洛河中浮出神龟，背驮“洛书”，献给大禹。大禹依此治水成功，遂划天下为九州。

5. 图画说。

现代学者认为，汉字真正起源于原始图画。一些出土文物上刻画的图形，很可能与文字有渊源。

思考与练习

1. 语言是怎么形成的？语言有什么作用？
2. 汉语的发展经历了几个阶段？
3. 什么是普通话？
4. 普通话为什么要以北京语音为标准音？
5. 汉语有几大方言区？
6. 推广普通话是不允许说方言吗？
7. 谈谈自己所在地区的方言在语音、词汇和语法上与普通话的区别。
8. 请朗读下面的诗歌。

扫码
查看参考答案

我爱你　中国话

吴筱峰

有一种语言，它很神秘，
它蕴含着一个民族上下几千年悲喜交加的情感；
有一种语言，它很古老，
古老到那刻在骨头上的文字里都找不到它的起源；
有一种语言，它很丰富，
阴阳上去中回荡着慷慨激昂，倾诉着温婉缠绵；
有一种语言，它很自然，
点横竖撇捺就展现出花草虫鱼天地山川；
有一种语言，它很新鲜，
新鲜得几乎每天都在诞生着新的词汇让人应接不暇；
有一种语言，它很科学，
它一个“了”字便了却了苍苍茫茫的过去，
它一个“将”字便启动着轰轰烈烈的未来。
这，便是中国话，一个古老的东方神话！

中国话，是如诗如画的表达，
“春”，万物萌动，“秋”，万物凋愁，干渴的舌有了水就是“活”。
——哪一种语言能有如此精练简约？
“树索索而摇枝，马得得而驰骋”
——哪一种语言有如此逼真的描摹？
“落霞与孤鹜齐飞，秋水共长天一色”
——哪一种语言能说出如此图画般的美丽？
“春江潮水连海平，海上明月共潮生……”
——哪一种语言能有如此动听的节律？
“杨柳轻飏直上重霄九”
——哪一种语言能一语译透你丰富的含义？

中国话，是中国人心灵深处的吐纳。
是坎坎伐檀的魏国男子在喊号抬木，
是屈原的长叹项羽的啸吼司马迁的痛述，
是李白的浪漫杜甫的激愤，
是苏东坡的豪放深沉，
是李清照的“才下眉头，却上心头”，
是辛弃疾登楼阑干拍遍……
是“五四”前夜，李大钊在拊掌欢呼《庶民的胜利》，
是面对敌人的屠刀，鲁迅在指斥《无声的中国》，
是迎着特务的枪弹，闻一多拍案而起，弘扬正义！
是礼炮声中毛泽东庄严宣告：民族站起！
是电视屏幕上华侨啦啦队的“加油”声执着坚定！

中国话，是横贯时空诉说不尽的抒发。
雨巷深处，忧伤的女孩凝结成了美丽的丁香花，
这边那边啊！浓得化不开的乡愁，是因为想回家，
缀满月光的摇篮，依然回响着儿时的咿咿呀呀，
小学课本里，孩子们在看着图画学着说话，
祖国版图最南端，它的名字叫曾母暗沙，
地球最高、离太阳最近的地方，那是珠穆朗玛！
你是奥运赛场上国旗的招展，国歌的自豪与荣耀！
你是中国宇航员遨游太空发出的问候“你好，中华！”

中国话是中国人灵魂的声音，
中国话是中国人生命的呼吸，
中国话是长城内外、大河上下的地杰人灵，
中国话是世界上最多优秀儿女缠绵、铿锵的母语！

那黄河的不羁和刚强，是中国话！
那长江的奔放和潇洒，是中国话！
那大山的雄武，高原的粗犷，是中国话！
那江南的温柔，水乡的秀雅，是中国话！

中国话是一眼永不枯竭的甘泉，
浇灌着祖祖辈辈不息的生机；
中国话是一串永不休止的音符，
激荡着子孙后代炽热的生命。
听，中国话正通过我的胸腔、我的喉头在联合国
讲坛上响起……
——那么亲切优美，
——那么有力伟大！
因为，你
是一种精神的血缘，
是一种文明的凝聚！
你属于一个伟大的民族，一个朝阳升腾的天地！
我爱你，我们的中国话！！！

学习主题 2
语音的性质及基本概念

学习笔记

一、语音的性质

人类的发音器官是非常发达、灵活的。世界上已经发现的语言有6000多种，都是用同样的发音器官发出语音。这些语音的发音原理相同，只不过不同的语言在语音的属性上各有偏重，发音器官的部位、发音方法的不同配合，发出不同的音，用以表达不同的语义。因此，普通话语音既有语音的共性，又有其个性。

（一）物理性质 >>

语音是声音，声音可以从音色、音高、音长、音强四个方面去认识。

音色又叫音质，指的是声音的特色。普通话语音中的音色变化，主要是由发音器官状况的不同和发音方法的变化引起的。例如，说“啊”时，口腔要张大些；说“衣”时，口腔开口要小。发“p”音时，气流从口腔通过，发“m”音时，气流从鼻腔通过，这样就形成了不同的音色。音高是声音的高低。音高在汉语中有很重要的作用，如“衣”“移”“椅”“意”的差别，主要是音高的不同。音长是声音的长短。音强是声音的强弱。声音的强弱决定于发音时用力的程度和气流量的大小，用力大，气流强，声音就强，反之声音就弱。

普通话语音的两个音听起来不一样，首先是音色的差别，其次是音高的不同。

每种语言都有自己的轻重音特点。汉语词汇以单音节、双音节为主，重音作用不明显，但在表达完整意义的语句中，重音可以起强调其中某个词语意义的作用，如“我对他说了”，强调对“他”，不是对别人；“我对他说了”，强调谁说的；“我对他说了”，强调“说了”，没有隐瞒。普通话重音音节一般都是音长比较长，音强往往也有所加强。普通话轻音主要是音长大大缩短，

有区别词性和词义的作用，如“地道（dìdào/dì · dao）”。

普通话的语调主要由音高、音强、音长组成。例如，“他开飞机”这几个字，音高基本相同，是陈述语气；音高逐步上升，是疑问语气；重音放在“飞机”上，就是强调语气，表示他开的是飞机而不是汽车；“他”音读得比较长，后面再略微停顿，带有考虑的语气。以上变化没有影响四个音节的音节结构和音节所代表的意义，但语调不同，全句表达的实际意义就产生了很大的差异。

（二）生理性质

语音是由发音器官发出的。人的发音器官由上而下按照气流运送的三个阶段分为三个区域：动力区，包括肺、横膈膜、气管；声源区，包括声门、声带、喉头；成音区，包括口腔、鼻腔、咽腔，统称声腔。造成种种不同音色的区域主要在声腔。图 2-1 为发音器官示意图。

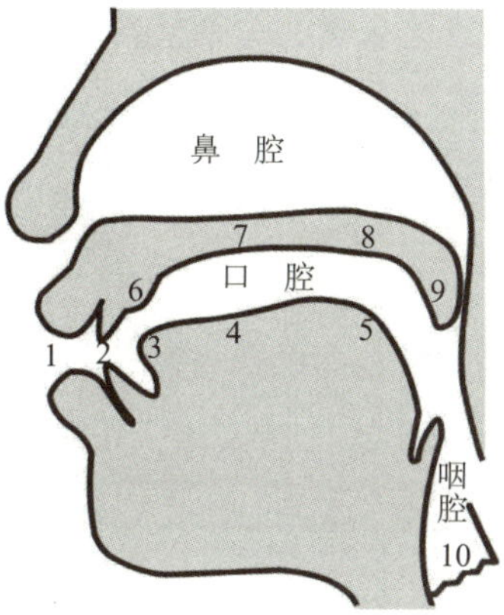

图2-1　发音器官示意图

（三）社会性质

语言是社会交际的工具，语音只有结合成词语才能表达意义，词语的意义是社会赋予的，因此，语音的社会性质是语音的本质。例如，普通话中的“n”“l”属于不同的语音单位，但在有些方言区却属于同一个语音单位，在同一方言区内“n”“l”不分并不影响人们的沟通交流。语言中的同音异义和同义异音现象也是如此，这些都是由同一语言环境的使用者约定俗成的，当然，这种约定俗成不能随心所欲，任意改变，也不以个人意志为转移，否则，彼此之间就无法进行沟通和交流了。所以，语音的社会性质是由语言的交际职能决定的。

二、语音的基本概念

（一）音素及分类

1. 音素

音素是从语音中划分出来的最小的语音单位，每个音素具有不同的音色。不同民族、不同国家可以用不同的声音来表述语义，但是不管是哪一种语言，

学习笔记

音素都是语音中最小的单位。例如，普通话中的 a、h、z、zh、i，英语中的 e、f、t、ch 等都是语音中的最小单位——音素。

多数情况下，一个字母表示一个音素，如 b、s、r，也有两个字母表示一个音素的，如 zh、ch、er 等。一个汉语音节可以由一个到四个音素组成，如 ā（啊）、bà（爸）、pāo（抛）、huáng（皇），这几个音节分别是由一、二、三、四个音素构成的。

2. 音素的分类

根据音素的发音性质，可以把音素分为两类，一类叫元音，另一类叫辅音。

元音，也叫母音，发音时声带振动，气流在口腔内畅通无阻，声音响亮，可以延长。普通话共有 10 个元音，它们是舌面元音 a、o、e、ê、i、u、ü，舌尖元音 -i（前）、-i（后），卷舌元音 er。

辅音，也叫子音，发音时有的声带振动，有的声带不振动，气流在口腔中受到一定的阻碍。普通话共有 22 个辅音，分别是 b、p、m、f、d、t、n、l、g、k、h、j、q、x、zh、ch、sh、r、z、c、s、ng。

（二）音节及构成 >>>>>>>>>>>>>>>>>>>>>>>>>>>>>>>>>>>>>>>

学习笔记

1. 音节

音节是人的听觉能感受到的最自然的语音单位。在汉语里，基本上是一个音节写成一个汉字，如 pǔtōnghuà 是三个音节，写成汉字就是“普通话”。这是汉语区别于其他语言的一个显著特点。但儿化音除外，如 huār 是一个音节，但写出来的汉字就是“花儿”两个字。

普通话有 400 多个音节，常用汉字有 3500 个，通用汉字有 7000 个左右。

2. 音节的构成

普通话的音节构成比较简单，传统的分析方法把它分解为声母、韵母、声调三个部分。

声母是音节开头的辅音，如 hàn（汉），h 这个辅音就是音节的声母。有的音节开头没有辅音，习惯上称作“零声母”，如 ān（安）就是零声母音节。通常，辅音大多可以充当声母。但也有的辅音不能充当声母，只能作韵尾。例如，辅音 -ng 就不作声母，只作韵尾。因此，汉语辅音不等于声母，辅音的范围比声母大。

韵母是指音节中声母后面的部分，如现 xiàn，x 后头的 ian 就是韵母。有的韵母由单元音或复元音构成，如 a、o、ai、iao 等；有的韵母由元音带辅音韵尾构成，如 an、ing、uen、uang 等。可见，韵母不等于元音，韵母的范围比元音大。

声调是指音节音高的升降起伏变化，汉语的声调有阴平、阳平、上声、去声。

思考与练习

1. 语音有哪些性质？

2. 发音器官分为哪三部分？

3. 音节由哪些成分构成？

4. 画出发音器官示意图，并标出与普通话语音学习有关的发音部位。

5. 请读下面 48 个生活中使用频率较高的音节，初步了解自己学习普通话的难点。

扫码
查看参考答案

的 de	时 shí	是 shì	要 yào	不 bù	了 le	有 yǒu
和 hé	这 zhè	中 zhōng	大 dà	为 wèi	上 shàng	个 gè
国 guó	我 wǒ	生 shēng	以 yǐ	他 tā	一 yī	来 lái
用 yòng	们 men	动 dòng	在 zài	作 zuò	地 dì	于 yú
出 chū	对 duì	会 huì	成 chéng	到 dào	就 jiù	也 yě
工 gōng	能 néng	子 zǐ	说 shuō	下 xià	吃 chī	年 nián
发 fā	人 rén	分 fēn	过 guò	你 nǐ	行 xíng	

6. 请用普通话有感情地朗读下面这首诗歌。

我有祖国，我有母语

任卫新

我有祖国，我有母语
我的母语是热血一般的黄河的波涛
我的母语是群星一般的祖先的名字
我的母语是春蚕口中吐出的丝绸古道
我的母语是春鸟舌尖跳动的民歌中国
我的母语是丁香凝结的雨巷
我的母语是傲雪绽放的红梅
我的母语是浓的化不开的乡愁啊
我的母语是划开天幕的雷电、奏响黎明的号角
我的母语是一种链接
我的母语是一种文明
我的母语是一种财富
我的母语是一种骄傲
我有祖国，我有母语
我的母语是小学课本里的看图说话
我的母语是儿时镀满月光的摇篮
我的母语是祖国版图最南端曾母暗沙的名字
我的母语是珠穆朗玛、地球最高、离太阳最近的地方
我的母语是遨游太空发出的问候
我的母语是奥运升旗奏响的国歌
我的母语是每天新闻联播的准确时间
我的母语是每次放飞白鸽的我的共和国的生日
我的母语是一种血缘
我的母语是一种凝聚
我的母语是一种标志
我的母语是一种精神
我爱母语，我爱母语！我爱祖国！

学习主题 3 汉语拼音方案

一、用途

1958 年 2 月 11 日，《汉语拼音方案》经第一届全国人民代表大会第五次会议审议通过后正式推行，它是我国以拼音字母和拼写方式为内容的一整套拼写汉语拼音的法定方案。1982 年，它被国际标准化组织认定为汉语拼写的国际标准。

《汉语拼音方案》的基本用途是给汉字注音和拼写普通话。就目前来看，它是汉字注音符号、推广普通话的工具、现代科学技术用途最多的一种符号、少数民族创制文字的基础、中文输入的主要方法、外国人学习汉语的主要辅助工具。

学习笔记

二、内容

《汉语拼音方案》是我国人民创制各种汉语注音法的经验总结，国际化和音素化是它的两个突出优点。《汉语拼音方案》由五部分组成。

（一）字母表 >>

字母：	A a	B b	C c	D d	E e	F f	G g
名称：	ㄚ	ㄅㄝ	ㄘㄝ	ㄉㄝ	ㄜ	ㄝㄈ	ㄍㄝ
	H h	I i	J j	K k	L l	M m	N n
	ㄏㄚ	ㄧ	ㄐㄧㄝ	ㄎㄝ	ㄝㄌ	ㄝㄇ	ㄋㄝ
	O o	P p	Q q	R r	S s	T t	
	ㄛ	ㄆㄝ	ㄑㄧㄡ	ㄚㄦ	ㄝㄙ	ㄊㄝ	
	U u	V v	W w	X x	Y y	Z z	
	ㄨ	ㄝ	ㄨㄚ	ㄒㄧ	ㄧㄚ	ㄗㄝ	

V 只用来拼写外来语、少数民族语言和方言。

字母的手写体依照拉丁字母的一般书写习惯。

（二）声母表 >>

b	p	m	f	d	t	n	l
ㄅ玻	ㄆ坡	ㄇ摸	ㄈ佛	ㄉ得	ㄊ特	ㄋ讷	ㄌ勒
g	k	h		j	q	x	
ㄍ哥	ㄎ科	ㄏ喝		ㄐ基	ㄑ欺	ㄒ希	
zh	ch	sh	r	z	c	s	
ㄓ知	ㄔ蚩	ㄕ诗	ㄖ日	ㄗ资	ㄘ雌	ㄙ思	

在给汉字注音的时候，为了使拼式简短，zh、ch、sh 可以省作 ẑ、ĉ、ŝ。

（三）韵母表 >>

表 2–2　韵母表

	i ㄧ　衣	u ㄨ　乌	ü ㄩ　迂
a ㄚ　啊	ia ㄧㄚ　呀	ua ㄨㄚ　蛙	
o ㄛ　喔		uo ㄨㄛ　窝	
e ㄜ　鹅	ie ㄧㄝ　耶		üe ㄩㄝ　约
ai ㄞ　哀		uai ㄨㄞ　歪	
ei ㄟ　欸		uei ㄨㄟ　威	
ao ㄠ　熬	iao ㄧㄠ　腰		
ou ㄡ　欧	iou ㄧㄡ　忧		
an ㄢ　安	ian ㄧㄢ　烟	uan ㄨㄢ　弯	üan ㄩㄢ　冤
en ㄣ　恩	in ㄧㄣ　因	uen ㄨㄣ　温	ün ㄩㄣ　晕
ang ㄤ　昂	iang ㄧㄤ　央	uang ㄨㄤ　汪	
eng ㄥ　亨的韵母	ing ㄧㄥ　英	ueng ㄨㄥ　翁	
ong （ㄨㄥ）轰的韵母	iong ㄩㄥ　雍		

（1）“知、蚩、诗、日、资、雌、思”等七个音节的韵母用 i，即知、蚩、诗、日、资、雌、思等字拼作 zhi、chi、shi、ri、zi、ci、si。

（2）韵母儿写成 er，用作韵尾的时候写成 r。例如，“儿童”拼作 ertong，“花儿”拼作 huar。

（3）韵母ㄝ单用的时候写成 ê。

（4）i 行的韵母，前面没有声母的时候，写成 yi（衣）、ya（呀）、ye（耶）、yao（腰）、you（忧）、yan（烟）、yin（因）、yang（央）、ying（英）、yong（雍）。

u 行的韵母，前面没有声母的时候，写成 wu（乌）、wa（蛙）、wo（窝）、wai（歪）、wei（威）、wan（弯）、wen（温）、wang（汪）、weng（翁）。

ü 行的韵母，前面没有声母的时候，写在 yu（迂）、yue（约）、yuan（冤）、

学习笔记

学习笔记

yun（晕），ü 上两点省略。

ü 行的韵母跟声母 j、q、x 拼的时候，写成 ju（居）、qu（区）、xu（虚），ü 上两点省略；但是跟声母 n、l 拼的时候，仍然写成 nü（女）、lü（吕）。

（5）iou、uei、uen 前面加声母的时候，写成 iu、ui、un。例如，niu（牛）、gui（归）、lun（论）。

（6）在给汉字注音的时候，为了使拼式简短，ng 可以省写成ŋ。

（四）声调符号

阴平	阳平	上声	去声
ˉ	ˊ	ˇ	ˋ

声调符号标在音节的主要母音上。轻声不标。例如：

妈 mā	麻 má	马 mǎ	骂 mà	吗 ma
（阴平）	（阳平）	（上声）	（去声）	（轻声）

（五）隔音符号

ɑ、o、e 开头的音节连接在其他音节后面的时候，如果音节的界限发生混淆，就用隔音符号（'）隔开，例如，pi'ao（皮袄）。

三、使用规则

（一）书写

汉语拼音采用的是国际通用的拉丁字母，其排列顺序和拉丁字母完全一致，26 个字母中，v 是备用字母，只用来拼写外语、少数民族语言和汉语方言。在小学语文教学中汉语拼音书写采用的是印刷体的哥特体，其中 ɑ 和 g 两个字母与拉丁字母的罗马体不同。

1. 书写格式

汉语拼音的书写格式采用四线三格方式，四线格由四条平行线组成，上边线和第二线中间称上格，第二线和第三线中间称中格，第三线和下边线中间称下格（图 2–2）。

图2–2　四线三格示意图

2. 书写规范

汉语拼音分大写和小写，书写时遵照从左到右、从上到下、先整体后局部的原则。小写书写时以四线三格中间为主，也有占上中格、中下格和上中下三格的（图 2–3）。

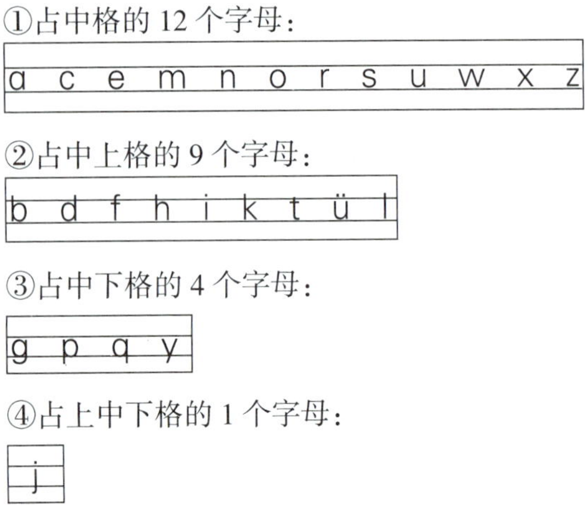

图2–3　拼音字母书写规范

汉语拼音共有 10 种基本笔画：横、竖、左弯竖、右弯竖、竖左弯、竖右弯、左半圆、右半圆、左斜、右斜。书写时要按照一定的笔顺（表 2–3）。

表 2-3　汉语拼音字母书写笔顺表

字母	笔顺	字母	笔顺	字母	笔顺
a	c a	j	ȷ j	s	s
b	l b	k	l k	t	ι t
c	c	l	l	u	ι u
d	c d	m	ı n m	ü	ι u ù ü
e	e	n	ı n	v	v
f	ſ f	o	o	w	v w
g	c g	p	ı p	x	╲ x
h	l h	q	c q	y	╲ y
i	ı i	r	ı r	z	z

3. 连写和大写

汉语拼音正词法在 100 多年前的汉语拼音中就开始使用了，最早是教会罗马字用加短横的方法分词连写，其次是清末的一些切音方案。

为了使汉语拼音正词法有统一的条例，1982 年 3 月中国文字改革委员会成立了汉语拼音正词法委员会，着手制定汉语拼音正词法的基本规则和各种专用规则。经过研究讨论，并征求各有关部门和专家的意见，最终制定成《汉语拼音正词法基本规则（试用稿）》，于 1984 年 10 月发表。2012 年经国家质量监督检验检疫总局、国家标准化管理委员会批准，新版《汉语拼音正词法基本规则》于 2012 年 6 月 29 日发布，10 月 1 日实施。该标准是 1996 年发布的《汉语拼音正词法基本规则》的修订版，自发布之日起代替并废止原标准。

（1）连写规则。

①拼写普通话基本上以词为书写单位。例如，非常（fēicháng）、电视机（diànshìjī）。

②表示一个整体概念的双音节和三音节结构，连写。例如，公关（gōngguān）、对不起（duìbùqǐ）。

③四音节及四音节以上表示一个整体概念的名称，按词或语节（词语内部由语音停顿而划分成的片段）分写，不能按词或语节划分的，全部连写。例如，中华人民共和国（Zhōnghuá Rénmín Gònghéguó）、研究生院（yánjiūshēngyuàn）。

④重叠词的连写。单音节词重叠，连写；双音节词重叠，分写。重叠并列，即 AABB 式结构，连写。例如，人人（rénrén）、年年（niánnián）、研究研究（yánjiū yánjiū）、雪白雪白（xuěbái xuěbái）、千千万万（qiānqiānwànwàn）。

⑤附成分的连写。单音节前附成分（副、总、非、反、超、老等）或单音节后附成分（员、性、们、子、者、化等），连写。例如，副主任（fùzhǔrèn）、手工业者（shǒugōngyèzhě）。名词与后面的方位词分写。例如，树上（shù shang）、河里（hé li）。动词与后面的动态助词“了、着、过”连写。例如，看着（kànzhe）、讨论并通过了（tǎolùn bìng tōngguòle）。

⑥成语及其他熟语的连写。结构上可以分为两个双音节的，中间加连接号。

学习笔记

学习笔记

例如，光明磊落（guāngmíng-lěiluò）、颠三倒四（diānsān-dǎosì）。结构上不能分为两个双音节的，全部连写，例如，层出不穷（céngchūbùqióng）、总而言之（zǒng'éryánzhī）。非四字成语和其他熟语内部按词分写，例如，一鼻孔出气儿（yī bíkǒng chū qìr）。

⑦人名地名的连写。汉语人名中的姓和名分写，姓在前，名在后，复姓连写，双姓中间加连接号。姓和名的首字母分别大写，双姓两个字首字母都大写。例如，张王淑芳（Zhāng-Wáng Shūfāng）。

⑧人名与职务、称呼等，分写；职务、称呼等首字母小写。例如，王主任（Wáng zhǔrèn）、张老师（Zhāng lǎoshī）、李阿姨（Lǐ āyí）。

⑨已经专名化的称呼，连写，开头大写。例如，包公（Bāogōng）。汉语地名中的专名和通名，分写，每一分写部分的首字母大写，例如，北京市（Běijīng Shì）、江苏省（Jiāngsū Shěng）。

（2）大写规则。

①句子开头的首字母大写。例如，春天来了（Chūntiān lái le）。

②专有名词的首字母大写。例如，清明（Qīngmíng）。

③专有名词成分与普通名词成分连写在一起，是专有名词或视为专有名词的，首字母大写。例如，唐朝（Tángcháo）、汉语（Hànyǔ）。专有名词成分与普通名词成分连写在一起，是一般语词或视为一般语词的，首字母小写。例如，京剧（jīngjù）、中山服（zhōngshānfú）。

（二）拼读

汉语拼音每个字母原本单纯的音色叫本音，是用于拼读音节的。为了便于“称呼”这些字母，就在不响亮的辅音后面或前面附加元音作为名称，叫作名称音。例如，cê、êf。元音发音清晰响亮，所以元音字母的本音就是其名称音。名称音主要用于朗读汉语拼音字母表。在实际汉语拼音的学习中，为了方便呼读不响亮的辅音声母，就在每个声母的本音后面分别配上了不同的元音，形成的音叫呼读音。

在拼读时可以采用两拼和三拼的拼读规则。两拼音拼读规则：前音轻短，后音重，两音相连猛一碰。三拼音拼读规则：声轻介快韵母响，三音连读很顺当。拼读时要注意：声母不带调，韵母带调。整体认读音节不能拼读。

思考与练习

1. 请记住《汉语拼音方案》第三部分的书写及拼写规则。
2. 请朗读《字母小故事》，了解普通话语音知识。

字母小故事

小 i、小 u 和小 ü 三位小朋友要去儿童公园玩，可是没人带怎么行呢？大 Y 和大 W 看见了，答应带他们一起去。于是，大 Y 牵着小 i 的手，成了音节 yi，大 W 牵着小 u 的手，成了音节 wu。剩下小 ü 没人带，急得两滴眼泪滚了出来，大 Y 看见了说：“来，我带你一起去，但是你得把眼泪擦干净。”小 ü 急忙擦掉眼泪，让大 Y 牵着手，就成了音节 yu。在去公园的路上，他们高兴地边走边唱：“i、u、ü，不单走，要有 y、w 来牵手。y 牵 i，穿花衣，w 牵 u，住新屋，ü 把眼泪忙擦去，跟着大 Y 看金鱼。”

专题检测题

扫码

查看参考答案

一、帮拼音找家。

ai　k　f　gua　zhi　o　en　feng　yun

h　hu　un　ou　er　ie　ri　yue

声母：____________________________

韵母：____________________________

音节：____________________________

二、按标调规则给下面拼音标调。

二声：fu—（　　）　四声：juan—（　　）　三声：luo—（　　）

一声：qia—（　　）　三声：wu—（　　）　二声：chui—（　　）

一声：jiu—（　　）　三声：yun—（　　）　二声：huang—（　　）

三、在正确的拼音下面打“√”。

xǜ	xù	huá	húa	luò	lùo	zhí	zhi
（　）	（　）	（　）	（　）	（　）	（　）	（　）	（　）
zhūan	zhuān	geǐ	gěi	quàn	qüàn	jù	jǜ
（　）	（　）	（　）	（　）	（　）	（　）	（　）	（　）
guèn	gùn	iāo	yāo	diū	dioū	wēng	wōng
（　）	（　）	（　）	（　）	（　）	（　）	（　）	（　）
jiǒu	jiǔ	qiǔ	qǐu	qié	qéi	huǒ	hǒ
（　）	（　）	（　）	（　）	（　）	（　）	（　）	（　）

四、在正确的音节后面打“√”。

huā shēn（　）　xǎo miāo（　）　dài shǔ（　）　sǒu zhú（　）

huā shēng（　）　xiǎo māo（　）　dài sǔ（　）　shǒu zú（　）

lào zhōng（　）　yuè liàng（　）　cì wèi（　）　zhěn tóu（　）

nào zhōng（　）　yuè liang（　）　cì wei（　）　zhěn tou（　）

五、给下面的汉字找朋友。

s　zh　z　ch　sh　n　l

座　只　商　暖　唱　最　南　冷　正　众　送　烧　那　十

六、用汉语拼音拼写下面一段话，注意大写、连写。

高举中国特色社会主义伟大旗帜，全面贯彻新时代中国特色社会主义思想，弘扬伟大建党精神，自信自强、守正创新，踔厉奋发、勇毅前行，为全面建设社会主义现代化国家、全面推进中华民族伟大复兴而团结奋斗。

学习评价与反思

评价要点：掌握普通话的含义，理解语音的基本概念，包括音素、音节、声母、韵母、声调等，熟悉并记忆《汉语拼音方案》的五部分内容。

专题三
普通话语音

>> 学习目标

1. 了解声母和韵母的分类及相关知识。
2. 掌握普通话声母和韵母的发音，能利用声母和韵母辨正方音。
3. 分清声调的调型、调值、调类，读准普通话的声调。
4. 掌握音节的拼读和拼写方法。

>> 思维导图

- 普通话语音
  - 声母
    - 声母的分类
    - 声母的发音
    - 声母的辨正
  - 韵母
    - 韵母的分类
    - 韵母的发音
    - 韵母的辨正
  - 声调
    - 声调及其性质
    - 普通话的调型、调值和调类
    - 普通话声调的发音
    - 声调的辨正
  - 音节
    - 音节的概念
    - 普通话音节的结构和特点
    - 普通话音节结构的规律
    - 音节的拼读和拼写
    - 音节的正音训练

>> 专题导入

作为一名学前教育专业的学生，要想获得幼儿园教师资格证，就必须在毕业前通过国家普通话水平测试并获得二级甲等及以上证书。如果想要顺利通过考试，就必须做到克服方音的影响，运用比较准确、规范、自然、流畅的普通话进行朗读和说话。

学习主题 1 声母

【微课视频】
声母的发音

声母是音节的开头部分。声母由辅音充当，而辅音的特点是发音时间短、音势弱，很容易受到干扰，也容易产生“吃字”现象，所以必须认真练习声母的发音，努力做到咬得准、发得清，使音节完整、清晰。

声母是中国传统音韵学术语，简称为“声”，指汉语音节开头的辅音。普通话中共有 21 个声母：b、p、m、f、d、t、n、l、g、k、h、j、q、x、zh、ch、sh、r、z、c、s。

声母都是辅音，但辅音不都是声母，ng 就只作韵尾，不充当声母，辅音 n 既可作声母，又可作韵尾。

一、声母的分类

学习笔记

我们可以根据发音部位和发音方法对声母进行分类。

（一）发音部位 >>>

发音部位是指发音时气流受到阻碍的地方。根据发音部位的不同，可将声母分为七类。

（1）双唇音：上唇和下唇紧闭，阻塞气流而形成的音，如 b、p、m。

（2）唇齿音：下唇和上齿接近，阻塞气流而形成的音，如 f。

（3）舌尖前音：舌尖和上齿背接触或接近，阻塞气流而形成的音，如 z、c、s。

（4）舌尖中音：舌尖和上齿龈接触，阻塞气流而形成的音，如 d、t、n、l。

（5）舌尖后音：舌尖和硬腭前部接触或接近，阻塞气流而形成的音，如 zh、ch、sh、r。

（6）舌面前音：舌面前部和硬腭前部接触或接近，阻塞气流而形成的音，如 j、q、x。

（7）舌面后音：舌根和软腭接触或接近，阻塞气流而形成的音，又称“舌根音”，如 g、k、h。

（二）发音方法 >>>

1. 根据形成阻碍和解除阻碍方式的不同，可将声母分为塞音、擦音、塞擦音、鼻音、边音

（1）塞音：两个发音部位完全闭合，阻住气流，然后突然打开闭合部位使气流迸裂而出，爆发成音，如 b、p、d、t、g、k。

（2）擦音：两个发音部位接近，形成一条窄缝，气流从窄缝中摩擦成音，如 f、h、x、sh、r、s。

（3）塞擦音：先阻塞后摩擦，是综合前两种发音方法控制气流而发出的音。两个发音部位完全闭合，气流把阻碍部位冲出一条窄缝，摩擦成音，如j、q、zh、ch、z、c。

（4）鼻音：口腔的两个发音部位完全闭合，软腭下垂，打开鼻腔通道，使气流完全从鼻腔透出成音，如m、n。

（5）边音：舌尖抵住上齿龈，软腭上升，阻塞鼻腔通道，让气流从舌头两边透出成音，如l。

2. 根据发音时声带是否颤动，将声母分为两类

（1）清音：发音时，声带不颤动，透出的气流不带音，如b、p、f、d、t、g、k、h、j、q、x、zh、ch、sh、z、c、s。

（2）浊音：发音时，声带颤动，透出的气流带音，如m、n、l、r。

3. 根据发音时气流强弱不同，将塞音和塞擦音分为两类

（1）送气音：发音时，口腔呼出的气流比较强，形成送气音，如p、t、k、q、ch、c。

（2）不送气音：发音时，口腔呼出的气流比较弱，形成不送气音，如b、d、g、j、zh、z（表3–1）。

表3–1 普通话声母发音部位、发音方法一览表

发音部位	发音方法							
	塞音（清音）		塞擦音（清音）		擦音		鼻音	边音
	不送气	送气	不送气	送气	清音	浊音	浊音	浊音
双唇音	b	p					m	
唇齿音					f			
舌尖前音			z	c	s			
舌尖中音	d	t					n	l
舌尖后音			zh	ch	sh	r		
舌面前音			j	q	x			
舌面后音	g	k			h			

二、声母的发音

（一）双唇音 >>

b——双唇、不送气、清、塞音

奔波 bēnbō　　摆布 bǎibù　　包办 bāobàn　　标兵 biāobīng

p——双唇、送气、清、塞音

偏旁 piānpáng　　偏僻 piānpì　　批评 pīpíng　　匹配 pǐpèi

m——双唇、浊、鼻音

面貌 miànmào　　埋没 máimò　　麦苗 màimiáo　　眉目 méimù

学习笔记

练一练

八百标兵奔北坡，
炮兵并排北边跑。
炮兵怕把标兵碰，
标兵怕碰炮兵炮。

（二）唇齿音

f——唇齿、清、擦音

方法 fāngfǎ　　肺腑 fèifǔ　　丰富 fēngfù　　非凡 fēifán

（三）舌尖前音

z——舌尖前、不送气、清、塞擦音

祖宗 zǔzōng　　总则 zǒngzé　　藏族 zàngzú　　曾祖 zēngzǔ

c——舌尖前、送气、清、塞擦音

层次 céngcì　　苍翠 cāngcuì　　催促 cuīcù　　草丛 cǎocóng

s——舌尖前、清、擦音

色素 sèsù　　琐碎 suǒsuì　　思索 sīsuǒ　　诉讼 sùsòng

（四）舌尖中音

d——舌尖中、不送气、清、塞音

电灯 diàndēng　　当代 dāngdài　　导弹 dǎodàn　　大地 dàdì

t——舌尖中、送气、清、塞音

团体 tuántǐ　　铁塔 tiětǎ　　天堂 tiāntáng　　探讨 tàntǎo

n——舌尖中、浊、鼻音

牛奶 niúnǎi　　南宁 nánníng　　男女 nánnǚ　　恼怒 nǎonù

l——舌尖中、浊、边音

理论 lǐlùn　　流利 liúlì　　嘹亮 liáoliàng　　老练 lǎoliàn

（五）舌尖后音

zh——舌尖后、不送气、清、塞擦音

正直 zhèngzhí　　茁壮 zhuózhuàng　　政治 zhèngzhì

招展 zhāozhǎn　　主张 zhǔzhāng　　住宅 zhùzhái

ch——舌尖后、送气、清、塞擦音

车床 chēchuáng　　长城 Chángchéng　　驰骋 chíchěng

出差 chūchāi　　充斥 chōngchì　　戳穿 chuōchuān

sh——舌尖后、清、擦音

身世 shēnshì　　山水 shānshuǐ　　生疏 shēngshū

事实 shìshí　　施舍 shīshě　　舒适 shūshì

r——舌尖后、浊、擦音

柔软 róuruǎn　　仍然 réngrán　　忍让 rěnràng　　荏苒 rěnrǎn

（六）舌面前音

j——舌面前、不送气、清、塞擦音

佳节 jiājié　　简洁 jiǎnjié　　积极 jījí　　经济 jīngjì

练一练

粉红墙上画凤凰，
凤凰画在粉红墙。
红凤凰、粉凤凰，
红粉凤凰、花凤凰。

练一练

会炖我的炖冻豆腐，
来炖我的炖冻豆腐；
不会炖我的炖冻豆腐，
就别炖我的炖冻豆腐。
要是冒充会炖我的炖冻豆腐，
炖坏了我的炖冻豆腐，
那就吃不成我的炖冻豆腐。

练一练

操场前面有三十三棵桑树，
操场后面有四十四棵枣树。
张三把三十三棵桑树认作枣树，
赵四把四十四棵枣树认作桑树。

练一练

史老师，讲时事，
常学时事长知识。
时事学习看报纸，
报纸登的是时事。
常看报纸要多思，
心里装着天下事。

q——舌面前、送气、清、塞擦音

亲切 qīnqiè　　亲戚 qīn·qi　　确切 quèqiè　　氢气 qīngqì

x——舌面前、清、擦音

虚心 xūxīn　　下旬 xiàxún　　现象 xiànxiàng　　相信 xiāngxìn

（七）舌面后音 >>>

g——舌面后、不送气、清、塞音

骨干 gǔgàn　　桂冠 guìguān　　故宫 gùgōng　　国歌 guógē

k——舌面后、送气、清、塞音

刻苦 kèkǔ　　坎坷 kǎnkě　　宽阔 kuānkuò　　空旷 kōngkuàng

h——舌面后、清、擦音

航海 hánghǎi　　黄河 HuángHé　　荷花 héhuā　　洪湖 hónghú

练一练

稀奇稀奇真稀奇，
麻雀踩死老母鸡，
气球碰坏大机器，
正月初一挤着赶大集，
看到蚂蚁身长七尺七，
七十岁的老头躺在摇篮里。

练一练

老爷堂上一面鼓，
鼓上一只皮老虎。
老虎抓破堂上的鼓，
拿块破布往上补。
只见过破布补破裤，
哪见过破布补破鼓。

三、声母的辨正

（一）辨正鼻音声母 n 和边音声母 l 的字音 >>>>>>>>>>>>>>>>>>>>

1. 声母 n 与 l 的发音要领

要读准辅音声母 n 与 l，关键在于控制软腭的升降。n 和 l 发音的共同点都是把舌尖抵住上齿龈，口腔展开。区别在于发 n 时，软腭下垂，让气流完全从鼻腔出来，形成鼻音；发 l 时，软腭上升，封住鼻腔通道，让气流从舌头两边出来，绝不带一点儿鼻音，形成纯粹的边音。

【微课视频】
声母的辨正

2. 声母 n 与 l 字音的错读现象

（1）没有鼻音声母 n（或鼻音微弱），鼻音声母 n 被边音声母 l 代替。

某些方言没有鼻音声母 n，普通话里的这类字音，方言区的人念成了边音 l。例如，“男女（nánnǚ）”与“褴褛（lánlǚ）”读音相同，“河南（Hénán）”与“荷兰（Hélán）”读音相同，没有边鼻音的区分。

（2）边鼻不分，自由变读。

某些方言中，鼻音声母 n 与边音声母 l 混为一谈，分不清楚。或者将 n 声母与 l 声母的字音都念成 n 声母，但鼻音通常较弱；或者念成 l 的鼻化音声母，造成了既不是 n 音，也不是 l 音。同一地区，同一个人，甚至几种念法都存在，一时念 n，一时念 l，结果是 n、l 不分，自由变读。

（3）声母 n 与 i 行韵母构成音节时，念成零声母音节。

鼻音声母 n 与 i 行韵母构成音节时，有的方言把辅音 n 省掉，使原音节变为零声母音节，或在韵母前加 y，或改 i 为 y。例如，“你”普通话念“nǐ”，有的方言念“yǐ”，“年”普通话念“nián”，有的方言念“yán”。

（4）声母 l 与 ü 行韵母构成的部分音节念成零声母音节。

边音声母 l 与 ü 行韵母构成音节时，辅音 l 被省掉，使原音节变为零声母音节，或在韵母前加 y，或改 i 为 y。例如，“吕（lǚ）”念成“yǔ”，“掠（lüè）”念成“yuè”等。

学习笔记

练一练

认读下列词语，辨正声母 n 和 l 的字音。

奶娘 nǎiniáng	奶牛 nǎiniú	能耐 néng·nai	呢喃 nínán
泥淖 nínào	泥泞 nínìng	南宁 Nánníng	袅娜 niǎonuó
牛奶 niúnǎi	忸怩 niǔní	扭捏 niǔ·nie	农奴 nóngnú
拉链 lāliàn	拉力 lālì	来临 láilín	劳累 láolèi

读一读

1. 认读下列词语，辨正声母 n 和 l 的字音。

哪里 nǎ·lǐ	纳凉 nàliáng	奶酪 nǎilào	耐劳 nàiláo
脑力 nǎolì	内陆 nèilù	嫩绿 nènlǜ	能量 néngliàng
尼龙 nílóng	逆流 nìliú	年轮 niánlún	年龄 niánlíng
凝练 níngliàn	鸟类 niǎolèi	牛郎 niúláng	农历 nónglì

2. 练习绕口令，发准声母 n 和 l 的字音。

①老农恼怒闹老龙，老龙恼怒闹老农，农怒龙恼农更怒，龙恼农怒龙怕农。

②有座面铺面向南，门口挂个蓝布棉门帘。摘了蓝布棉门帘，看了看，面铺面向南，挂上蓝布棉门帘，看了看，面铺还是面向南。

③牛郎年年恋刘娘，刘娘连连念牛郎，牛郎恋刘娘，刘娘念牛郎，郎恋娘来娘念郎。

3. 读句段，注意分辨声母 n 和 l。

"吹面不寒杨柳风"，不错的，像母亲的手抚摸着你。风里带来些新翻的泥土的气息，混着青草味儿，还有各种花的香，都在微微润湿的空气里酝酿。鸟儿将巢安在繁花嫩叶当中，高兴起来了，呼朋引伴地卖弄清脆的喉咙，唱出宛转的曲子，跟轻风流水应和着。牛背上牧童的短笛，这时候也成天在嘹亮地响。

——节选自朱自清《春》

学习笔记

（二）辨正声母 zh、ch、sh、r 与 z、c、s 的字音 >>>>>>>>>>>>>>>

1. 声母 zh、ch、sh、r 与 z、c、s 的发音要领

声母 zh、ch、sh、r 的发音是将舌尖向上翘起，抵住或接近硬腭前部（即上齿龈后隆起处），口腔要自然展开。应注意舌尖与硬腭的接触面不能过宽。练习的方法是首先发 r 的呼读音 ri，拖长其尾音，这个尾音就是 zh、ch、sh 的韵母，再加上声母 zh、ch、sh，拼出来的音就是舌尖后音 zh、ch、sh 的呼读音 zhi、chi、shi。声母 z、c、s 的发音是舌尖轻轻顶住或接近上齿背，逐渐放开，形成一条窄缝，气流从中挤出。

2. 声母 zh、ch、sh、r 与 z、c、s 字音的错读现象

（1）无舌尖后声母 zh、ch、sh、r。

有些方言没有舌尖后声母 zh、ch、sh、r，将普通话舌尖后声母 zh、ch、sh 的字音一律念成用 z、c、s 作声母的字音，将声母 r 念成 z。

（2）发音时，舌位不正确，zh、ch、sh、r 发音不准。

有些方言有一定的翘舌音，但 zh、ch、sh 发音部位不准确，如“师生”（shīshēng）一词，被念成 sīsēng。即便是有平翘之分的方言里的翘舌声母 zh、ch、sh、r 与普通话中的翘舌声母 zh、ch、sh、r 也存在着差异，主要表现为 zh、ch、sh、r 的发音部位略靠前（舌尖顶住牙龈）或略靠后（舌头卷起来顶住硬腭后部）。

（3）发音时，口腔舒展度不够，声母平翘舌音模糊不清。

有些方言发翘舌声母 zh、ch、sh、r 和平舌声母 z、c、s 时，不注意口形，口腔常常收得很小，发出的声母 zh、ch、sh、r 不是翘舌音，给人的感觉倒像是抬舌音，即不是舌头舒展开舌尖翘起来，而是舌面平抬伸着。

（4）声母 zh、ch、sh 或声母 z、c、s 混念。

有些方言把 zh 念成 ch、ch 念成 sh、sh 念成 zh，或者把 z 念成 c、c 念成 s 等。例如，“造（zào）”念成“cào”，“泽（zé）”念成“cé”，“伸（shēn）”念成“chēn”等。

学习笔记

练一练

1. 认读下列词语，辨正舌尖前声母和舌尖后声母。

辗转 zhǎnzhuǎn	招致 zhāozhì	褶皱 zhězhòu	珍珠 zhēnzhū
诊治 zhěnzhì	挣扎 zhēngzhá	卓著 zhuózhù	在座 zàizuò
造作 zào·zuo	咂嘴 zāzuǐ	藏族 zàngzú	自在 zìzài
遭罪 zāozuì	宗族 zōngzú	茶匙 cháchí	惩处 chéngchǔ
蟾蜍 chánchú	驰骋 chíchěng	踌躇 chóuchú	残存 cáncún
仓促 cāngcù	粗糙 cūcāo	催促 cuīcù	摧残 cuīcán
宗旨 zōngzhǐ	诅咒 zǔzhòu	佐证 zuǒzhèng	沼泽 zhǎozé
渣滓 zhā·zǐ	职责 zhízé	铸造 zhùzào	装载 zhuāngzài
磁场 cíchǎng	存储 cúnchǔ	筹措 chóucuò	楚辞 chǔcí
揣测 chuǎicè	肃杀 sùshā	丧失 sàngshī	唆使 suōshǐ

2. 对比认读下列词语，辨正舌尖前声母和舌尖后声母的字音。

阻力 zǔlì——主力 zhǔlì	资源 zīyuán——支援 zhīyuán
早稻 zǎodào——找到 zhǎodào	自立 zìlì——智力 zhìlì
暂时 zànshí——战时 zhànshí	大字 dàzì——大致 dàzhì
赞助 zànzhù——站住 zhànzhu	自序 zìxù——秩序 zhìxù
粗布 cūbù——初步 chūbù	推辞 tuīcí——推迟 tuīchí
司长 sīzhǎng——师长 shīzhǎng	肃立 sùlì——树立 shùlì
搜集 sōují——收集 shōují	桑叶 sāngyè——商业 shāngyè
四十 sìshí——事实 shìshí	木材 mùcái——木柴 mùchái
擦手 cāshǒu——插手 chāshǒu	三哥 sāngē——山歌 shāngē

读一读

1. 认读下列词语，分清字音的声母。

参战 cānzhàn　致辞 zhìcí　侦察 zhēnchá　才智 cáizhì
挫折 cuòzhé　珠算 zhūsuàn　珍藏 zhēncáng　失真 shīzhēn
出租 chūzū　辞章 cízhāng　松弛 sōngchí　舒畅 shūchàng
早晨 zǎo·chen　昌盛 chāngshèng　生造 shēngzào　色彩 sècǎi
作祟 zuòsuì　慈善 císhàn

2. 练习绕口令，发准舌尖前和舌尖后声母的字音。

（1）邹缀缀和周翠翠，二人一同追慧慧，慧慧回头推翠翠，翠翠伸手拽缀缀。

【提示】舌尖前音：邹 zōu，翠 cuì；舌尖后音：周 zhōu，追 zhuī，伸 shēn，手 shǒu，拽 zhuài，缀 zhuì。

（2）紫瓷盘，盛鱼翅。一盘熟鱼翅，一盘生鱼翅。迟小池拿了一把瓷汤匙，要吃清蒸美鱼翅。一口鱼翅刚到嘴，鱼刺刺进齿缝里，疼得小池拍腿挠牙齿。

【提示】舌尖前音：紫 zǐ，嘴 zuǐ，瓷 cí，刺 cì；舌尖后音：蒸 zhēng，盛 chéng，吃 chī，迟 chí，池 chí，匙 chí，齿 chǐ，翅 chì，熟 shú，生 shēng。

（3）四是四，十是十。十四是十四，四十是四十。四十加上四，就是四十四，要是说错了，就要误大事。

【提示】舌尖前音：四 sì，错 cuò；舌尖后音：是 shì，十 shí，上 shàng，说 shuō，事 shì。

3. 读句段，注意声母的发音。

（1）要告诉孩子们跑、跳、走的正确姿势，这也是锻炼身体的一种知识。

（2）因为他一再推辞，所以这事不得不推迟了。

（3）老大娘家里长住八路军的伤员，敌人来的时候，她就把伤员送到地窖里藏住。

（4）我们的村子就在这座山的山脚下的三角地带，有山有水，风景很美。

（5）这个省的资源很丰富，但是在技术上还需要邻省的支援。

（6）如今在海上，每晚和繁星相对，我把它们认得很熟了。我躺在舱面上，仰望天空。深蓝色的天空里悬着无数半明半昧的星。船在动，星也在动，它们是这样低，真是摇摇欲坠呢！渐渐地我的眼睛模糊了，我好像看见无数萤火虫在我的周围飞舞。海上的夜是柔和的，是静寂的，是梦幻的。我望着许多认识的星，我仿佛看见它们在对我眨眼，我仿佛听见它们在小声说话。这时我忘记了一切。在星的怀抱中我微笑着，我沉睡着。我觉得自己是一个小孩子，现在睡在母亲的怀里了。

——节选自巴金《繁星》

（三）辨正声母 f 和声母 h 的字音

1. 声母 f 和 h 的发音要领

f 是唇齿音，上齿靠在下唇上面构成阻碍，并留有缝隙，气流从中挤出，摩擦成音；h 是舌面后音，舌面后部与软腭构成阻碍，气流从缝隙间挤出成音。在练习过程中，要注意它们的发音区别。没有 f 声母地区的人首先要学会唇齿音 f 的发音。

2. 声母 f 和 h 字音的错读现象

（1）声母 f、h 不分，绝大部分字音反念。

有些方言把 f 声母的字音念成 h 作声母，把 h 声母的字音念成 f 作声母。例如，“飞机在打翻翻（fēijī zài dǎ fānfān）”念成“huījī zài dǎ huānhuān”。

（2）声母 h 与韵母 u 相拼时，念成 f 作声母。

有些方言的声母 f 和 h 的绝大部分字音能分清，但把声母 h 与韵母 u 构成的音节却念成 f 作声母。如“互相（hùxiāng）”念成“fùxiāng”，“爱护（àihù）”念成“àifù”等。针对把“hu”念成“fu”的情况，记住“hu”音节字音，就可以分清 f 声母和 h 声母。

（3）“hu”音节字认读练习。

hū——乎、呼、忽、糊

几乎 jīhū　　呼吸 hūxī　　忽然 hūrán　　糊泥 hūní

hú——囫、和、狐、弧、胡、壶、核、葫、鹄、湖、瑚、蝴、糊（“和”又念“hé、hè、huó、huò”，“核”又念“hé”）

囫囵 húlún　　和牌 húpái　　狐狸 hú·li　　湖泊 húpō

弧度 húdù　　胡乱 húluàn　　糊涂 hú·tu　　核儿 húr

hǔ——虎、浒、唬、琥（“浒”又念 xǔ，“唬”又念 xià）

老虎 lǎohǔ　　水浒 shuǐhǔ　　吓唬 xià·hu　　琥珀 hǔpò

hù——互、户、护、沪、扈、糊

互相 hùxiāng　　户口 hùkǒu　　爱护 àihù　　沪剧 hùjù

3. 辨正练习

（1）认读下列词语，比较声母 f 和声母 h 的发音差异。

发愤 fāfèn　　繁复 fánfù　　反复 fǎnfù　　犯法 fànfǎ

福分 fú·fen　　芳菲 fāngfēi　　防范 fángfàn　　非凡 fēifán

夫妇 fūfù　　吩咐 fēnfù　　肺腑 fèifǔ　　芬芳 fēnfāng

奋发 fènfā　　丰富 fēngfù　　风帆 fēngfān　　鸿鹄 hónghú

（2）认读下列词语，辨正声母 f 和声母 h 的字音。

发挥 fāhuī　　风化 fēnghuà　　放火 fànghuǒ　　复活 fùhuó

反悔 fǎnhuǐ　　防洪 fánghóng　　繁华 fánhuá　　腐化 fǔhuà

烽火 fēnghuǒ　　附会 fùhuì　　凤凰 fènghuáng　　富户 fùhù

奉还 fènghuán　　返航 fǎnháng　　丰厚 fēnghòu　　虎符 hǔfú

（3）对比认读下列词语，辨正声母 f 和声母 h 的字音。

发现 fāxiàn——花线 huāxiàn　　理发 lǐfà——理化 lǐhuà

翻腾 fānténg——欢腾 huānténg　　幅度 fúdù——弧度 húdù

防线 fángxiàn——航线 hángxiàn　　舅父 jiùfù——救护 jiùhù

奋进 fènjìn——混进 hùnjìn　　附注 fùzhù——互助 hùzhù

福利 fúlì——狐狸 hú·li　　复句 fùjù——沪剧 hùjù

学习笔记

（4）练习绕口令，发准声母 f 和 h 的字音。

①红红和芳芳，上街买混纺。黄混纺，粉混纺，红混纺，灰混纺，红粉黄灰花混纺，不知哪种适合做衣裳？

【提示】f：芳 fāng，纺 fǎng，粉 fěn；h：混 hùn，红 hóng，花 huā，黄 huáng。

②山尖上一堆肥，山腰上一堆粪，山脚下一堆灰，肥拌粪，粪拌灰，是灰肥过粪，还是粪肥过灰。

【提示】f：肥 féi，粪 fèn；h：灰 huī。

（5）读下列短诗，注意分辨声母 f 和 h。

给一位女教师

粉笔末和磨碎的时光一起飘下，
年复一年涂染你乌黑的秀发！
而春风像流淌着的山溪水，
不断为你浣（huàn）洗青春的年华。
终于有一天，
鬓白再也洗不掉了，
历史给你戴上几星纯洁的小花！
你对着镜子甜甜地微笑了，
因为，多少荣誉和幸福在白发上悬挂！

学习笔记

（四）辨正声母 z、c、s 和声母 j、q、x 的字音 >>>>>>>>>>>>>>>>

j、q、x 的发音部位是舌面前部和硬腭前部成阻，而非舌尖和硬腭前部成阻。

在普通话中，z、c、s 不能跟 i、ü 或 i、ü 开头的韵母相拼，而 j、q、x 可以与之相拼，因而只要遇到 z、c、s 同 i、ü 或 i、ü 开头的韵母相拼时，一律将 z、c、s 改为 j、q、x，读音就同普通话一致了，发音也就标准了。

1. 舌面前音声母加强练习

（1）双音节词连用练习。

j—q 截取 景区 娇气 锦旗 捐躯 假期
j—x 家乡 觉醒 尽兴 极限 景象 教学
q—j 奇迹 栖居 勤俭 契机 请教 期间
q—x 趋向 逡（qūn）巡 情绪 确信 窃喜 浅显
x—j 湘江 歇脚 席卷 夏季 选举 下降
x—q 稀奇 戏曲 向前 小桥 寻求 学期

（2）绕口令《漆匠和锡匠》。

七巷一个漆匠，西巷一个锡匠，七巷漆匠偷了西巷锡匠的锡，西巷锡匠拿了七巷漆匠的漆，七巷漆匠气西巷锡匠拿了漆。西巷锡匠气七巷漆匠拿了锡。请问锡匠和漆匠，谁拿谁的锡？谁偷谁的漆？

2. 舌面前音与舌尖前音声母对比练习

（1）双音节词连用练习。

j—z 抉择 基座 酱紫 家族 建造 尽早
q—c 青草 凄惨 芹菜 取材 切磋 其次
x—s 徇私 潇洒 相似 习俗 相思 萧瑟

学习笔记

（2）绕口令《织丝狮子》。

试把四十三支极细极细的紫丝线，试织三十四只极细极细的紫狮子，细紫丝线试织细紫狮子，细紫丝线却织成了死紫狮子，细紫狮子织不成，扯断了细紫丝线四十三支。

3．舌面前音与舌尖后音声母对比练习

（1）双音节词连用练习。

zh—j	拯救	卓绝	知己	阵脚	湛江	直接
j—zh	角逐	居住	脊椎	静止	介质	紧张
ch—q	春秋	产权	重庆	出勤	抽签	吃请
q—ch	驱除	前程	清澈	切齿	启程	青春
sh—x	刷新	盛夏	赏析	属性	首相	手续
x—sh	修饰	斜射	姓氏	娴熟	学识	享受

（2）双音节词对比练习。

zh—j

密植—密集　杂志—杂技　昼夜—就业　标志—标记　编制—边际

ch—q

阐明—浅明　专长—砖墙　长生—强生　池子—旗子　船身—全身

sh—x

烧窑—逍遥　盛名—姓名　收拾—修饰　失望—希望　商业—香液

（3）绕口令。

①鸡道、鸭道，不知道，七道、八道，不迟到。

②细席、粗席，四时席，舌面、翘舌，分仔细。

③金心不是真心，秋千不能抽签，新鲜才入深山。

④砌池子，砌方池子，砌长池子，砌长方池子。

⑤开电视，看电视，莫把电视说“电戏”；若把电视说“电戏”，是你不分“视”和“戏”。

思考与练习

1. 认读下列词语。

给以 gěiyǐ	给予 jǐyǔ	房间 fángjiān	街道 jiēdào	恐吓 kǒnghè
咸水 xiánshuǐ	衔接 xiánjiē	沦陷 lúnxiàn	皆是 jiēshì	选拔 xuǎnbá
卑鄙 bēibǐ	复辟 fùbì	濒临 bīnlín	蓬勃 péngbó	捕捉 bǔzhuō
跋涉 báshè	毗邻 pílín	媲美 pìměi	枇杷 pí·pa	鄙视 bǐshì
馄饨 hún·tun	提防 dī·fang	开拓 kāituò	坦荡 tǎndàng	动弹 dòng·tan
盥洗 guànxǐ	灌溉 guàngài	犒劳 kào·láo	搁置 gēzhì	恪守 kèshǒu
残酷 cánkù	高亢 gāokàng	凯歌 kǎigē	脱臼 tuōjiù	腈纶 jīnglún
债券 zhàiquàn	劫难 jiénàn	住宅 zhùzhái	翅膀 chìbǎng	叱咤 chìzhà

2. 练习绕口令，注意声母的发音。

（1）小猴吃葡萄，小狗不吃葡萄。吃葡萄不吐葡萄皮儿，不吃葡萄倒吐葡萄皮儿。

（2）调到台岛打特盗，特盗太刁投短刀，挡推顶打短刀掉，踏盗得刀盗打倒。

（3）栓子和柱子，比赛上梯子，手抓长柱子，脚踩横掌子，只有长柱子，没有横掌子，谁能上梯子。

（4）贺家门口有条河，河里游着一群鹅。贺家弟弟要赶鹅，一群鹅："嘎、嘎、嘎！"弟弟说："干吗冲我叫哥哥！"

（5）小曲和小菊，同到银行去储蓄。小菊存二千一百七十一元七角一，小曲存一千七百一十七元一角七，储蓄员告诉小曲和小菊，七年后所得利息每人可买一台电视机。

【文本】平、翘舌声母代表字类推表

【文本】n 和 l 声母代表字类推表

【文本】f 和 h 声母代表字类推表

【文本】普通话常用平、翘舌音字表

3. 请朗读下面的材料，注意声母的发音。

中华优秀传统文化源远流长、博大精深，是中华文明的智慧结晶，其中蕴含的天下为公、民为邦本、为政以德、革故鼎新、任人唯贤、天人合一、自强不息、厚德载物、讲信修睦、亲仁善邻等，是中国人民在长期生产生活中积累的宇宙观、天下观、社会观、道德观的重要体现，同科学社会主义价值观主张具有高度契合性。

学习主题 2 韵母

一、韵母的分类

【微课视频】韵母的发音

韵母是指一个音节中声母后面的部分。普通话共有 39 个韵母，其中 23 个由元音构成（单元音或复合元音），16 个由元音附带鼻辅音韵尾构成。韵母可以从两个不同角度分类。

按照韵母结构来划分，韵母可分为单韵母、复韵母、鼻韵母三类。

按照韵母开头元音的发音口形，韵母可分为开口呼、齐齿呼、合口呼、撮口呼，简称"四呼"。

根据上述分类，从表 3–2 中可以清楚地看出单韵母、复韵母、鼻韵母各有哪些，开口呼、齐齿呼、合口呼、撮口呼各有哪些。

表 3–2　普通话韵母总表

按结构分	按口形分			
	开口呼	齐齿呼	合口呼	撮口呼
单韵母	–i（前）–i（后）	i	u	ü
	a			
	o			
	e			
	ê			
	er			
复韵母		ia	ua	
			uo	
		ie		üe
	ai		uai	
	ei		uei	
	ao	iao		
	ou	iou		
鼻韵母	an	ian	uan	üan
	en	in	uen	ün
	ang	iang	uang	
	eng	ing	ueng	
			ong	iong

二、韵母的发音

（一）单韵母的发音 >>>>>>>>>>>>>>>>>>>>>>>>>>>>>>>>>>>>>>>

单韵母是由一个元音构成的韵母。单韵母共有 10 个：a、o、e、ê、i、u、ü、–i（前）、–i（后）、er。由于发音时舌位的高低、前后、唇形的圆展不同，因此形成了不同音色的元音。单韵母的发音特点是从发音开始到发音结束，舌位、唇形、开口度始终不变。

单元音的发音，可以从以下三个方面来分析。

第一，舌位的高低。舌位的高低是指舌头和上腭的距离。距离近叫舌位“高”，距离远叫舌位“低”。舌位的高低和开口度的大小有关，舌位越高开口度越小，舌位越低开口度越大。根据舌位的高低可以把元音分为高元音（如 i、u、ü），半高元音（如 e、o），半低元音（如 ê），低元音（如 a）。

第二，舌位的前后。舌位的前后是指舌头的前伸或后缩。根据舌位的前后，可

学习笔记

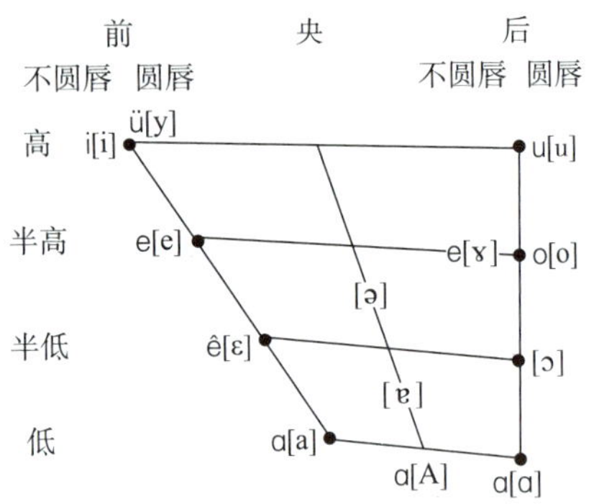

图3-1 舌面元音舌位唇形图

以把元音分为前元音（如 i、ü），央元音（如 e[ə]），后元音（如 u、o）。

第三，唇形的圆展。根据发音时嘴唇的形状，可以把元音分为圆唇元音（如 ü、o）和不圆唇元音（如 i、ɑ 等）。

根据发音时舌头所起的不同作用，可将 10 个单韵母分为舌面单韵母、舌尖单韵母、卷舌单韵母三类。

普通话各个舌面元音的发音特点，可以用舌面元音舌位唇形图来表示（见图 3–1）。

学习笔记

1. 舌面单韵母的发音

ɑ 舌面、央、低、不圆唇元音

打靶 dǎbǎ	大厦 dàshà	发达 fādá	妈妈 mā·ma
马达 mǎdá	喇叭 lǎ·ba	哪怕 nǎpà	发蜡 fàlà

o 舌面、后、半高、圆唇元音

磨破 mópò	薄膜 bómó	泼墨 pōmò	拨拉 bō·la
伯伯 bó·bo	婆婆 pó·po	默默 mòmò	馍馍 mó·mo

e 舌面、后、半高、不圆唇元音

苛刻 kēkè	割舍 gēshě	色泽 sèzé	可乐 kělè
隔阂 géhé	合格 hégé	客车 kèchē	这个 zhè·ge

ê 舌面、前、半低、不圆唇元音

节日 jiérì	亲切 qīnqiè	烈火 lièhuǒ	消灭 xiāomiè
雪花 xuěhuā	鲜血 xiānxuè	缺点 quēdiǎn	觉悟 juéwù

i 舌面、前、高、不圆唇元音

笔记 bǐjì	激励 jīlì	基地 jīdì	记忆 jìyì
霹雳 pīlì	习题 xítí	提议 tíyì	谜底 mídǐ

u 舌面、后、高、圆唇元音

补助 bǔzhù	读物 dúwù	辜负 gūfù	瀑布 pùbù
入伍 rùwǔ	疏忽 shū·hu	粗鲁 cūlǔ	出租 chūzū

ü 舌面、前、高、圆唇元音

聚居 jùjū	区域 qūyù	屈居 qūjū	须臾 xūyú
序曲 xùqǔ	语序 yǔxù	絮语 xùyǔ	豫剧 yùjù

2. 舌尖单韵母的发音

-i（前） 舌尖前、高、不圆唇元音

私自 sīzì	此次 cǐcì	次子 cìzǐ	恣肆 zìsì
字词 zìcí	祭祀 jìsì	子嗣 zǐsì	滋滋 zīzī

-i（后） 舌尖后、高、不圆唇元音

实施 shíshī	支持 zhīchí	知识 zhī·shi	制止 zhìzhǐ
值日 zhírì	试制 shìzhì	逝世 shìshì	誓师 shìshī

3. 卷舌单韵母的发音

er 卷舌、央、中、不圆唇元音

er 是一个用双字母表示的单韵母，e 表示舌位和唇形，r 表示卷舌动作。er 只能自成音节。

二十 èrshí	尔后 ěrhòu	幼儿 yòu'ér	耳朵 ěr·duo
而且 érqiě	儿歌 érgē	二胡 èrhú	儿子 ér·zi

（二）复韵母的发音 >>>>>>>>>>>>>>>>>>>>>>>>>>>>>>>>>>>>

复韵母由两个或三个元音结合而成。复韵母发音时舌位、唇形都有变化。

复韵母在发音时，有明显的动程：由前一个元音向后一个元音自然滑动，其中一个音较响亮，发音过程中气流不中断，口腔、舌位、唇形发生一系列连续变化，发出的语音浑然一体。

复韵母中各元音的发音响度不同。主要元音的发音口腔开口度最大，声音最响亮，持续时间最长，其他元音发音轻短或含混模糊。根据主要元音所在位置的不同，复韵母分为以下三类。

前响复韵母：ai　ei　ao　ou

中响复韵母：iao　iou　uai　uei

后响复韵母：ia　ie　ua　uo　üe

1. 前响复韵母的发音

前响复韵母发音时，前面的元音为主要元音，发音响亮、清晰，后面的元音为次要元音，发音轻短、模糊，前面的元音叫韵腹，后面的元音叫韵尾。

ai: 先发 a 的音，然后滑向 i，气流不中断，读音轻短。

白菜 báicài	大海 dàhǎi	采摘 cǎizhāi	买卖 mǎimài
晒台 shàitái	灾害 zāihài	奶奶 nǎi·nai	掰开 bāikāi

ei: 先发 e 的音，然后滑向 i，气流不中断，嘴角向两边展开。

配备 pèibèi	狒狒 fèifèi	北美 běiměi	妹妹 mèi·mei
茶杯 chábēi	尾巴 wěiba	刺猬 cì·wei	飞机 fēijī

ao: 先发 a 的音，然后舌尖后缩，舌根向上抬，嘴形拢成圆形，轻轻滑向 o。

犒劳 kào·láo	抛锚 pāomáo	号啕 háotáo	草帽 cǎomào
凹槽 āocáo	吵闹 chǎonào	考号 kǎohào	宝岛 bǎodǎo

ou: 先发 o 的音，嘴唇渐收拢，舌根抬高，口形由大圆到小圆。

守候 shǒuhòu	漏斗 lòudǒu	抖擞 dǒusǒu	都有 dōuyǒu
走狗 zǒugǒu	逗留 dòuliú	佝偻 gōu·lóu	高楼 gāolóu

2. 中响复韵母的发音

中响复韵母发音时，中间的元音发音清晰、响亮，前面的元音和后面的元音发音轻短、模糊，其中中间的元音为韵腹，前面的元音为韵头，后面的元音为韵尾。

iao: 由前、高、不圆唇元音 i 开始，舌位降至后低元音 a，然后再向后、高、圆唇元音 u 的方向滑升。

巧妙 qiǎomiào	教条 jiàotiáo	娇小 jiāoxiǎo	逍遥 xiāoyáo

学习笔记

苗条 miáo·tiao　　娇俏 jiāoqiào　　叫嚣 jiàoxiāo　　疗效 liáoxiào

iou: 由前、高、不圆唇元音 i 开始，舌位后移且降至后半高元音，然后再向后、高、圆唇元音 u 的方向滑升。

优秀 yōuxiù　　琉球 liúqiú　　久留 jiǔliú　　牛油 niúyóu

求救 qiújiù　　悠久 yōujiǔ　　舅舅 jiù·jiu　　绣球 xiùqiú

uai: 由圆唇的后、高元音 u 开始，舌位向前滑降到前、低、不圆唇元音 a（即前 a），然后再向前、高、不圆唇元音 i 的方向滑升。

怀揣 huáichuāi　　外快 wàikuài　　摔坏 shuāihuài　　乖乖 guāiguāi

外踝 wàihuái　　衰败 shuāibài　　甩卖 shuǎimài　　率领 shuàilǐng

uei: 由后、高、圆唇元音 u 开始，舌位向前向下滑到前、半高、不圆唇元音 e 的位置，然后再向前、高、不圆唇元音 i 的方向滑升。

摧毁 cuīhuǐ　　水位 shuǐwèi　　溃退 kuìtuì　　归队 guīduì

悔罪 huǐzuì　　醉鬼 zuìguǐ　　回味 huíwèi　　垂危 chuíwēi

《汉语拼音方案》规定，当 iou，uei 两个韵母和辅音声母相拼时，受声母与声调的影响，中间的元音弱化，写作 iu、ui。例如，“牛”写作 niú，不写作 nióu；“归”写作 guī，不写作 guēi。

学习笔记

3. 后响复韵母的发音

后响复韵母发音时，后面的元音为主要元音，发音清晰、响亮，前面的元音为次要元音，发音轻短、模糊，后面的元音又叫韵腹，前面的元音又叫韵头。

ia: 从前、高元音 i 开始，舌位滑向央、低元音 a 结束。

家鸭 jiāyā　　压下 yāxià　　加价 jiājià　　下家 xiàjiā

假牙 jiǎyá　　加压 jiāyā　　压价 yājià　　恰恰 qiàqià

ie: 从前、高元音 i 开始，舌位滑向前、半低元音 ê 结束。

结业 jiéyè　　贴切 tiēqiè　　铁屑 tiěxiè　　谢谢 xiè·xie

歇业 xiēyè　　爷爷 yé·ye　　姐姐 jiě·jie　　喋喋 diédié

ua: 从后、高圆唇元音 u 开始，舌位滑向央、低元音 a 结束。

花褂 huāguà　　画画 huàhuà　　耍滑 shuǎhuá　　花袜 huāwà

挂花 guàhuā　　挂画 guàhuà　　花滑 huāhuá　　娃娃 wá·wa

uo: 从后、高元音 u 开始，舌位向下滑到后、半高元音 o 结束。

错落 cuòluò　　硕果 shuòguǒ　　脱落 tuōluò　　国货 guóhuò

骆驼 luò·tuo　　懦弱 nuòruò　　堕落 duòluò　　落魄 luòpò

üe: 从圆唇的前、高元音 u 开始，舌位下滑到前、半低元音 ê，唇形由圆到不圆。

雀跃 quèyuè　　雪月 xuěyuè　　决绝 juéjué　　绝学 juéxué

约略 yuēlüè　　掠夺 lüèduó　　越狱 yuèyù　　略有 lüèyǒu

（三）鼻韵母的发音 >>>>>>>>>>>>>>>>>>>>>>>>>>>>>>>>>>>>

鼻韵母的复合鼻尾音充当韵母，复合鼻尾音就是元音之后附带一个鼻辅音作为韵尾。与复韵母一样，鼻韵母发音也有动程，由元音的“口音”状态向鼻辅音的“鼻音”状态过渡，注意不要发成“鼻化音”。

普通话韵母有两个鼻辅音韵尾 n 和 ng，韵尾 n 的发音同声母 n 发音基本相同，是舌面前部抵住上齿龈形成的鼻音，叫前鼻音；韵尾 ng 发音时，是舌根抵住软腭形成鼻音，叫后鼻音。普通话有 16 个鼻韵母，可分为如下两类。

前鼻音韵母：an en in ian uan uen üan ün

后鼻音韵母：ang eng ing ong iang uang ueng iong

1. 前鼻音韵母的发音

an: 从前 a 开始，舌面升高，舌面前部抵住上齿龈，当两者将要接触时，软腭下降，打开鼻腔通路，紧接着舌面前部与上齿龈闭合，使在口腔受到阻碍的气流从鼻腔里透出。

安然 ānrán　参战 cānzhàn　惨淡 cǎndàn　反感 fǎngǎn
烂漫 lànmàn　谈判 tánpàn　难看 nánkàn　干旱 gānhàn

en: 从央元音 e 开始，舌面升高，舌面前部抵住上齿龈，当两者将要接触时，软腭下降，打开鼻腔通路，紧接着舌面前部与上齿龈闭合，使在口腔受到阻碍的气流从鼻腔里透出。

本分 běnfèn　深沉 shēnchén　振奋 zhènfèn　愤恨 fènhèn
认真 rènzhēn　人参 rénshēn　根本 gēnběn　深圳 shēnzhèn

in: 从舌位最高的前元音 i 开始，舌面升高，舌面前部抵住上齿龈，当两者将要接触时，软腭下降，打开鼻腔通路，紧接着舌面前部与上齿龈闭合，使在口腔受到阻碍的气流从鼻腔透出。

亲近 qīnjìn　信心 xìnxīn　拼音 pīnyīn　引进 yǐnjìn
金银 jīnyín　辛勤 xīnqín　民心 mínxīn　临近 línjìn

ian: 由不圆唇的后、高元音 i 开始，口形迅速由合口状变为开口状，舌位向前迅速滑降到不圆唇的前、低元音 a 的位置开始升高，软腭下降，逐渐增强鼻音色彩，舌面前部迅速移到上齿龈，最后抵住上齿龈做出发鼻音 -n 的状态。

变迁 biànqiān　艰险 jiānxiǎn　前线 qiánxiàn　显现 xiǎnxiàn
鲜艳 xiānyàn　检验 jiǎnyàn　田间 tiánjiān　简便 jiǎnbiàn

uan: 由圆唇的后、高元音 u 开始，口形迅速由合口状变为开口状，舌位向前迅速滑降到不圆唇的前、低元音 a 的位置就开始升高，软腭下降，逐渐增强鼻音色彩，舌面前部迅速移到上齿龈，最后抵住上齿龈做出发鼻音 n 的状态。

万贯 wànguàn　酸软 suānruǎn　传唤 chuánhuàn　贯穿 guànchuān
专断 zhuānduàn　转暖 zhuǎnnuǎn　婉转 wǎnzhuǎn　转换 zhuǎnhuàn

uen: 由圆唇的后、高元音 u 开始，向央元音 e 的位置滑降，然后舌位升高，软腭下降，逐渐增强鼻音色彩，舌面前部迅速移到上齿龈，最后抵住上齿龈做出发鼻音 n 的状态。

《汉语拼音方案》规定，韵母 uen 和辅音声母相拼时，受声母和声调的影响，中间的元音（韵腹）产生弱化。写作 un。例如，“论”写作“lùn”，不写作“luèn”。

学习笔记

温顺 wēnshùn　　昆仑 kūnlún　　论文 lùnwén　　温存 wēncún

春笋 chūnsǔn　　温润 wēnrùn　　滚轮 gǔnlún　　困顿 kùndùn

üan: 由圆唇的后、高元音 ü 开始，向前、低元音 ɑ 的方向滑降，软腭下降，逐渐增强鼻音色彩，舌面前部迅速移到上齿龈，最后抵住上齿龈做出发鼻音 -n 的状态。

圆圈 yuánquān　　全权 quánquán　　涓涓 juānjuān　　源泉 yuánquán

渊源 yuānyuán　　轩辕 xuānyuán　　全员 quányuán　　拳拳 quánquán

ün: 从圆唇的前元音 ü 开始，唇形从圆唇逐步展开，而 in 的唇形始终是展唇。

军训 jūnxùn　　循循 xúnxún　　芸芸 yúnyún　　均匀 jūnyún

群运 qúnyùn　　逡巡 qūnxún　　军人 jūnrén　　英俊 yīngjùn

2. 后鼻音韵母的发音

ang: 从后 ɑ 开始，舌面后部抬起，软腭下降，打开鼻腔通路，紧接着舌面后部与软腭接触，封闭口腔通路，气流从鼻腔里透出。

上当 shàngdàng　　盲肠 mángcháng　　烫伤 tàngshāng　　帮忙 bāngmáng

商场 shāngchǎng　　钢厂 gāngchǎng　　沧桑 cāngsāng　　苍茫 cāngmáng

学习笔记

eng: 从 e 开始，舌面后部抬起，软腭下降，打开鼻腔通路，紧接着舌面后部抵住软腭，使在口腔受到阻碍的气流从鼻腔里透出。

风筝 fēngzheng　　升腾 shēngténg　　鹏程 péngchéng　　更正 gēngzhèng

省城 shěngchéng　　奉承 fèng·cheng　　风声 fēngshēng　　承蒙 chéngméng

ing: 从 i 开始，舌面隆起部位不降低，一直后移，舌尖离开下齿背，逐步使舌面后部隆起，软腭下降，打开鼻腔通路，紧接着舌面后部抵住软腭，封闭口腔通路，气流从鼻腔透出。口形没有明显变化。

经营 jīngyíng　　命令 mìnglìng　　姓名 xìngmíng　　情景 qíngjǐng

惊醒 jīngxǐng　　蜻蜓 qīngtíng　　明星 míngxīng　　评定 píngdìng

ong: 从 u 开始，舌面后部贴向软腭，当两者将要接触时，软腭下降，打开鼻腔通路，紧接着舌面后部抵住软腭，封闭口腔通路，气流从鼻腔里透出。

《汉语拼音方案》规定，为避免字母相混，以 o 表示开头元音 [u]，写作 ong。

空洞 kōngdòng　　恐龙 kǒnglóng　　轰动 hōngdòng　　共同 gòngtóng

从容 cóngróng　　冲动 chōngdòng　　通融 tōngróng　　工农 gōngnóng

iang: 由前、高、不圆唇元音 i 开始，舌位向后滑降到后、低元音 ɑ（后 ɑ），然后舌位升高。软腭下降，打开鼻腔通路，紧接着舌面后部抵住软腭，封闭口腔通路，气流从鼻腔里透出。

想象 xiǎngxiàng　　向阳 xiàngyáng　　响亮 xiǎngliàng　　洋相 yángxiàng

两样 liǎngyàng　　相像 xiāngxiàng　　相向 xiāngxiàng　　杨巷 yángxiàng

uang: 由圆唇的后、高元音 u 开始，舌位滑降至后、低元音 ɑ（后 ɑ），然后舌位升高，软腭下降，打开鼻腔通路，紧接着舌面后部抵住软腭，封闭口腔通路，气流从鼻腔里透出。

状况 zhuàngkuàng　　矿床 kuàngchuáng　　狂妄 kuángwàng
双簧 shuānghuáng　　惶惶 huánghuáng　　装潢 zhuānghuáng
慌张 huāngzhāng　　爽朗 shuǎnglǎng

ueng: 发音时，由圆唇的后、高元音 u 开始，舌位滑降到央元音 e 的位置，然后舌位升高，软腭下降，打开鼻腔通路，紧接着舌面后部抵住软腭，封闭口腔通路，气流从鼻腔里透出。唇形从圆唇向中间折点元音滑动过程中渐变为展唇。

在普通话里，韵母 ueng 只有一种零声母的音节形式 weng。

老翁 lǎowēng　　瓮安 wèng'ān　　蕹菜 wèngcài
嗡嗡 wēngwēng　　渔翁 yúwēng　　蓊郁 wěngyù
主人翁 zhǔrénwēng　　不倒翁 bùdǎowēng

iong：起点元音是舌面、前、高、圆唇元音 ü，发 o 后，软腭下降，打开鼻腔通路，紧接着舌面后抵住软腭，封闭口腔通路，气流从鼻腔里透出。

《汉语拼音方案》规定，为避免字母相混，用字母 io 表示起点元音 ü，写作 iong。

汹涌 xiōngyǒng　　炯炯 jiǒngjiǒng　　窘迫 jiǒngpò
穷凶 qióngxiōng　　行凶 xíngxiōng　　窘境 jiǒngjìng
迥异 jiǒngyàng　　熊掌 xióngzhǎng

三、韵母的辨正

（一）读准复韵母 >>>>>>>>>>>>>>>>>>>>>>>>>>>>>>>>>>

普通话的复韵母比较丰富，共 13 个，占全部韵母的 1/3。有些方言元音韵尾比较少，如吴方言，就没有 ai、ei、ao、ou 这一类复韵母，而是把它们读成单韵母；同样 uai、uei、iao、iou 等复韵母中的 ai、ei、ao、ou 也做了相应的改变，读成单元音。闽北方言、粤方言中有将 ü 作为韵尾的复韵母，如"崔""雷""水"等字。这种韵尾，在普通话里是没有的，应该注意纠正。

（二）防止丢失鼻音韵尾 n >>>>>>>>>>>>>>>>>>>>>>>>>>>>>>

普通话里带鼻音韵尾 n 的韵母，北方方言的济南话、太原话等，念成鼻化元音（发音时，软腭半升半降，气流同时从口腔和鼻腔里出来）；吴方言的上海话、苏州话等，则完全丢掉了鼻音，念成单元音韵母或复元音韵母。这些地区的人学习普通话，必须掌握鼻音韵尾的发音，同时要弄清哪些字在普通话里是有鼻音韵尾的。

（三）分清鼻音韵尾 n 和 ng >>>>>>>>>>>>>>>>>>>>>>>>>>>>>

普通话里鼻音韵尾 n 和 ng 分得很清楚，有些方言却不能分辨。例如，闽北方言就只有 ng，没有 n；吴方言和西南话大都能分别 an 和 ang，但不能分别 in 和 ing、en 和 eng；粤方言和客家方言除 n、ng 外，还有 m 收尾的音节（如"三"读成 sam。这些方言区的人说普通话时，只要把收 m 的音节改读成收 n

学习笔记

【微课视频】
韵母的辨正

学习笔记

【文本】
en 和 eng、in 和 ing
代表字类推表

就正确了）。

可以利用声韵配合规律帮助记忆。例如，普通话声母 d、t、n、l，除“嫩（nèn）”外，其他声母不与韵母 en 相拼。因此，方言中念 den、ten、nen、len 的字，一般都应改念 eng 韵。普通话中念 gen 的字只有少数几个，因此，方言中念 gen 的字，一般都应念 geng。z、c、s 和 en 组成音节，除“怎、岑、森”等少数几个字外，其余都应归入 eng 韵。

普通话声母 d、t 不与 in 韵相拼，只与 ing 韵相拼，因此，凡方言中念 din、tin 的都应改念 ding、ting。

1. an—ang

（1）an、ang 对比辨音练习。

扳 bān 手——帮 bāng 手　　担 dān 心——当 dāng 心

看 kān 家——康 kāng 佳　　冉 rǎn 冉——嚷 rǎng 嚷

（2）读准 an 和 ang。

女篮 lán——女郎 láng　　弹 tán 送——唐 táng 宋

战 zhàn 防——账 zhàng 房　　涂染 rǎn——土壤 rǎng

反 fǎn 问——访 fǎng 问　　水干 gān——水缸 gāng

（3）读准 ian 和 iang。

演讲 yǎnjiǎng　镶嵌 xiāngqiàn　现象 xiànxiàng　香甜 xiāngtián

坚强 jiānqiáng　想念 xiǎngniàn　绵羊 miányáng　两面 liǎngmiàn

（4）读准 uan 和 uang。

观光 guānguāng　宽广 kuānguǎng　光环 guānghuán　狂欢 kuánghuān

2. en—eng

（1）en、eng 对比辨音练习。

陈 chén 旧——成 chéng 就　　上身 shēn——上升 shēng

晨 chén 风——成 chéng 风　　出身 shēn——出生 shēng

分 fēn 子——疯 fēng 子　　审 shěn 视——省 shěng 市

震 zhèn 中——正 zhèng 中

（2）读准 en 和 eng。

真诚 zhēnchéng　本能 běnnéng　成本 chéngběn　承认 chéngrèn

3. in—ing

（1）in、ing 对比辨音练习。

红心 xīn——红星 xīng　劲 jìn 头——镜 jìng 头　临 lín 时——零 líng 时

印 yìn 象——映 yìng 象　今 jīn 天——惊 jīng 天　禁 jìn 赛——竞 jìng 赛

（2）读准 in 和 ing。

心情 xīnqíng　灵敏 língmǐn

（四）分清 i 和 ü

普通话的 i 和 ü 分得很清楚，而有些方言（如闽方言、客家方言等）却没有

单韵母 ü 和以 ü 起头的韵母，往往把 ü 念成 i 或 i 韵头。这些方言区的人学习普通话时，必须多练 ü 的发音，ü 是和 i 相对的圆唇元音，先发好 i，舌位保持原样，只要把嘴唇撮圆就成了 ü。另外，还可以运用下面的一些方法记住有关的字。

（1）运用形声字偏旁类推。例如，

奇——qí 奇骑琦崎，yī 猗漪，yǐ 椅倚踦

俞——yú 俞渝愉窬逾榆瑜揄蝓嵛觎，yù 谕喻愈

先——xiān 先酰，xiǎn 冼跣筅铣，xiàn 宪

宣——xuān 宣煊瑄萱喧揎暄，xuàn 渲楦碹

（2）运用记单边的方法记住一些字。例如，普通话中，音节 nüe 只有相应的两个汉字“虐”和“疟”，而音节 nie 却代表着“捏、苶、聂”等二十多个字。音节 lüe 只有相应的“掠、略”等四个字，而音节 lie 却代表着十多个字。这样记住少的一边，其他的也就记住了。

（五）防止丢失韵头 i 或 u >>>>>>>>>>>>>>>>>>>>>>>>>>>>>>

普通话里的复韵母和鼻韵母字有许多是有韵头 i、ü 的，而有些方言中却没有，如粤方言、客家方言、闽方言、吴方言里没有 i 韵头。无韵头 i 与声母和韵腹的不同有直接关系，如“街”，普通话读 jiē，有的方言读成 gūi，这时声母、韵尾、韵腹都改变了。普通话里 d、t、n、l、z、c、s 七个声母与 u 韵头相拼的字，有些方言却没有 u 韵头。这些方言区的人学习普通话时，必须注意增加韵头。

学习笔记

思考与练习

1. 朗读下面的绕口令，注意韵母的发音。

（1）威威、伟伟和卫卫，拿着水杯去接水。威威让伟伟，伟伟让卫卫，卫卫让威威，没人先接水。一二三，排好队，一个一个来接水。

（2）南南有个篮篮，篮篮装着盘盘，盘盘放着碗碗，碗碗盛着饭饭。南南翻了篮篮，篮篮扣了盘盘，盘盘打了碗碗，碗碗撒了饭饭。

（3）白石塔，白石搭，白石搭白塔，白塔白石搭，搭好白石塔，白塔白又大。

（4）坡上立着一只鹅，坡下就是一条河，宽宽的河，肥肥的鹅，鹅要过河，河要渡鹅，不知是鹅过河，还是河渡鹅。

（5）一二三，三二一，一二三四五六七，七个阿姨来摘果儿，七个花篮儿手中提。七棵树上结七样儿，苹果，桃儿，石榴，柿子，李子，栗子，梨。

（6）要说“尔”专说“尔”，马尔代夫，喀布尔，阿尔巴尼亚，扎伊尔，卡塔尔，尼泊尔，贝尔格莱德，安道尔，萨尔瓦多，伯尔尼，利伯维尔，班珠尔，厄瓜多尔，塞舌尔，哈密尔顿，尼日尔。

（7）大柴和小柴，帮助爷爷晒白菜。大柴晒的是大白菜，小柴晒的是小白菜。大柴晒了四十四斤四两大白菜，小柴晒了三十三斤三两小白菜。大柴和小柴，一共晒了七十七斤七两大大小小的白菜。

（8）山前住着阎圆眼，山后住着阎眼圆，二人山前来比眼，不知道是阎圆眼比阎眼圆的圆眼，还是阎眼圆比阎圆眼的眼圆。

（9）天上七颗星，树上七只鹰，梁上七个钉，台上七盏灯。

2. 朗读下面的儿歌、儿童诗。

（1）桑叶嫩，桑叶香，蚕儿吃，白又胖，吐银丝，细又长，织出绸缎的衣裳。

（2）一加九，十只小蝌蚪；二加八，十只花老鸭；三加七，十只老母鸡；四加六，十只金丝猴；五加五，十只大老虎。

（3）小老鼠，上灯台，偷油吃，下不来。吱吱吱，叫奶奶，叽里咕噜滚下来。

（4）摇啊摇，摇到外婆桥，外婆叫我好宝宝。糖一包，果一包，还有汤圆和年糕。

（5）小老鼠，玩电脑，乐得嘴巴嘻嘻笑。手拿鼠标左右摇，要把美味菜单找。打开窗口吓一跳，跑出一只小花猫。哎呀呀，不得了，吓得老鼠赶紧逃。

（6）蓝天蓝，大海蓝，蓝天大海蓝对蓝。蓝蓝蓝天天连海，蓝蓝大海海连天。蓝天连海天接海，大海连天海接天。

3. 朗读下面的歌词，读准每个音节的韵母。

大海啊，故乡

小时候妈妈对我讲，大海就是我故乡，海边出生，海里成长。大海呀大海，是我生活的地方，海风吹，海浪涌，随我漂流四方。大海啊大海，就像妈妈一样，无论天涯海角，总在我的身旁。大海啊故乡，大海啊故乡。

长江之歌

你从雪山走来，春潮是你的风采；你向东海奔去，惊涛是你的气概。你用甘甜的乳汁，哺育各族儿女；你用健美的臂膀，挽起高山大海。我们赞美长江，你是无穷的源泉，我们依恋长江，你有母亲的情怀。

4. 朗读下面的短文，读准韵母。

白雪

像柳絮，像飞蝶，情绵绵，意切切，我爱这人间最美的花朵，白雪飘飘，飘飘白雪。

看她那晶莹的花瓣，铺满了天边的原野，看她那轻盈的舞姿，催开了红梅的笑靥。呵，白雪飘飘，飘飘白雪，她赠给大地一片皎洁，她撒向人间多少欢悦。

是她用纯真的爱情，滋润着生命的绿叶，是她把热烈的追求，献给那美好的季节。呵，白雪飘飘，飘飘白雪，她带给人间多少向往，她纵情欢呼新的岁月。

学习主题 3 声调

情景再现

小唐去外地出差，钱用完了，去银行取钱，为小唐服务的是一位女士。小唐隔着玻璃用刚练习了两周的普通话亲切地喊："大姐，我取钱。"银行工作人员立刻脸色大变，手开始抖动。小唐想：我喊声"大姐"就激动成这样，莫不是我的声音太好听了？于是更嚣张地大声喊："大姐，我取钱。"很快银行保安出现了，抓住了小唐。

大家知道这是为什么吗？因为他把"大姐，我取钱"说成了"打劫，我缺钱"。在生活中的很多时候，我们如果把声调念错了，就会发生许多笑话和误会。

【微课视频】
声调及其辨正

学习笔记

一、声调及其性质

声调是声音的高低升降的变化。一个音节在发音时可以高可以低，可以升可以降，可以升而后降，可以降而后升。例如，ma 这个音节，如果起音从中部上滑到最高音，就变成了一个中升的调子 má（麻）；如果发音时从高处猛降到最低音，就变成了一个全降的调子 mà（骂）。声调区别音节的功能和声母、韵母一样重要，它是贯穿整个音节始终的音高变化，正是平仄抑扬的变化使语言富于音乐性和节奏感。

声调同声母、韵母一样，具有区别意义的作用，如"妈""麻""马""骂"四个音节中的声母和韵母都相同，但因声调不同而意义不同。例如：

分子 fēnzǐ：（名词）分数的一部分。
分子 fènzǐ：（名词）属于一定阶级、阶层、集团或具有某种特性的人。

教学 jiāoxué：（动词）教书。
教学 jiàoxué：（动词）教师把知识、技能传授给学生的过程。

二、普通话的调型、调值和调类

（一）调型 >>>

调型即声调的类型，指音节中声调高低、升降的变化模式。普通话中有四种调型，分别为高平调型（第一声），中升调型（第二声），曲折调型（第三声），全降调型（第四声）。《汉语拼音方案》规定这四种调型分别用符号"ˉ ˊ ˇ ˋ"来表示。

（二）调值

调值是音节的高低、升降、曲直、长短的变化形式，也就是声调的实际音值或读法。调值的记录我们通常采用赵元任设计的“五度标记法”。这种方法就是建立一个坐标，用纵轴表示音高，用横轴表示音长。把声调的调值用一竖标，中分五度，分别用1、2、3、4、5来表示，其中1表示低音，2表示半低音，3表示中音，4表示半高音，5表示高音，这五度只表示相对的高低不同。比较线的左侧用横线、斜线、折线等来表示音节的音高变化形式和升降幅度，如图3-2所示。

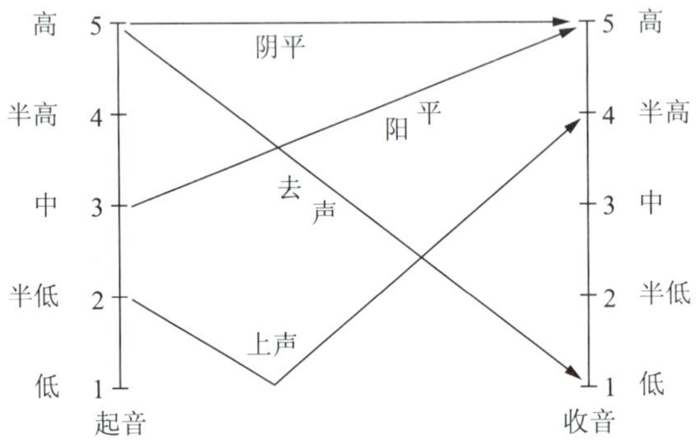

图3-2 普通话调值五度标记图

学习笔记

普通话调值有以下四种。

第一声（阴平）：用五度标记法来表示，就是从高音5度平拉到5度，没有升降的变化。因此，它的调值写作55。例如：

春天 chūntiān　光辉 guānghuī　出租 chūzū　冲锋 chōngfēng
温馨 wēnxīn　缫丝 sāosī　讴歌 ōugē　剖析 pōuxī

第二声（阳平）：用五度标记法来表示，就是从中音3度上升到高音5度，声音从不低不高上升到最高。因此，它的调值写作35。例如：

馄饨 hún·tun　戛然 jiárán　荨麻 qiánmá　模型 móxíng
昂扬 ángyáng　循环 xúnhuán　雷霆 léitíng　徜徉 chángyáng

第三声（上声）：用五度标记法来表示，就是从半低音2度降低到低音1度，再上升到半高音4度，声音有一个先降后升的过程。因此，它的调值写作214。例如：

吮 shǔn　杵 chǔ　糗 qiǔ　汞 gǒng　癖 pǐ
攮 nǎng　梗 gěng　茧 jiǎn　哺 bǔ　翡 fěi

第四声（去声）：用五度标记法来表示，就是从高音5度降到低音1度，声音从高到低，音长是最短的。因此，它的调值写作51。例如：

纳税 nàshuì　宿舍 sùshè　愤懑 fènmèn　叱咤 chìzhà
狩猎 shòuliè　画像 huàxiàng　兑换 duìhuàn　大厦 dàshà

（三）调类

调类是声调的分类，是把一种语言或方言中调值相同的字归为一个调类。

普通话有四种基本调值（轻声和变调不计在内），因而有四个调类。根据传统的汉语音韵学“平、上、去、入”四个声调，普通话将此分别称作阴平、阳平、上（shǎng）声、去声四个调类。教学上习惯称为第一声、第二声、第三声、第四声，统称为普通话的“四声”。

三、普通话声调的发音

（一）阴平 >>>

高平调，发音特点是高而平，声带绷到最紧，始终没有明显变化，保持音高。气势平稳不紧张。

（二）阳平 >>>

中升调，发音特点是由中升到高，声带从不松不紧开始，逐步绷紧，直到最紧。气息从不低不高开始到逐渐加强直至最高，尾音必须上扬。

（三）上声 >>>

降升调，发音特点是起音半低，先降后升，声带从略微有些紧张开始，立刻松弛下来，稍稍延长，然后迅速绷紧，但没有绷到最紧。气息降时稳定，扬起时加强。

（四）去声 >>>

全降调，发音特点是起音处于最高，接着往下滑动，声带从绷紧开始到完全松弛下来为止。气息从强时起到气息通畅变弱。

普通话声调系统简表如表 3–3 所示。

表 3–3　普通话声调系统简表

调类	调值	调型	调号	发音口诀	例字
阴平（第一声）	55	高平调	ˉ	起音高高一路平	春天花开
阳平（第二声）	35	中升调	ˊ	由中到高往上升	人民团结
上声（第三声）	214	降升调	ˇ	先降后升尾再起	理想美好
去声（第四声）	51	全降调	ˋ	由高猛降到底层	创造世界

《汉语拼音方案》规定了这四种声调符号，这些调号的形状基本上是五度标记法的缩影，调号要标在主要元音（韵腹）上。如果一个音节中有多个元音，就要标在开口度最大、声音最响亮的元音上。普通话语音十个元音中，开口度最大、声音最响亮的是 ɑ，其次是 o、e，最后是 i、u、ü。

根据以上情况，可以总结出如下标调口诀：

ɑ 母出现别放过，没有 ɑ 母找 o、e；

i、u 并列标在后，i 上标调把点抹；

单个韵母头上画，轻声不标就空着。

学习笔记

四、声调的辨正

（一）记少不记多 >>>

利用记住少数来推知多数的方法。比如，读作 n 声母要比读作 l 声母的少一半。那么，只需记住普通话里哪些字读作 n 声母就行。

（二）利用声旁进行类推 >>>>>>>>>>>>>>>>>>>>>>>>>>>>>>>>>>>>>>

这种方法就是利用已知读音的“代表字”来类推出同声旁的其他字的读音。

（三）对比辨音法 >>>

对比辨音法即先发不正确的发音，再发正确的发音，并将两者进行对比。采用这种先模仿后对比的训练方法，就比较容易感知自己发音与标准音的差别，从而把握正确的发音要领。

（四）辨别普通话声调和方言声调的差异 >>>>>>>>>>>>>>>>>>>>>>

首先普通话与方言声调种类的多少各不相同。普通话有四个调类，方言中声调少的只有三类，多的有十类，如广西玉林博白话有十类，广州话有九类。其次就声调的调值和调类的关系来说，普通话与方言之间，有的调值相同，但调类不一定相同；有的调类相同，但调值不一定相同。例如，普通话四声的调值分别是 55、35、214、51，而河南商丘话四声的调值分别是 24、42、55、31。因此，辨别本地方言与普通话四个声调的差异及其对应关系，是方言区的人学习普通话声调应该特别注意的。

一般情况下，普通话和方言在声调上的差异主要是：调类不同，调值不同，入声保留或归并的情况不同。①

（五）普通话四声辨正 >>

南方方言区或北方部分方言区的人，如广西、广东等粤方言区，湖南湘方言区和东北、山东部分地区的人，在说普通话阴平（高平调）时，要注意克服阴平调值不够高、阳平调值上不去、上声调值只降难升、去声降不下去的问题。即使平时不说方言，但由于受方言影响也会在说普通话时或多或少地出现发声调的缺陷，应注意克服。

声调的辨正，要求弄清方言与普通话声调的异同，把注意力放在“异”上，以普通话声调为标准，矫正方言的异音，即进行声调的“正音”。注意掌握四声的特点“一平、二升、三曲、四降”，牢记“五度标记法”。

学习笔记

① 入声是古四声（平、上、去、入）的一类，它的发音特点是韵母后面带上一个塞音韵尾，由于气流受到阻塞，因此读音短促，不能延长。如“一、八、入、急、笔、腊、黑、色”等字是古代的入声字。今天的一些方言中仍有入声字。

思考与练习

1. 请谈一谈自己方言的声调与普通话声调的差异，并与同学共同讨论，画出方言与普通话的调值、调型比较图，了解两者之间的对应关系。

2. 请为下列 50 个常用字标注调号。

傀 偏 撤 懂 桔 早 谬 爽 掐 窜 砣 惧 圆 蔓 禀 钙 名 剖 铁 森 棍 镖
烬 风 照 德 奏 拐 搏 掌 弱 法 弯 脓 柳 腔 呕 揪 舔 瓮 瞟 凌 讨 庙
群 改 颇 酶 歼 揪

3. 四声纠正游戏练习：请一位同学准确且夸张地读出某个双音节或者四字词语，并传递给下一位同学，以此类推进行词语接龙。

例如，双音节词语接龙：人民→民生→生命→命运→运气→气力→力量……四字词语接龙：后顾之忧→忧国忧民→民不聊生→生老病死→死去活来……

4. 朗读下列字、词，注意声调的正确发音。

（1）单音节字声调发音练习。

mā	má	mǎ	mà	pō	pó	pǒ	pò	gē	gé	gě	gè	jī	jí	jǐ	jì
妈	麻	马	骂	坡	婆	叵	破	哥	革	葛	个	鸡	急	几	计
wū	wú	wǔ	wù	yū	yú	yǔ	yù	zhī	zhí	zhǐ	zhì				
乌	吴	五	误	淤	鱼	雨	玉	织	植	纸	治				

（2）双音节词语声调发音练习。

阴 + 阴（55 + 55）

撒娇 sājiāo	贪污 tānwū	婚姻 hūnyīn	芬芳 fēnfāng	真菌 zhēnjūn
师专 shīzhuān	伸张 shēnzhāng	阴森 yīnsēn	宣称 xuānchēng	嚣张 xiāozhāng
参差 cēncī	疮疤 chuāngbā	磋商 cuōshāng	炊烟 chuīyān	戳穿 chuōchuān

阴 + 阳（55 + 35）

粘连 zhānlián	猖狂 chāngkuáng	心弦 xīnxián	单薄 dānbó	吹拂 chuīfú
猖獗 chāngjué	绯红 fēihóng	礁石 jiāoshí	矜持 jīnchí	开凿 kāizáo
漂泊 piāobó	青苔 qīngtái	珊瑚 shānhú	呻吟 shēnyín	荆棘 jīngjí

阴 + 上（55 + 214）

粗犷 cūguǎng	憧憬 chōngjǐng	颠簸 diānbǒ	分娩 fēnmiǎn	精髓 jīngsuǐ
蝌蚪 kēdǒu	枯萎 kūwěi	欺侮 qīwǔ	骚扰 sāorǎo	尸骨 shīgǔ
筛选 shāixuǎn	消遣 xiāoqiǎn	应允 yīngyǔn	瞻仰 zhānyǎng	渣滓 zhāzǐ

阴 + 去（55 + 51）

杀戮 shālù	山涧 shānjiàn	商榷 shāngquè	生肖 shēngxiào	喷嚏 pēntì
躯壳 qūqiào	镶嵌 xiāngqiàn	蜥蜴 xīyì	心悸 xīnjì	修缮 xiūshàn
湮没 yānmò	糟蹋 zāotà	招聘 zhāopìn	真挚 zhēnzhì	专横 zhuānhèng

阳 + 阴（35+55）

崎岖 qíqū	漩涡 xuánwō	壕沟 háogōu	船舱 chuáncāng	蜷缩 quánsuō
难堪 nánkān	人参 rénshēn	恒温 héngwēn	萌生 méngshēng	聆听 língtīng
蓬松 péngsōng	澄清 chéngqīng	寒暄 hánxuān	黄莺 huángyīng	瑕疵 xiácī

阳 + 阳（35+35）

裘皮 qiúpí	啧啧 zézé	临摹 línmó	执着 zhízhuó	潜藏 qiáncáng
蟾蜍 chánchú	抉择 juézé	潺潺 chánchán	螳螂 tángláng	酬劳 chóuláo
孑孓 jiéjué	横行 héngxíng			

阳 + 上（35+214）

惩处 chéngchǔ	棋子 qízǐ	排卵 páiluǎn	黄疸 huángdǎn	门槛 ménkǎn
冥想 míngxiǎng	零散 língsǎn	繁衍 fányǎn	怜悯 liánmǐn	评奖 píngjiǎng
驰骋 chíchěng	淳朴 chúnpǔ	雌蕊 círuǐ	调解 tiáojiě	汲取 jíqǔ

阳 + 去（35+51）

狞笑 níngxiào	惆怅 chóuchàng	蹂躏 róulìn	寒战 hánzhàn	沉闷 chénmèn
倔强 juéjiàng	缝纫 féngrèn	横亘 hénggèn	帛画 bóhuà	佛像 fóxiàng
丞相 chéngxiàng	鳞片 línpiàn	门框 ménkuàng	卓越 zhuóyuè	跋涉 báshè

上 + 阴（214+55）

晚婚 wǎnhūn	眼圈 yǎnquān	引申 yǐnshēn	满腔 mǎnqiāng	屏息 bǐngxī
脊椎 jǐzhuī	卡车 kǎchē	累积 lěijī	两栖 liǎngqī	悄声 qiǎoshēng
铁锨 tiěxiān	雪茄 xuějiā	黝黑 yǒuhēi	厂商 chǎngshāng	吮吸 shǔnxī

上 + 阳（214+35）

沼泽 zhǎozé	胆囊 dǎnnáng	坦然 tǎnrán	引擎 yǐnqíng	慨然 kǎirán
本行 běnháng	匪夷 fěiyí	采掘 cǎijué	逞能 chěngnéng	齿龈 chǐyín
储藏 chǔcáng	隐瞒 yǐnmán	反刍 fǎnchú	海蜇 hǎizhé	阻拦 zǔlán

上 + 上（214+214）

辗转 zhǎnzhuǎn	主旨 zhǔzhǐ	尽早 jǐnzǎo	脊髓 jǐsuǐ	勉强 miǎnqiǎng
笔法 bǐfǎ	匕首 bǐshǒu	哺乳 bǔrǔ	处女 chǔnǚ	抖擞 dǒusǒu
橄榄 gǎnlǎn	给予 jǐyǔ	脚趾 jiǎozhǐ	炯炯 jiǒngjiǒng	坎坷 kǎnkě

上 + 去（214+51）

褶皱 zhězhòu	璀璨 cuǐcàn	韭菜 jiǔcài	酒窖 jiǔjiào	满载 mǎnzài
险峻 xiǎnjùn	款项 kuǎnxiàng	紊乱 wěnluàn	掩映 yǎnyìng	隐患 yǐnhuàn
想念 xiǎngniàn	糗事 qiǔshì	表露 biǎolù	抵御 dǐyù	牡蛎 mǔlì

去 + 阴（51+55）

驻扎 zhùzhā	妊娠 rènshēn	荔枝 lìzhī	创刊 chuàngkān	唱腔 chàngqiāng

进餐 jìncān	汗衫 hànshān	宦官 huànguān	健身 jiànshēn	宪兵 xiànbīng
竞相 jìngxiāng	信封 xìnfēng	晋升 jìnshēng	钓竿 diàogān	化纤 huàxiān

去 + 阳（51+35）

转轴 zhuànzhóu	膳食 shànshí	确凿 quèzáo	黯然 ànrán	溃疡 kuìyáng
擂台 lèitái	效尤 xiàoyóu	殿堂 diàntáng	矿藏 kuàngcáng	量刑 liàngxíng
动辄 dòngzhé	晕船 yùnchuán	悍然 hànrán	篡夺 cuànduó	愕然 èrán

去 + 上（51+214）

哨所 shàosuǒ	下野 xiàyě	饭碗 fànwǎn	电缆 diànlǎn	敬仰 jìngyǎng
舰艇 jiàntǐng	驯养 xùnyǎng	面粉 miànfěn	将领 jiànglǐng	步履 bùlǚ
忏悔 chànhuǐ	怅惘 chàngwǎng	淬火 cuìhuǒ	调遣 diàoqiǎn	喝彩 hècǎi

去 + 去（51+51）

算术 suànshù	利刃 lìrèn	逊色 xùnsè	眷恋 juànliàn	暧昧 àimèi
兑换 duìhuàn	腋下 yèxià	血液 xuèyè	怠慢 dàimàn	贩卖 fànmài
叱咤 chìzhà	愤懑 fènmèn	狩猎 shòuliè	肖像 xiàoxiàng	被褥 bèirù

5. 绕口令练习。

（1）一领细席，席上有泥。溪边去洗，溪洗细席。

（2）铜钉和铜板，铜钉钉铜板，铜板钉铜钉，钉钉铜，铜钉钉。

（3）一个大嫂子，一个大小子。大嫂子跟大小子比包饺子，不知是大嫂子包的饺子不如大小子，还是大小子包的饺子不如大嫂子。

（4）珍珍绣锦枕，绣枕用金针，双蝶枕上争，珍珍的锦枕赠亲人。

（5）牛牛要吃河边柳，妞妞赶牛牛不走，妞妞护柳扭牛头，牛牛扭头瞅妞妞，牛牛要顶小妞妞，妞妞拾起小石头，吓得牛牛扭头走。

（6）磨坊磨墨墨碎磨坊一磨黑，梅香添煤煤爆梅香两眉煤。

（7）妈妈骑马，马慢，妈妈骂马；妞妞轰牛，牛拗，妞妞拧牛；舅舅捉鸠，鸠飞，舅舅揪鸠；姥姥喝酪，酪落，姥姥捞酪。

（8）大猫毛短，小猫毛长。大猫毛比小猫毛短，小猫毛比大猫毛长。

6. 请朗读下面的诗词，把每个字的调值读饱满。

（1）清明时节雨纷纷，路上行人欲断魂。借问酒家何处有？牧童遥指杏花村。

——杜牧《清明》

（2）鹅鹅鹅，曲项向天歌。白毛浮绿水，红掌拨清波。

——骆宾王《咏鹅》

（3）枯藤老树昏鸦，小桥流水人家。古道西风瘦马，夕阳西下，断肠人在天涯。

——马致远《天净沙·秋思》

（4）现代诗二首。

何必为年龄发愁

［俄］马雅可夫斯基

朋友，春天的后面不是秋，
何必为年龄发愁？
只要结好秋霜里的果子，
又何必在春花面前害羞？
有时候我也着急，
那是因为工作的不顺利；
有时候我也发愁，
那是因为我的祖国还比较落后。
我曾踏遍人生的领土，
最后才知道，
只有奋发图强，
才是人生正确的道路——
人民的事业与世长久，
谁的生命与它结合，
白发就上不了他的头。
我不再有什么别的希望，
只希望人民不要再受什么苦难；
我不再有什么别的要求，
我的要求就在大家的要求里头。
啊，朋友，
春天的后面不是秋，
何必为年龄发愁！

昙花的秘密

席慕蓉

总是
要在凋谢后的清晨
你才会走过
才会发现　昨夜
就在你的窗外
我曾经是
怎样美丽又怎样寂寞的一朵
我爱　也只有我
才知道　你错过的昨夜
曾有过　怎样皎洁的月

7. 朗读下面的材料，读准声调。

一切脱离人民的理论都是苍白无力的，一切不为人民造福的理论都是没有生命力的。我们要站稳人民立场、把握人民愿望、尊重人民创造、集中人民智慧，形成为人民所喜爱、所认同、所拥有的理论，使之成为指导人民认识世界和改造世界的强大思想武器。

学习主题 4 音节

一、音节的概念

音节是语音的基本结构单位。汉语一个音节写下来就是一个汉字，如“促进语言文字规范化、标准化”共有 12 个汉字，读起来有 12 个语音单位，也就是有 12 个音节。但在普通话语音里有一种特殊的语音现象——儿化韵，它书写时可以有两个汉字，如“花儿”，可是读起来却只有一个音节。

二、普通话音节的结构和特点

汉语的一个音节由声母、韵母和声调三个部分组成。如果再进行分析，还可以把韵母分成韵头、韵腹、韵尾三个部分。有些音节可以没有韵头或者没有韵尾。辅音声母也并不是每个音节都有的，这类音节被称作零声母音节。韵母中的韵头和韵腹一定是元音音素，发音响亮；韵尾有元音也有辅音。一个音节可以只有一个音素，但必须是元音音素（只有少数例外）。一个音节最多可以由四个音素构成，其中元音音素有两个或三个，辅音音素在音节里的位置固定，它只能在一个音节的开头部分（充当声母）或是一个音节的末尾（充当韵尾的鼻辅音）。汉语的一个音节不能有两个辅音相连。汉语音节的另一个主要特点是必须有声调贯穿始终。汉语音节结构分析表如表 3–4 所示。

表 3–4 汉语音节结构分析表

音节		声母	韵母				声调
			韵头	韵腹	韵尾		
都	dōu	d		o	u		阴平
来	lái	l		a	i		阳平
学	xué	x	ü	ê[ɛ]			阳平
好	hǎo	h		a	o		上声
规	guī	g	u	e[ɤ]	i		阴平
范	fàn	f		a		n	去声
标	biāo	b	i	a	o		阴平
德	dé	d		e[ɤ]			阳平
普	pǔ	p		u			上声
通	tōng	t		o		ng	阴平
话	huà	h	u	a			去声
语	yǔ			ü			上声
音	yīn			i		n	阴平

从表 3–4 中分析的音节可以看出，一个音节必不可少的是声调和韵母中的韵腹，其他部分不一定都齐全。作为韵头的元音音素只有 i、u、ü 三个，作为韵尾的元音音素只有 i、u 两个（韵尾的元音 u，拼音字母有时写作 o，如 ao、iao，不要误以为韵尾是 o，它们的韵尾是 u），辅音音素有 n、ng 两个。iu、ui 和 un 只作为书写形式，分析时仍以省写的 e 或 o 为韵腹。ê 和 ü 的符号在分析时仍按原音素书写，符号不能省略，以免和 u、e 相混。i、u、ü 零声母音节书写时采用 w、y，一律不作音素处理。

学习笔记

三、普通话音节结构的规律

音节是由声母、韵母、声调构成的，它们的互相配合与语音的演变规律以及语音内部的结构规律都有关系。

（一）普通话声母和韵母的配合关系 >>>>>>>>>>>>>>>>>>>>>>>>>

第一，b、p、m 可以和开口呼、齐齿呼以及合口呼中的 u 构成音节。

第二，f 只能和开口呼以及合口呼中的 u 构成音节。

第三，d、t 可以和开口呼、齐齿呼、合口呼构成音节。

第四，n、l 可以和开口呼、齐齿呼、合口呼、撮口呼构成音节，但不能和合口呼中的 ui 构成音节。

第五，j、q、x 只能和齐齿呼、撮口呼的韵母构成音节。

第六，g、k、h、zh、ch、sh、r、z、c、s 只能和开口呼、合口呼的韵母构成音节。

普通话声母和韵母的配合关系如表 3–5 所示。

表 3–5　普通话声母和韵母配合关系表

声母	韵母			
	开口呼	齐齿呼	合口呼	撮口呼
b　p　m	巴　坡　慢	比　批　明	不　朴　木	
f	法　非　否		富	
d　t	单　汤	地　天	读　图	
n　l	那　浪	你　李	奴　露	女　律
j　q　x		几　求　小		句　却　寻
g　k　h	赶　开　哈		古　哭　话	
zh　ch　sh　r	指　查　山　热		住　穿　双　若	
z　c　s	字　擦　三		组　催　所	

（二）普通话声韵母与声调的配合关系 >>>>>>>>>>>>>>>>>>>>>>>>>

从古今声调演变规律中可以看到，凡古代浊声母字都归入普通话语音的阳平和去声两种声调（上声只有 m、n、l、r 四个次浊声母），所以在普通话语音的阴平调里没有 m、n、l、r 这四个次浊声母的字。但在演变过程中，有少数口语常用的字已经读阴平调了，如妈 mā、抹（抹桌子）mā、猫 māo、闷（闷热）mēn、蒙（蒙骗）mēng、眯（眯缝）mī、摸 mō、捏 niē、拉 lā、捞 lāo、勒（勒紧）lēi、溜 liū、抡 lūn、扔 rēng 等。这些字有的还有阳平或去声的读音，另外还有些是吸收的方言词。

古今声母演变规律中，凡全浊声母字在普通话语音中变为阳平调的应该是送气声母 p、t、k、q、ch、c；变为去声的应该是不送气声母 b、d、g、j、zh、z（但是古入声中有一部分声母是 b、d、g、j、zh、z 的字归入了普通话阳平，如拔 bá、达 dá 等）。所以声母是 b、d、g、j、zh、z，而韵母是鼻韵母的字，

学习笔记

声调几乎没有阳平，只有个别例外，如甭 béng（口语词）、哏 gén（方言词）。

四、音节的拼读和拼写

（一）音节拼读 >>>

多数音节都有声母和韵母，拼读音节时需要把声母和韵母读成一个音节，而不是简单地将声母、韵母相加。必须注意下面两点。

第一，声母要读本音。为了呼读方便而加上的元音在拼读时要丢掉，如巴 ba，声母的名称音是 bo，拼读时不是 bo–a，而是 b–a，即按 b 的发音部位、发音方法，先双唇闭上挡住气流，同时做好发 a 的准备，然后双唇打开发出 a，就能成音节 ba。

第二，声母和韵母之间不能有间隙（哪怕是极小的间隙），否则就不可能拼读出一个音节，而会出现两个分割开来的音节。

（二）音节拼写 >>>

拼写音节有一定的书写规则，具体如下。

1. ê 和 ü 的书写

单韵母 ê 和 e 合用一个字母，由于元音音素 e 不能出现在 i、u 的后面，因此，在两个复韵母中 ê 的符号可以省略。例如：

月夜 yuèyè　　解决 jiějué　　确切 quèqiè　　铁血 tiěxuè

单韵母 ü 和 u 合用一个字母。

ü 独立成音节或其他零声母撮口呼音节的书写形式为 yu、yue、yuan、yun。零声母音节 u 和 ü 采用不同的音头 w 和 y，所以不会相混。例如：

u：wu　　wan　　wen　　weng

ü：yu　　yuan　　yun

ü 能与 j、q、x 构成音节，如 ju、qu、xu；但 u 不能和 j、q、x 构成音节，所以在出现频率较高的撮口呼音节 ju、jue、juan、jun、qu、que、quan、qun、xu、xue、xuan、xun 中，ü 的两点完全可以省略。

u 和 ü 都可以和声母 n、l 构成音节。例如：

nu 努　　lu 路　　lu 鲁

nü 女　　lü 绿　　lü 吕

2. -i（前）、-i（后）和 i 的使用

舌尖单韵母 -i（前）、-i（后）和舌面单韵母 i 合用了一个字母。单独出现作为音素教学时采用 -i（前）、-i（后）和 i 以示区别，在音节里一律用 i 书写。

3. y 和 w 的使用

当前面没有声母，自成音节时，i 和其他齐齿呼韵母都要使用 y，如 yi（衣）、ya（呀）、ye（耶）、yao（腰）、you（忧）、yan（烟）、yin（因）、yang（央）、ying（英）、yong（雍），其中 i、in、ing 三个音节中只有 i 一个元音音素，所

学习笔记

学习笔记

以不能把 i 改写为 y，必须在 i 前加上 y。

u 和其他合口呼韵母都要使用 w，如 wu（乌）、wa（蛙）、wo（窝）、wai（歪）、wei（威）、wan（弯）、wen（温）、wang（汪）、weng（翁）。

ü 和其他撮口呼韵母一律在前面加 y，以免与齐齿呼韵母相混，如 yu（迂）、yue（约）、yuan（冤）、yun（晕）。

4. iou、uei、uen 的书写

iou、uei、uen 零声母音节书写形式为：iou（忧）—you，uei（威）—wei，uen（温）—wen；

iou、uei、uen 前拼声母时，书写形式为：qiou（秋）—qiu，duei（堆）—dui，huen（昏）—hun。iu、ui 的声调符号标在后一个元音上。

5. 隔音符号（'）的使用

开口呼零声母音节与前一个音节按词连写时，有可能与前一个音节最后一个音素相连，需用隔音符号分隔音节的界限。

西安 xi'ān　　皮袄 pí'ǎo

有关词的连写及大写字母的使用应按照《汉语拼音正词法基本规则》的规定书写。

6. 标调的位置

《汉语拼音方案》采用符号标调法，将声调符号直接标在韵腹上面。但是，由于在具体的拼写中，iou、uei 两个韵母前面有声母时，韵腹必须省略，写成 iu、ui，这时就将声调标在韵尾上面。

五、音节的正音训练

（一）不要把 bo、po、mo、fo 读成 be、pe、me、fe >>>>>>>>>>>

普通话双唇音 b、p、m 和唇齿音 f，能与韵母 o 相拼，但不与韵母 e 相拼。有的方言，如北方方言沈阳话、郑州话、兰州话等只与 e 相拼，不与 o 相拼，如“波”普通话读 bo（阴平），沈阳话读 be（阴平）。这些方言区的人学习普通话，必须把方言中的 be、pe、me、fe 这四个音节的韵母改为圆唇音 o，读成

练一练

1. 两字词练习。

bo——播送　博士　渤海　波涛　　　po——破除　叵测　泼辣　坡度

mo——模范　磨炼　茉莉　没收　　　fo——佛手　佛号　佛家　佛教

2. 句段练习。

①颗颗豆子进豆磨，磨成豆腐送哥哥。哥哥说我的生产虽然少，可是小小的生产贡献多。

②月光下柳影婆娑，水面上漾起碧波。姑娘和小伙儿漫步走来，默默凝视着浪花朵朵。小河啊小河，你哗啦啦地在说些什么？

莫非你在说，时光好比流水，切莫白白错过，树立远大理想，快快发光发热？莫非你在说，用劳动的汗水，培育爱情的花朵？用我们的全部智慧，创造幸福生活？小河啊小河，你在说些什么？

bo、po、mo、fo。

（二）不要把 beng、peng、meng、feng 读成 bong、pong、mong、fong >>

普通话的 b、p、m、f 能与韵母 eng 相拼，不能与韵母 ong 相拼，但是吴方言、粤方言、北方方言和赣方言（南昌话）的 b、p、m、f 却能与 ong 相拼。上述这些方言地区的人学习普通话时必须把崩、碰、梦、风等字的韵母读成 eng，而不是 ong。

练一练

1. 两字词练习。

beng——崩溃　迸发　蚌埠　绷带　　peng——碰壁　朋友　澎湃　蓬勃
meng——猛烈　蒙蔽　萌芽　盟友　　feng——丰收　封建　讽刺　风声

2. 句段练习。

①当我们第一遍读一本好书的时候，我们仿佛觉得找到了一个好朋友；当我们再次读这本好书的时候，仿佛又和老朋友重逢。

②东洞庭，西洞庭，洞庭山上一根藤，藤上挂个大铜铃。风起藤动铜铃响，风停藤定铜铃静。

③杜鹃盛开的时候，那和煦的春风轻拂心头。我们在阳光下畅叙友情，就像那久别重逢的朋友。朋友啊朋友，快敞开那朝气蓬勃的歌喉，唱一支友谊之歌。

（三）不要把 fei 读成 fi >>>>>>>>>>>>>>>>>>>>>>>>>>>>>>>>>>>>

普通话的 f 不和 i 相拼，而北方方言中的洛阳话、徐州话，吴方言中的上海话、苏州话、平阳话等，f 却和 i 相拼。例如，“飞”，普通话读 fēi，徐州话读 fi（阴平）。虽然 fei 音节的字不多，但是使用机会多，所以要注意纠正。

练一练

1. 两字词练习。

fei——非常　绯红　翡翠　诽谤　费心　肺腑　飞翔　肥壮

2. 句段练习。

①绯红蝴蝶飞，肥鞋鞋口儿肥，诽谤者为匪，废料不能费。

②我爱家乡的山和水，山水映朝晖。花果园飘芳菲，池清鱼儿肥。沃野千里泛金浪，稻香诱人醉。山笑水笑人欢笑，歌声绕云飞。

（四）不要把 ji、qi、xi 读成 gi、ki、hi >>>>>>>>>>>>>>>>>>>>>>>>>>>>

普通话声母 g、k、h 是不与齐齿呼（i 或 i 开头）和撮口呼（ü 或 ü 开头）的韵母相拼的，然而在有些方言里，如客家方言、粤方言、闽方言，g、k、h 却跟齐齿呼（i 或 i 开头）和撮口呼（ü 或 ü 开头）的韵母相拼，北方方言和吴方言的一部分地区也有类似的情况。这些方言区的人学习普通话时，必须把在齐齿呼（i）、撮口呼（ü）前出现的 g、k、h 改为 j、q、x。

学习笔记

练一练

1. 词语朗读练习。

ji——飞机　经济　即刻　滑稽

qi——气息　和气　起色　祈祷

xi——休息　吸收　洗澡　习惯

2. 句段朗读练习。

①孩子们欢喜，大人们也忙乱。他们必须预备过年吃的、喝的、穿的、用的，好在新年时显出万象更新的气象。

——节选自老舍《北京的春节》

②燕子去了，有再来的时候；杨柳枯了，有再青的时候；桃花谢了，有再开的时候。但是，聪明的，你告诉我，我们的日子为什么一去不复返呢？——是有人偷了他们罢：那是谁？又藏在何处呢？是他们自己逃走了罢：现在又到了哪里呢？

——节选自朱自清《匆匆》

思考与练习

1. 什么是音节？
2. 普通话音节结构有什么特点？
3. 请说一说普通话声母和韵母的配合关系。
4. 请为下列音节注音。

外面	温度	确切	孑孓	小瓮儿	毛驴	火炉
具体	渠道	女性	实施	云烟	青蛙	优雅
秋天	堆积	西安	平安	棉袄	蒙骗	热情

扫码
查看参考答案

专题检测题

一、单项选择题。

1. 以下声母的发音方法属于擦音的是（　　）。

A. x　　B. m　　C. z

2. 以下声母的发音方法属于不送气的是（　　）。

A. ch　　B. g　　C. t

3. 以下声母的发音方法属于边音的是　　）。

A. n　　B. r　　C. l

4. 以下韵母属于前响复韵母的是（　　）。

A. ie　　B. ei　　C. uei

5. 以下韵母属于后响复韵母的是（　　）。

A. ou　　B. iou　　C. uo

6. 复韵母 uei 中的韵腹是（　　）。

A. e　　B. u　　C. i

扫码
查看参考答案

7. 上声的调值是（　　）。

A. 214　　B. 315　　C. 213

8. 普通话是，一个音节（　　）。

A. 就是一个汉字　　B. 不是一个汉字　　C. 基本上相当一个汉字

二、判断题。

1. j 是舌面送气清塞擦音。（　　）

2. n 发音时舌尖顶住上齿龈，l 发音时，舌尖前端顶住上齿龈的后部。（　　）

3. 普通话有 38 个韵母。（　　）

4. 鼻韵母和复韵母的发音要有动程。（　　）

5. 声调是贯穿音节始终的音强变化。（　　）

6. “旬”由声母 x、韵头 u、韵腹 e、韵尾 n、声调阳平组成。（　　）

7. 普通话有四种调类，分别是高平调、中升调、降升调、全降调。（　　）

8. 音节是人们听觉能感受到的最自然的语音单位，是语音结构的最小单位。（　　）

9. “小花儿”是 3 个汉字，也是 3 个音节。（　　）

10. 舌尖中音声母 d、t 可以和开口呼、齐齿呼、合口呼、撮口呼相拼。（　　）

学习评价与反思

评价要点：①掌握普通话声母的发音部位和发音方法，发音准确、到位，能够较好区分普通话难点音鼻音与边音（n 与 l），舌尖前音与舌尖后音（zh、ch、sh、r 与 z、c、s），舌面前音（j、q、x）。②掌握普通话单韵母的发音部位、复韵母和鼻韵母的发音方法，发音准确、圆润、饱满，能够正确区分前后鼻音（n 与 ng）。③理解调型、调类、调值的概念与分类，普通话阴平、阳平、上声、去声发音调值准确，尤其是阳平（35 调值）和上声（214 调值）。④了解普通话音节的结构和特点，掌握普通话声母、韵母和声调的配合关系、音节拼读和拼写规律。

专题四
普通话音变

学习目标

1. 掌握上声变调规律、“一”“不”变调规律、轻声规律、儿化规律、语气词“啊”的变读规律，正确朗读。
2. 熟记《普通话水平测试用必读轻声词语表》和《普通话水平测试用儿化词语表》。

思维导图

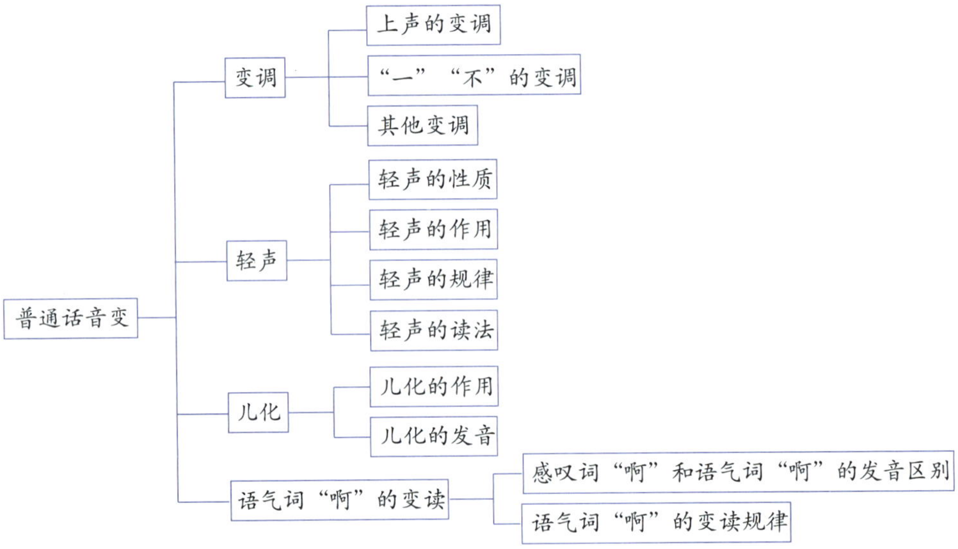

专题导入

人们在朗读或说话时，不是孤立地发出一个个音节，而是把许多音节组成词、短语和句子连续地说出来，我们习惯上称之为语流。在语流中，音素之间、音节之间会互相影响，产生语音的变化，这种变化一般是有规律的，我们把这种现象统称为“语流音变”，简称“音变”。要准确流畅地使用普通话，除了掌握每个字的正确发音外，还必须掌握语流音变的规律。

普通话的语流音变主要有变调、轻声、儿化和语气词“啊”的变读。

学习主题 1
变调

变调即声调音变，是相邻音节相互影响而产生的音高变化。普通话中的音节单念时都有各自的调值，但在连续的语流中由于受前后音节的影响，有些音节的调值就会发生变化。常见的变调有两类：上声的变调和“一”“不”的变调。

典型案例

在一节语文课上，老师讲到了成语“一模一样”，有个学生听了很不解，便举手询问：“老师，‘一’是多音字吗？”老师说：“不是啊。”学生又问：“那为什么‘一模一样’这个成语中，两个‘一’的读音不同呢？”老师一时不知道怎么回答。

【评析】普通话中的每个音节都有相对固定的发音。但在语流中，由于相邻音节的相互影响或表情达意的需要，有些音节的读音会发生变化，即出现了变调现象，所以会有不同的读音。

一、上声的变调

【微课视频】
上声变调

普通话的上声是降升调，调值 214，上声只有在单独念或在词句末尾时才读原调。上声变调的规律一般是“前变后不变”。

第一，上声在非上声（阴平、阳平、去声、轻声）前变为“半上”，调值由 214 变为 211。这条变调规律可概括为：“上声连非上，前上变半上。”例如：

上声＋阴平　北方　委托　恐慌　小说　普通　始终　铁丝　海军
产生　雨衣　马车　取经

上声＋阳平　口形　酒席　保存　语流　语文　朗读　检查　满足
坦白　领头　拟人　简洁

上声＋去声　广大　努力　挑衅　巩固　妥善　守候　法律　采购
解放　典范　美丽　感谢

上声＋轻声　晚上　打扮　首饰　点心　耳朵　尾巴　奶奶　脊梁
脑袋　眼睛　骨头　老爷

第二，上声在上声前变得像阳平。这条变调规律可概括为：“上声连上声，前上像阳平。”例如：

理想　美满　广场　偶尔　党史　语法
处理　反省　堡垒　友好　审美　口齿

第三，三个上声相连时，按词语内部结构分为两种情况。

①当词语的结构为“双音节＋单音节”，即“双单格”时，前两个上声变得像阳平。例如：

展览馆　蒙古语　手写体　选举法

想一想

还有哪些三个上声音节连读的词语或句子，请按照变读规律朗读。

学习笔记

②当词语的结构为“单音节＋双音节”，即“单双格”时，第一个音节变读为半上，调值为211，第二个音节变得像阳平。例如：

小拇指　　老古董　　纸老虎　　孔乙己

第四，三个以上上声相连，先将它们根据结构（两字组、三字组）分组，然后再按照上述规则确定变调。例如：

请你｜指导　　我有｜纸雨伞　　请小李｜给我买｜水彩笔　　彼此｜友好

二、“一”“不”的变调

（一）“一”“不”的本调 >>>>>>>>>>>>>>>>>>>>>>>>>>>>>>>>>

第一，“一”在单独念或语句末尾以及表序数、日期时读本调。“一”的本调是阴平，调值为55。例如：

单念　“一”这个字调类是阴平。　　语句末　表里如一。

表序数　明天是开学第一天。　　表日期　正月初一要吃饺子。

第二，“不”在单独念、语句末和非去声前读去声。例如：

单念　“不”这个字的调值为51。

语句末　有时候我们要学会拒绝，敢于说“不”。

非去声前　上学不能迟到。

（二）“一”的变调 >>>>>>>>>>>>>>>>>>>>>>>>>>>>>>>>>>>

第一，“一”在非去声前，由阴平变为去声，调值由55变为51。例如：

在阴平前　一般　一心　一身　一些

在阳平前　一连　一直　一时　一行

在上声前　一口　一体　一起　一早

第二，“一”在去声前，由阴平变为阳平，调值由55变为35。例如：

一概　　一共　　一样　　一道

第三，“一”夹在重叠动词之间，读得近乎轻声。例如：

画一画　　跳一跳　　歇一歇　　想一想

（三）“不”的变调 >>>>>>>>>>>>>>>>>>>>>>>>>>>>>>>>>>>>

第一，“不”在去声音节前，由去声变为阳平，调值由51变为35。例如：

不论　　不错　　不要　　不屑

第二，“不”夹在重叠式的动词、形容词之间或者是动补式的词语之间时，读得近乎轻声。例如：

重叠式的动词、形容词之间

谈不谈　　打不打　　来不来　　黑不黑　　去不去

动补式的词语之间

看不见　　说不清　　盼不来　　买不着　　管不了

三、其他变调

（一）阴平、阳平、去声的变调 >>>>>>>>>>>>>>>>>>>>>>>>>>>>

两个阴平相连，后一个字如果不变轻声，前一个字变成“半阴”调，调值由55变为44或33。例如：

高山　　东风　　村庄　　飞机　　中间

两个阳平相连，后一个字如果不变轻声，前一个字变成“半阳”调，调值由35变为34。例如：

杨梅　　轮船　　抬头　　流行　　黄河

两个去声相连，后一个如果不变轻声，前一个字变成“半去”调，念得短些，调值由51变为53。例如：

电报　　照相　　见面　　运动　　现象

（二）“七”和“八”的变调 >>>>>>>>>>>>>>>>>>>>>>>>>>>>>

在单独念或词语末尾，或表示序数时，在阴平、阳平、上声前都读原调阴平，调值为55。例如：

这是七，那是八　　今天初七　　七手八脚

在去声前变阳平，也可以不变。例如：

八倍　　七件　　七上八下　　八字口诀　　八万　　七块

学习笔记

思考与练习

1. 什么是变调？“一”的变调有哪几种？
2. 朗读“起码”和“骑马”两个不同的词语，为什么它们听起来读音一样呢？
3. 朗读下列字词，比较上声原调的调值和变调后的调值在音高上的区别。

考——考试——考古　　免——免费——免洗　　铁——铁矿——铁塔

省——省会——省长　　广——广大——广场　　导——导游——导演

请——请客——请柬　　美——美丽——美好　　领——领袖——领导

海——海豚——海水　　理——理由——理想　　整——整齐——整理

4. 两人一组，进行对话练习，注意正确处理“一”的变调。

（1）甲：星期一一大早，我就看见图书馆进了一套书，咱们一起去看一看吧。

乙：好吧！你可一定要来呀。你要不来，我也不去，信不信由你！

（2）甲：师傅，我这手表出了一点儿毛病，一慢就是七个多小时，请您修一修。

乙：让我看一看。哦，该换一块电池了。

甲：换一块电池得多少钱呢？

乙：一块电池八块钱。

甲：能抓紧一些吗？我还赶着上班呢。

乙：稍等一下就行了。可以啦，给您，有什么问题一定再来啊！

甲：好的，谢谢！

扫码
查看参考答案

5. 朗读《普通话水平测试用朗读作品》中的句子，注意读准“一”“不”的变调。

有人看见一个作家写出一本好小说，或者看见一个科学家发表几篇有分量的论文，便仰慕不已，很想自己能够信手拈来，妙手成章，一觉醒来，誉满天下。

失败虽然不是什么令人快乐的事情，但也决不应该因此气馁。在进行研究时，研究方向不正确，走了些岔路，白费了许多精力，这也是常有的事。但不要紧，可以再调换方向进行研究。

——节选自华罗庚《聪明在于学习，天才在于积累》

6. 朗读下面的短文，读准字的变调。

（1）我们深入贯彻以人民为中心的发展思想，在幼有所育、学有所教、劳有所得、病有所医、老有所养、住有所居、弱有所扶上持续用力，人民生活全方位改善。人均预期寿命增长到七十八点二岁。居民人均可支配收入从一万六千五百元增加到三万五千一百元。城镇新增就业年均一千三百万人以上。

（2）一天早晨，齐白石上街买菜，看见一个乡下小伙子的白菜又大又新鲜，就问：“多少钱一斤？”小伙子正要答话，仔细一看，哦！这不是大画家齐白石吗？就笑了笑说：“您要白菜？不卖！”齐白石一听，不高兴地说：“那你干吗来了？”小伙子忙说：“我的白菜用画换。”齐白石明白了，看来这小伙子认出他了，就说：“用画换？可以啊，不知怎样换法？”小伙子说：“您画一棵白菜，我给您一车白菜。”齐白石不由得笑出了声：“小伙子，你可吃大亏了！”“不亏，您画我就换。”“行！”齐白石也来了兴致：“快拿纸墨来！”小伙子买来纸墨，齐白石提笔抖腕，一幅淡雅清素的水墨《白菜图》很快就画出来了。小伙子接过画，从车上卸下白菜，拉起空车就走。齐白石忙拦住他：“这么多菜我怎么吃得完？”说着，就只拿了几棵白菜走了。

学习主题 2
轻声

学习笔记

在普通话中，每个音节都有固定的声调，可是有些音节在一定的场合里失去了原有的声调，念成一种又轻又短的声调，这种现象就是轻声。轻声是整个音节弱化过程中的一种特殊的音变现象。

情景再现

一个初学汉语的外国人在北京旅游，想打听一下去故宫怎么走，正好看到路边有一位60多岁的老人，忙上前问道：“大爷（dàyé），请问去故宫怎么走？”老人听后很生气地说：“谁是大爷（dàyé）？你才大爷（dàyé）呢！”说完转脸走了。这个外国人觉得很是莫名其妙。

【评析】对老年男性长辈的尊称应该读成“大爷(dàye)”，是轻声词。“大爷(dàyé)”一般指傲慢自恃的男性，旧社会常用。因此，我们不仅要读准字音，还要注意轻声词语的使用，否则真要闹笑话了。

一、轻声的性质

【微课视频】轻声

普通话的轻声都是从阴平、阳平、上声、去声四个声调变化而来的，是四声的一种特殊音变。在物理上表现为音长变短，音强变弱。轻声没有固定的调值，一般要根据前一个字的声调来确定：在非上声后读短促的低降调，调值为 31；在上声后读短促的半高平调，调值为 44。轻声不标声调，作为一种变调的语音现象，它一定体现在词语或句子中，因此，轻声音节的读音不能独立存在。

二、轻声的作用

想一想

还有哪些对应的轻声词与非轻声词存在词义和词性的差别呢?

轻声不仅和音节的音长、音强及音质有关系，而且与词汇和语法的意义有密切关系。熟练地掌握和运用轻声，不仅关系到普通话的纯正、悦耳，而且涉及语义的准确表达、语调的和谐动听等重要问题。具体说来，轻声具有区别词义、区别词性、改变语体色彩、增强语言节奏感和韵律感等作用。

（一）区别词义 >>

普通话中有的词读原调和读轻声时，词义发生了改变。例如：

是非：读“shìfēi”，指正确和错误两种性质；读“shì·fei”，指矛盾纠纷。

兄弟：读“xiōngdì”，指哥哥和弟弟；读“xiōng·di”，指哥哥或者弟弟。

东西：读“dōngxī”，指东、西两个方向；读“dōng·xi”，则泛指物品。

下水：读“xiàshuǐ”，指进入水中；读“xià·shui”，指牲畜的内脏。

（二）区别词性 >>

有些词，读轻声和不读轻声，词性发生了改变。例如：

言语：读“yányǔ”是名词，指说的话；读“yán·yu”是动词，指招呼、回答、开口。

大意：读“dàyì”是名词，指一段文字的主要意思；读“dà·yi”是形容词，指不小心、粗心。

地道：读“dìdào”是名词，指地下通道；读“dì·dao”是形容词，指纯正、纯粹。

编辑：读“biānjí”是动词，是对资料或作品进行整理；读“biān·ji”是名词，指做编辑工作的人。

（三）改变语体色彩、增强语言节奏感和韵律感 >>>>>>>>>>>>>>>>

有的轻声词不但能使语体活泼、口语色彩鲜明，而且能使语流婉转流畅，增加语言的节奏感和韵律感。例如：

盼望着，盼望着，东风来了，春天的脚步近了。

一切都像刚睡醒的样子，欣欣然张开了眼。山朗润起来了，水涨起来了，太阳的脸红起来了。

学习笔记

小草偷偷地从土里钻出来，嫩嫩的，绿绿的。园子里，田野里，瞧去，一大片一大片满是的。坐着，躺着，打两个滚，踢几脚球，赛几趟跑，捉几回迷藏。风轻悄悄的，草软绵绵的。

——节选自朱自清《春》

三、轻声的规律

普通话里的轻声词很多，轻声一般与词汇、语法有密切的关系，表现出一定的规律性。有些轻声音节缺乏规律性，这取决于语言习惯。普通话语音在以下几种情况下常读轻声。

语气词“吗、呢、啊、吧、啦、呀”等一般读轻声。例如：

行吗　你呢　好啊　走吧　开啦　来呀

助词“的、地、得、着、了、过”一般读轻声。例如：

她的　红色的　飞快地　慢慢地　急得很

高兴得　看着　散着　笑了　灭了　来过

名词或代词的后缀“子、头、巴、们、么”等一般读轻声。例如：

椅子　馒头　嘴巴　你们　什么

茄子　甜头　尾巴　孩子们　那么

但是，“子”“头”作为实语素时，在普通话中要重读，不可以读成轻声。例如：

孔子　女子　电子　公子　赤子　太子

线头　白头　低头　回头　钟头　带头

方位词后缀“边、面、上、下、里”等一般读轻声。例如：

那边　外面　楼上　地下　家里　左边

里面　操场上　大树下　柜子里　天底下

表示趋向的动词“来、去、出来、起来、下去、进去、出去”等一般读轻声。例如：

过来　下去　跑出来　跳起来　拿下去　塞进去

扔出去　拿来　看出来　爬上去　走下去　躲起来

叠音词的第二个音节和重叠动词的第二、第四个音节一般读轻声。例如：

爸爸　姐姐　姥姥　星星　说说　看看　想想　试试

讨论讨论　研究研究　商量商量　考虑考虑　收拾收拾

口语中有一部分双音节词的第二个音节习惯上读轻声。例如：

巴结　生意　知道　窗户　太阳　新鲜　厉害　称呼　出息　摸索　商量

合同　看见　唠叨　溜达　补丁　打扮　体面　痛快　动静　打算　对付

舒服　部分

四、轻声的读法

轻声音节的音高、音长、音色、音强都发生了变化，但轻声最主要的语音特

学习笔记

点体现在两个方面：一是轻声音节的音长一般短于正常重读音节的长度；二是轻声音节的调值（音高形式）已经改变，与原有声调不同，形成了独特的轻声调值。

根据轻声的语音特点，在练习轻声词时可以适度拉长前面的重读音节，尽量缩短后面的轻声音节，读出类似于附点音符的前长后短的节拍。如果只是缩短音节时长，听起来仍然是怪怪的，并不是标准的轻声。在缩短音长的同时，还必须改变原有调值，读出轻声调值。

普通话轻声音节的调值是由其前一个音节的声调决定的，共有两种形式。

阴平、阳平、去声后面的轻声，是一个短促的低降调，调值为 31。例如：

阴平 + 轻声　先生 xiān·sheng　衣服 yī·fu　东西 dōng·xi　耽误 dān·wu

阳平 + 轻声　学生 xué·sheng　人家 rén·jia　明白 míng·bai　便宜 pián·yi

去声 + 轻声　笑话 xiào·hua　客气 kè·qi　护士 hù·shi　太太 tài·tai

上声后面的轻声，是一个短促的半高平调，调值为 44。例如：

老婆 lǎo·po　买卖 mǎi·mai　眼睛 yǎn·jing　喜欢 xǐ·huan

学习笔记

思考与练习

扫码
查看参考答案

1. 什么是轻声？轻声是阴平、阳平、上声、去声之外的第五种声调吗？
2. 结合自己掌握的轻声词，说说普通话中的轻声有哪些规律。
3. 说说你知道的习惯上读轻声的词语，越多越好。
4. 对比朗读下列轻声与非轻声词语，体会它们在意义上的区别。

地下 dìxià——地下 dì·xia　公道 gōngdào——公道 gōng·dao

自在 zìzài——自在 zì·zai　管教 guǎnjiào——管教 guǎn·jiao

来路 láilù——来路 lái·lu　对头 duìtóu——对头 duì·tou

实在 shízài——实在 shí·zai　地方 dìfāng——地方 dì·fang

运气 yùnqì——运气 yùn·qi　东西 dōngxī——东西 dōng·xi

是非 shìfēi——是非 shì·fei　兄弟 xiōngdì——兄弟 xiōng·di

利害 lìhài——利害 lì·hai　大气 dàqì——大气 dà·qi

合计 héjì——合计 hé·ji　人家 rénjiā——人家 rén·jia

5. 下面是一些常见的必读轻声词语，读一读，练一练，并努力记住。

灯笼　地道　点心　动弹　豆腐　嘟囔　对头　对付　队伍　风筝　福气

甘蔗　告诉　疙瘩　故事　姑娘　寡妇　关系　官司　闺女　含糊　耽搁

耽误　道士　合同　红火　厚道　胡琴　皇上　活泼　火候　护士　脊梁

记性　家伙　见识　将就　交情　叫唤　结实　街坊　戒指　精神　客气

口袋　窟窿　快活　困难　阔气　老爷　累赘　力气　厉害　利落　连累

凉快　粮食　溜达　萝卜　麻烦　马虎　码头　买卖　忙活　冒失　眉毛

门道　苗条　名堂　明白　木匠　难为　脑袋　能耐　念叨　暖和　疟疾

盘算　朋友　脾气　屁股　便宜　漂亮　铺盖　欺负　亲戚　勤快　清楚

热闹　人家　认识　商量　少爷　生意　师傅　实在　使唤　收拾　舒服

疏忽　爽快　思量　岁数　特务　挑剔　妥当　跳蚤　唾沫　挖苦　琢磨

6. 朗读绕口令，注意读准轻声词。

从南来了个秃丫头，胳膊上挎着个破八斗，里头有堆羊骨头，伸手拿骨头，送在口里啃骨头，地下有块破砖头，绊倒了秃丫头，撒了一地羊骨头。

7. 朗读《普通话水平测试用朗读作品》中的句子，注意读准轻声词。

在不影响体现传统工艺技术手法特点的地方，工匠可以用电动工具，比如开荒料、截头。大多数时候工匠都用传统工具：木匠画线用的是墨斗、画签、毛笔、方尺、杖竿、五尺。

——节选自单霁翔《大匠无名》

人们常常把人与自然对立起来，宣称要征服自然。殊不知在大自然面前，人类永远只是一个天真幼稚的孩童，只是大自然机体上普通的一部分，正像一株小草只是她的普通一部分一样。

——节选自严春友《敬畏自然》

事与愿违，投下去的第一年，一直到秋凉落叶，水面上也没有出现什么东西。

——节选自季羡林《清塘荷韵》

8. 朗读童话片段，注意读准文中的轻声词。

睡觉

夜静悄悄，风不吹，草不摇，天上的地上的都睡了，一切都睡了。

小花猫躺在床上睡了。小白兔钻进洞里睡了。小金鱼睁着眼睛睡了。小红鸟站在地上睡了。小黄鹂停在树上睡了。

月儿和星星在高高的天上怎么也睡不着，它们就降落到小河里，躺在小河的身上睡了。

淘气的风娃娃看大家都睡了，它也不声不响地睡了。

夜静悄悄，风不吹，草不摇，天上的地上的都睡了，一切都睡了。

学习主题 3
儿化

【微课视频】
儿化

普通话的儿化现象主要由词尾“儿”变化而来。词尾“儿”本是一个独立的音节，由于在口语中处于轻读的地位，与前面的音节发生了音变，“儿（er）”失去了独立性，“化”到前一个音节上，只保持一个卷舌动作，两个音节融合成为一个音节，使前面音节里的韵母或多或少地发生了变化，带上卷舌音的色彩。这种语音现象就是“儿化”。例如，“大伙儿”的“伙儿（dà huǒr）”这样的音节称为儿化音节，儿化音节的韵母，或者说带上这种卷舌色彩的韵母叫作“儿化韵”。

情景再现

有这样一个小笑话，一个初学汉语的外国朋友到北方，刚学会用儿化音，有一次他正在用电脑下载东西，有人问他："你在干什么呢？"他立即回答："我在下载儿（下崽儿）。"大家听完捧腹大笑。

【评析】为了避免闹出更多这样的笑话，我们就需要了解儿化音的规律，正确地使用儿化音，规范地读准儿化音。

一、儿化的作用

"儿化"在表达词语的语法意义和修辞色彩上都起着积极的作用，在普通话口语表达中运用广泛。

（一）区别词性 >>

例如：

盖（动词）—— 盖儿（名词）　　个（量词）—— 个儿（名词）

拍（动词）—— 拍儿（名词）　　堆（动词）—— 堆儿（量词）

（二）区别词义 >>

例如：

信（信件）—— 信儿（消息）　　头（肢体上端）—— 头儿（领导）

末（最后）—— 末儿（细碎的或呈粉状的东西）

尖（尖锐）—— 尖儿（细小的头儿）

（三）表示喜爱、温婉的感情色彩 >>>>>>>>>>>>>>>>>>>>>>>>>>>>>

例如：

小孩儿　小人儿　老头儿　小曲儿　熊猫儿　大婶儿

来玩儿　慢慢儿　电影儿　有趣儿　宝贝儿　鲜花儿

（四）表示轻蔑、看不起的感情色彩 >>>>>>>>>>>>>>>>>>>>>>>>>>>

例如：

小偷儿　浑球儿　玩儿似的　败家子儿　小流氓儿

（五）表示细、小、轻、微的性状 >>>>>>>>>>>>>>>>>>>>>>>>>>>>

例如：

小鱼儿　门缝儿　一会儿　办事儿　牙签儿　细丝儿

树枝儿　棋子儿　露珠儿　针尖儿　蛋黄儿　米粒儿

二、儿化的发音

儿化音的读法主要受前面音节末尾音素的影响，它包含一系列的音变现象，包括增音、脱落、更换、鼻化等。

学习笔记

（一）直接卷舌

如果韵母的末尾音素为 a、o、e、ê、u 的音节（包括 ao、iao 中的 o[u]），儿化后主要元音基本不变，后面直接加上表示卷舌动作的“r”。例如：

a → ar	号码儿 hàomǎr	打杂儿 dǎzár	板擦儿 bǎncār
ia → iar	话匣儿 huàxiár	一下儿 yīxiàr	豆芽儿 dòuyár
ua → uar	大褂儿 dàguàr	麻花儿 máhuār	脑瓜儿 nǎoguār
o → or	上坡儿 shàngpōr	漩涡儿 xuánwōr	耳膜儿 ěrmór
uo → uor	被窝儿 bèiwōr	火锅儿 huǒguōr	做活儿 zuòhuór
ao → aor	蜜枣儿 mìzǎor	半道儿 bàndàor	红包儿 hóngbāor
iao → iaor	豆角儿 dòujiǎor	跑调儿 pǎodiàor	鱼漂儿 yúpiāor
e → er	挨个儿 āigèr	逗乐儿 dòulèr	饭盒儿 fànhér
üe → üer（ê → êr）	旦角儿 dànjuér	木橛儿 mùjuér	主角儿 zhǔjuér
ie → ier（ê → êr）	半截儿 bànjiér	小鞋儿 xiǎoxiér	字帖儿 zìtièr
u → ur	梨核儿 líhúr	碎步儿 suìbùr	没谱儿 méipǔr
ou → our	加油儿 jiāyóur	衣兜儿 yīdōur	纽扣儿 niǔkòur
iou → iour	顶牛儿 dǐngniúr	抓阄儿 zhuājiūr	棉球儿 miánqiúr

（二）增音

如果末尾音素是主要元音 i、ü，在后面加上 er 后，读音适当延长。例如：

i → ier	小鸡儿 xiǎojīr	粉皮儿 fěnpír	柳丝儿 liǔsīr
ü → üer	金鱼儿 jīnyúr	小曲儿 xiǎoqǔr	毛驴儿 máolǘr

（三）脱落

如果前一个音节的韵尾为前元音 i 或者鼻辅音 n，需要将韵尾脱落，同时在主要元音上加卷舌动作。例如：

ai → ar	鞋带儿 xiédàir	名牌儿 míngpáir	加塞儿 jiāsāir
ei → er	刀背儿 dāobèir	宝贝儿 bǎobèir	摸黑儿 mōhēir
uai → uar	一块儿 yīkuàir	糖块儿 tángkuàir	开怀儿 kāihuáir
uei → uer	对味儿 duìwèir	墨水儿 mòshuǐr	耳垂儿 ěrchuír
an → ar	包干儿 bāogānr	脸蛋儿 liǎndànr	栅栏儿 zhàlanr
en → er	别针儿 biézhēnr	刀刃儿 dāorènr	大婶儿 dàshěnr
in → iar	脚印儿 jiǎoyìnr	捎信儿 shāoxìnr	有劲儿 yǒujìnr
ian → iar	牙签儿 yáqiānr	心眼儿 xīnyǎnr	露馅儿 lòuxiànr
uan → uar	茶馆儿 cháguǎnr	好玩儿 hǎowánr	大腕儿 dàwànr
uen → uer	打盹儿 dǎdǔnr	没准儿 méizhǔnr	砂轮儿 shālúnr
ün → üer	合群儿 héqúnr	花裙儿 huāqúnr	一群儿 yīqúnr
üan → üar	杂院儿 záyuànr	烟卷儿 yānjuǎnr	人缘儿 rényuánr

学习笔记

（四）更换 >>>

如果原来韵母为舌尖前元音 -i 或者舌尖后元音 -i 时，为了卷舌的准备动作，将原来韵母更换为舌面央元音 [ə]。例如：

-i（前）→ er　石子儿 shízǐr　挑刺儿 tiāocìr　没词儿 méicír

-i（后）→ er　墨汁儿 mòzhīr　好事儿 hǎoshìr　锯齿儿 jùchǐr

（五）鼻化 >>>

如果原来韵尾为后鼻音韵尾 ng 时，儿化时丢掉原韵尾 ng，保留主要元音，在主要元音鼻化的同时加上卷舌动作。例如：

ang → ar（鼻化）　赶趟儿 gǎntàngr　香肠儿 xiāngchángr
　药方儿 yàofāngr

iang → iar（鼻化）　花样儿 huāyàngr　那样儿 nàyàngr
　透亮儿 tòuliàngr

uang → uar（鼻化）　蛋黄儿 dànhuángr　天窗儿 tiānchuāngr
　打晃儿 dǎhuàngr

eng → er（鼻化）　脖颈儿 bógěngr　提成儿 tíchéngr
　钢镚儿 gāngbèngr

ong → or（鼻化）　胡同儿 hútòngr　酒盅儿 jiǔzhōngr
　小葱儿 xiǎocōngr

iong → ior（鼻化）　小熊儿 xiǎoxióngr

学习笔记

思考与练习

1. 读下列词语，体会儿化的音变规律。

针鼻儿	加塞儿	小熊儿	逗乐儿	玩意儿	被窝儿	瓜瓤儿	面条儿	别针儿
做活儿	口罩儿	牙签儿	花样儿	小瓮儿	合群儿	半截儿	戏法儿	老头儿
胡同儿	后跟儿	手绢儿	小说儿	跳高儿	蒜瓣儿	没谱儿	饭盒儿	肚脐儿
邮戳儿	酒盅儿	扇面儿	赶趟儿	火锅儿	抓阄儿	记事儿	脖颈儿	年头儿
饱嗝儿	主角儿	出气儿	垫底儿	打鸣儿	小菜儿	蛐蛐儿	包干儿	冰棍儿
刨根儿	照片儿	模特儿	找碴儿	知了儿	奶嘴儿	竹竿儿	摆摊儿	裤衩儿
藕节儿	爷儿们	串门儿	邪门儿	窍门儿	爷们儿	桑葚儿	愣神儿	心眼儿
胖墩儿	门闩儿	猪倌儿	鸭梨儿	咬字儿	打滚儿	麦穗儿	煤核儿	顶事儿
起名儿	胡琴儿	消食儿	小抄儿	滥调儿	皮猴儿	笑窝儿	滴溜儿	茶卤儿
打总儿	对襟儿	花籽儿	树枝儿	警笛儿	面坯儿	评分儿	努嘴儿	蟹黄儿
刨根儿	舞伴儿	配对儿	旦角儿	树秧儿	相框儿	眼珠儿	奔头儿	

2. 读一读下列绕口令，注意儿化词的读法。

盆儿和瓶儿

盆儿碰瓶儿，瓶儿碰盆儿。盆儿碰掉瓶儿的嘴儿，瓶儿碰掉盆儿的底儿。盆儿叫瓶儿赔盆儿的底儿，瓶儿叫盆儿赔瓶儿的嘴儿。

学画画儿

小小子儿，不贪玩儿。画小猫儿，钻圈圈儿；画小狗儿，蹲小庙儿；画小鸡儿，吃小米儿；画个小虫儿，顶火星儿。

吃仁儿不吃皮儿

吃仁儿不吃皮儿，吃皮儿不吃仁儿。嗑了皮儿，吃了仁儿。吃了仁儿，吐了皮儿。皮儿堆了一堆儿，一堆皮儿没仁儿。

一条裤子七道缝儿

一条裤子七道缝儿，横缝儿上面有竖缝儿，缝了横缝儿缝竖缝儿，缝了竖缝儿缝横缝儿。

眼皮儿

上有上眼皮儿，下有下眼皮儿。左眼上眼皮儿打左眼下眼皮儿，右眼上眼皮儿打右眼下眼皮儿。左眼上眼皮儿打不着右眼下眼皮儿，右眼下眼皮儿打不着左眼上眼皮儿。左眼下眼皮儿打不着右眼上眼皮儿，右眼上眼皮儿打不着左眼下眼皮儿。

小饭碗儿

有个小孩儿叫小兰儿，挑着小桶上庙台儿。摔了个跟头儿，捡了个钱儿。又打醋儿，又买盐儿，还买了一个小饭碗儿。小饭碗儿，真好玩儿，没有边儿，没有沿儿，中间儿还有个小红点儿。

大小马路分七段儿

咱这里大小马路分七段儿。九条胡同十道弯儿。工厂、机关占一半儿，还有中学、小学、幼儿园儿，二十个商业服务点儿，仨医院来俩剧团儿，一共是三百一十所楼房和大院儿。

练字音儿

进了门儿，倒杯水儿，喝了两口儿运运气儿。顺手拿起小唱本儿，唱一曲儿，又一曲儿，练完了嗓子我练嘴皮儿。绕口令儿，练字音儿，还有单弦儿牌子曲儿，小快板儿，大鼓词儿，越说越唱我越带劲儿。

3. 分组进行对话练习，读准儿化词语。

打电话

甲：喂！今儿晚有空儿吗？咱俩去看电影儿吧！

乙：行啊！我正愁着周末没地儿玩儿呢！知道什么片儿吗？

甲：嗯……一下儿想不起来了，反正是个大片儿，听说有很多大腕儿出演呢！

乙：是吗？那好啊！你现在在哪儿呢？吃饭了吗？

甲：我在宿舍呢！还没吃。要不，咱俩一块儿去老北京吃点儿东西？

乙：行！那儿的菜不错！合我的口味儿！咱们一边儿吃一边儿聊吧，好久都没一块儿聚过了。

甲：是啊！为了考四级，个个都玩儿命似的！现在终于可以轻松轻松了！噢，对了，你这次考得怎么样啊？

乙：哎呀！我手机快没电了，一会儿老北京再聊吧！

甲：一会儿见！

老朋友相遇

甲：那不是张师傅吗？好久不见了！

乙：哦，是李师傅！我们家搬到城外边儿去了，就是在羊市口儿东边儿的小梅村儿。

甲：你们家里有花儿吗？

乙：有啊！花园里种着茶花儿，花盆儿里养着菊花儿，花瓶儿里插着梅花儿！

甲：哟！要是有空儿，能上你们家玩儿玩儿，一边儿赏花儿，一边儿聊天儿，那该多好哇！

乙：欢迎哪！等下了班儿，咱俩一块儿去。先去农贸市场绕个弯儿，我买点儿小葱儿、豆角儿、土豆儿、豆芽儿，还有小白菜儿什么的，回去好做饭哪。

甲：别那么麻烦了。咱俩下了班儿，上对门儿小饭馆儿，买一斤锅贴儿，带上点儿爆肚儿、蒜瓣儿，再弄二两老白干儿，到你家慢慢儿喝。

乙：行！哦，差点忘了，还得买点豆瓣儿酱，外加两盒烟卷儿。

甲：好嘞。

相关链接

《普通话水平测试用朗读作品》中含有儿化词的句子

孩子们准备过年，第一件大事就是买杂拌儿。这是用花生、胶枣、榛子、栗子等干果与蜜饯掺和成的。孩子们喜欢吃这些零七八碎儿。第二件大事是买爆竹，特别是男孩子们。恐怕第三件事才是买各种玩意儿——风筝、空竹、口琴等。

——节选自老舍《北京的春节》

树叶儿却绿得发亮，小草儿也青得逼你的眼。

——节选自朱自清《春》

我掩着面叹息，但是新来的日子的影儿又开始在叹息里闪过了。

——节选自朱自清《匆匆》

所谓“千里眼”，即高铁沿线的摄像头，几毫米见方的石子儿也逃不过它的法眼。

——节选自王雄《当今“千里眼”》

过了一会儿，响声越来越大，只见东边水天相接的地方出现了一条白线，人群又沸腾起来。

——节选自赵宗成、朱明元《观潮》

风还在一个劲儿地刮，吹打着树上可怜的几片叶子，那上面，就快成光秃秃的了。

——节选自丁立梅《孩子和秋风》

一种比它的理智更强烈的力量，使它从那儿扑下身来。

——节选自［俄］屠格涅夫《麻雀》，巴金译

学习笔记

学习笔记

语言，也就是说话，好像是极其稀松平常的事儿。

西方学者拿黑猩猩做实验，它们能学会极其有限的一点儿符号语言，可是学不会把它变成有声语言。

——节选自吕叔湘《人类的语言》

偶有不安分的小鱼儿和青蛙蹦跳成声，像是为了强化这夜曲的节奏。

——节选自刘延《十渡游趣》

池沼或河道的边沿很少砌齐整的石岸，总是高低屈曲任其自然。还在那儿布置几块玲珑的石头，或者种些花草。

——节选自叶圣陶《苏州园林》

有人说：登泰山而看不到日出，就像一出大戏没有戏眼，味儿终究有点寡淡。

我去爬山那天，正赶上个难得的好天，万里长空，云彩丝儿都不见。

来到这儿，你不妨权当一次画里的写意人物，坐在路旁的对松亭里，看看山色，听听流水和松涛。

——节选自杨朔《泰山极顶》

由我看到的那点儿春光，已经可以断定，杭州的春天必定会教人整天生活在诗与图画之中。

论吃的，苹果、梨、柿子、枣儿、葡萄，每样都有若干种。

——节选自老舍《"住"的梦》

学习主题4
语气词"啊"的变读

情景再现

同学们，请读一读下面这一组句子：

桂林的山真奇啊！

桂林的山真秀啊！

桂林的山真险啊！

刚才同学们不约而同地把句子中最后一个字都读成了（ɑ），是否正确呢？带着疑问我们今天一起来了解一下语流音变中"啊"的变读。

一、感叹词“啊”和语气词“啊”的发音区别

“啊”有两种用法：一种作为感叹词，表示感叹或惊讶；另一种作为语气词，表达语气和情感。

（一）“啊”作感叹词 >>>>>>>>>>>>>>>>>>>>>>>>>>>>>>>>>>>

“啊”作感叹词时，出现在句首。读音与说话人思想感情的变化关系密切。它有阴平、阳平、上声、去声四种声调，不同声调的“啊”，表示不同的语气和语调。例如：

啊（ā），你们来了。太好了！（读阴平，表示惊讶和赞叹）

啊（á），怎么是你呀？（读阳平，表示惊讶和不满）

啊（ǎ），怎么会是这样？（读上声，表示惊讶和疑问）

啊（à），我得回去了。（读去声，表示应诺）

（二）“啊”作语气词 >>>>>>>>>>>>>>>>>>>>>>>>>>>>>>>>>>>

“啊”作语气词时，出现在句尾。读音受前边音节末尾音素的影响发生变化，从而出现音变现象。

二、语气词“啊”的变读规律

当“啊”前面音节的末尾音素是 a、o、e、i、ü、ê 时，“啊”读作 ya，书面上也可以写作“呀”。例如：

末尾音素为 a　快点儿去找他啊（tāya 呀）！

末尾音素为 o　这里的人真多啊（duōya 呀）！

末尾音素为 e　赶紧向他道谢啊（xièya 呀）！

末尾音素为 i　咱们一起下棋啊（qíya 呀）！

末尾音素为 ü　马上就要下雨啊（yǔya 呀）！

末尾音素为 ê　盼望着快下雪啊（xuěya 呀）！

当“啊”前面音节的末尾音素是 u 或韵母是 ao、iao 时，“啊”读作 wa，书面上也可以写作“哇”。例如：

末尾音素为 u　你在哪里住啊（zhùwa 哇）？

末尾音素为 ao　她唱得多好啊（hǎowa 哇）！

末尾音素为 iao　口气真不小啊（xiǎowa 哇）！

当“啊”前面音节的末尾音素是 n 时，“啊”读作 na，书面上也可以写作“哪”。例如：

末尾音素为 n　我的天啊（tiānna 哪）！　多清新啊（xīnna 哪）！

好多人啊（rénna 哪）！　现如今啊（jīnna 哪）！

当“啊”前面音节的末尾音素是 ng 时，“啊”读作 nga，书面上也可以写作“啊”。例如：

【微课视频】

语气词“啊”的变读

练一练

请同学们根据语气词“啊”的变读规律，试着读一读。

学习笔记

末尾音素为 ng　　这幅图真漂亮啊（liàngnga 啊）！
上课要注意听啊（tīngnga 啊）！
最近工作太忙啊（mángnga 啊）！

当“啊”前面音节的末尾音素是 -i（前）时，“啊”读作 za，书面上也可以写作“啊”。例如：

末尾音素为 -i（前）　你要好好练字啊（zìza 啊）！
今天来回几次啊（cìza 啊）？
明天是星期四啊（sìza 啊）！

当“啊”前面音节的末尾音素是 -i（后）、er 和儿化音节时，“啊”读作 ra，书面上也可以写作“啊”。例如：

末尾音素为 -i（后）　这是什么纸啊（zhǐra 啊）？
快点儿来吃啊（chīra 啊）！
你有什么事啊（shìra 啊）？
末尾音素为 er　　真是说一不二啊（èrra 啊）！
末尾音素为儿化音　多聪明的小孩儿啊（háirra 啊）！

表 4–1 为语气词“啊”的变读规律表。

学习笔记

表 4–1　语气词“啊”的变读规律表

前面音素	读音	汉字	例句
a o e i ü ê	ya	呀	你啊！　好大的雨啊！　唱歌啊！
u（ao iao）	wa	哇	走啊！　好啊！哭啊！　笑啊！
n	na	哪	天啊！　当心啊！　小朋友玩得多开心啊！
ng	nga	啊	行啊！　天好冷啊！
-i［前］	za	啊	真自私啊！　要好好练字啊！
-i［后］、er	ra	啊	是啊！　吃啊！　多好看的花儿啊！

读一读

1. 请朗读下面的绕口令，按照语气词“啊”的变读规律正确变读。

张果老

啪！啪！啪！谁啊？张果老啊！怎么不进来啊？怕狗咬啊！衣兜里装着什么啊？大酸枣啊！怎么不吃啊？怕牙倒啊！胳肢窝里夹着什么啊？破棉袄啊！怎么不穿上啊？怕虱子咬啊！怎么不叫你老伴拿啊？老伴儿早死了！你怎么不哭啊？盆儿啊！罐儿啊！我的老伴儿啊！

货物真丰富啊

菜市场的货物真丰富，鸡啊，鸭啊，鱼啊，肉啊，盐啊，酱油啊，醋啊，生的熟的应有尽有。

一块儿来啊

鸡啊，鸭啊，猫啊，狗啊，一块儿水里游啊！牛啊，羊啊，马啊，骡啊，一块儿进鸡窝啊！狼啊，虫啊，虎啊，豹啊，一块儿上街跑啊！兔啊，鹿啊，鼠啊，孩儿啊，一块儿上窗台儿啊！

2. 对话练习。

（1）甲：这些孩子啊，真可爱啊！

乙：那还用说啊，不然，怎么叫模范幼儿园啊？

甲：你看啊，他们多高兴啊！

乙：是啊！他们又读诗啊，又吟诵啊，又画画啊，又剪纸啊，老师教得多好啊！

甲：你还没见啊，下了课，他们唱啊，跳啊，简直像一群小鸟啊！

乙：啊！他们可真是幸福啊！

（2）甲：这是什么啊？

乙：吃的东西啊！面包啊，香肠啊，饮料啊，西瓜啊，瓜子啊，应有尽有啊。

甲：今天我们要大吃一顿啊！

乙：是啊，给你好好庆贺庆贺啊！

甲：给我庆贺什么啊？

乙：今天是你的生日啊！你怎么忘了？

（3）甲：人的欲望啊，真是没有止境啊。

乙：你又在发什么感叹啊？

甲：我正在看戴厚英的《人啊，人》这部小说。

乙：这小说和人的欲望有什么关系啊？

甲：当然有啊，你看了作品之后，也会有同感的啊！

（4）甲：你去哪儿啊？

乙：去图书馆啊。

甲：现在才七点半，还没开门啊！

乙：是啊，我怎么忘了！

甲：先去报栏看看吧，最近足球赛事很多啊！

乙：好啊，一起去啊。

学习笔记

相关链接

《普通话水平测试用朗读作品》中含有语气词“啊”的句子

太阳他有脚啊，轻轻悄悄地挪移了；我也茫茫然跟着旋转。

——节选自朱自清《匆匆》

是啊，如果我们在生活中能将心比心，就会对老人生出一份尊重，对孩子增加一份关爱，就会使人与人之间多一些宽容和理解。

——节选自姜桂华《将心比心》

在它看来，狗该是多么庞大的怪物啊！

是啊，请不要见笑。

——节选自［俄］屠格涅夫《麻雀》，巴金译

孩子们是多么善于观察这一点啊。

——节选自魏巍《我的老师》

你看，张择端画的画，是多么传神啊！

——节选自滕明道《一幅名扬中外的画》

思考与练习

1. 找出下列词语中需要变调的词语和轻声词。

普通　打扮　审美　宣传　谈不谈　不像　学生　粉笔　一度　选举法

一般　不对　纺织　雨伞　手绢儿　美好　打开　旅游　铁路　展览馆

漂亮　养活　凑合　保险　小拇指

2. 朗读舒婷的诗歌《也许》，注意其中上声和“一”“不”的变调。

也许我们的心事
总是没有读者
也许路开始已错
结果还是错
也许我们点起一个个灯笼
又被大风一个个吹灭
也许燃尽生命烛照别人
身边却没有取暖之火

也许泪水流尽
土地更加肥沃
也许我们歌唱太阳
也被太阳歌唱着
也许肩上越是沉重
信念越是巍峨
也许为一切苦难疾呼
对个人的不幸只好沉默

也许
由于不可抗拒的召唤
我们没有其他选择

3. 读准下列的儿化词和语气词“啊”的变读。

散文啊　口味儿　好冷啊　树叶儿　铁丝儿　真快啊　鸡眼儿　看电影儿
小曲儿　口渴啊　药方儿　自私啊　很深啊　米粒儿　顶班儿　马虎啊

4. 实践练习。

练习一：找一位同班同学围绕各自的兴趣爱好说一段话，然后相互点评，看看能否正确熟练地运用语流音变知识。

练习二：参加一次班级或校内的朗诵大赛或演讲大赛，标注出朗诵或演讲材料中需要注意的变调、轻声、儿化和语气词“啊”的变读，并正确运用。

专题检测题

专题检测一　普通话水平测试模拟试卷

一、读单音节字词（100 个音节，共 10 分，限时 3.5 分钟）

哲　洽　许　滕　缓　昂　翻　容　选　闻　悦　围　波　信　铭　欧　测　敷　闰　巢　宇　披
翁　辆　申　按　捐　旗　黑　咬　瞥　贺　失　广　晒　兵　卦　拔　君　仍　胸　撞　非　眸
葬　昭　览　脱　嫩　所　德　柳　砚　甩　豹　壤　凑　坑　绞　崔　我　初　蔽　匀　铝　枪
柴　搭　穷　董　池　款　杂　此　艘　粉　阔　您　镁　帘　械　搞　堤　捡　魂　躺　瘸　蛀
游　蠢　固　浓　钾　酸　莫　捧　队　耍　踹　儿

二、读多音节词语（100 个音节，共 20 分，限时 2.5 分钟）

国王　今日　虐待　花瓶儿　难怪　产品　掉头　遭受　露馅儿
人群　压力　材料　窘迫　亏损　翱翔　永远　一辈子　佛典
沙尘　存在　请求　累赘　发愣　外面　酒盅儿　似乎　怎么
赔偿　勘察　妨碍　辨别　调整　少女　做活儿　完全　霓虹灯
疯狂　从而　入学　夸奖　回去　篡夺　秧歌　夏季　钢铁
通讯　敏感　不速之客

三、朗读短文（400 个音节，共 30 分，限时 4 分钟）

在浩瀚无垠的沙漠里，有一片美丽的绿洲，绿洲里藏着一颗闪光的珍珠。这颗珍珠就是敦煌莫高窟。它坐落在我国甘肃省敦煌市三危山和鸣沙山的怀抱中。

鸣沙山东麓是平均高度为十七米的崖壁。在一千六百多米长的崖壁上，凿有大小洞窟七百余个，形成了规模宏伟的石窟群。其中四百九十二个洞窟中，共有彩色塑像两千一百余尊，各种壁画共四万五千多平方米。莫高窟是我国古代无数艺术匠师留给人类的珍贵文化遗产。

莫高窟的彩塑，每一尊都是一件精美的艺术品。最大的有九层楼那么高，最小的还不如一个手掌大。这些彩塑个性鲜明，神态各异。有慈眉善目的菩萨，有威风凛凛的天王，还有强壮勇猛的力士……

莫高窟壁画的内容丰富多彩，有的是描绘古代劳动人民打猎、捕鱼、耕田、收割的情景，有的是描绘人们奏乐、舞蹈、演杂技的场面，还有的是描绘大自然的美丽风光。其中最引人注目的是飞天。壁画上的飞天，有的臂挎花篮，采摘鲜花；有的反弹琵琶，轻拨银弦；有的倒悬身子，自天而降；有的彩带飘拂，漫天遨游；有的舒展着双臂，翩翩起舞。看着这些精美动人的壁画，就像走进了 // 灿烂辉煌的艺术殿堂。……

——节选自《莫高窟》

四、命题说话（请在下列话题中任选一个，共 40 分，限时 3 分钟）

1. 我喜爱的职业（或专业）。

2. 对亲情（或友情、爱情）的理解。

专题检测二　普通话水平测试模拟试卷

一、读单音节字词（100 个音节，共 10 分，限时 3.5 分钟）

崩 饷 攻 劳 凑 匹 捐 坎 蹲 女 恨 蹿 穷 飞 骗 封 攥 竹 苍 嚎 纱 您

吻 渠 狗 奎 署 踹 垒 阎 蒋 额 淡 房 拢 爵 猛 而 军 德 滥 亡 软 下

俗 瞥 禀 氏 窘 丢 捅 寻 贝 台 自 侵 入 凭 朵 条 诈 准 棕 滑 状 插

有 龄 账 垮 摸 囊 招 酶 曳 恩 选 赛 鳖 阅 吹 忍 吃 涮 丝 破 轨 戏

谎 财 搞 掐 曼 歪 仍 砌 我 用 裹 抻

二、读多音节词语（100 个音节，共 20 分，限时 2.5 分钟）

奶粉　在这儿　雄伟　婴儿　群众　电压　吵架　连续　枕头

新娘　航空　富翁　节日　上层　核算　大学生　名词　况且

抓阄儿　虐待　麻烦　追求　佛教　包子　原则　热量　农村

履行　骨髓　概括　拐弯儿　配套　玻璃　探索　创作　后跟儿

全体　春光　运动　神经质　昂首　衰变　诋毁　黑暗　挖苦

发票　贫穷　一目了然

三、朗读短文（400 个音节，共 30 分，限时 4 分钟）

泰山极顶看日出，历来被描绘成十分壮观的奇景。有人说：登泰山而看不到日出，就像一出大戏没有戏眼，味儿终究有点寡淡。

我去爬山那天，正赶上个难得的好天，万里长空，云彩丝儿都不见。素常烟雾腾腾的山头，显得眉目分明。同伴们都欣喜地说："明天早晨准可以看见日出了。"我也是抱着这种想头，爬上山去。

一路从山脚往上爬，细看山景，我觉得挂在眼前的不是五岳独尊的泰山，却像一幅规模惊人的青绿山水画，从下面倒展开来。在画卷中最先露出的是山根底那座明朝建筑岱宗坊，慢慢地便现出王母池、斗母宫、经石峪。山是一层比一层深，一叠比一叠奇，层层叠叠，不知还会有多深多奇。万山丛中，时而点染着极其工细的人物。王母池旁的吕祖殿里有不少尊明塑，塑着吕洞宾等一些人，姿态神情是那样有生气，你看了，不禁会脱口赞叹说："活啦。"

画卷继续展开，绿阴森森的柏洞露面不太久，便来到对松山。两面奇峰对峙着，满山峰都是奇形怪状的老松，年纪怕都有上千岁了，颜色竟那么浓，浓得好像要流下来似的。来到这儿，你不妨权当一次画里的写意人物，坐在路旁的对松亭里，看看山色，听听流 // 水和松涛。

——节选自杨朔《泰山极顶》

四、命题说话（请在下列话题中任选一个，共 40 分，限时 3 分钟）

1. 我欣赏的历史人物。

2. 我向往的地方。

学习评价与反思

评价要点： 掌握上声、“一”“不”的变调规律，能够准确判断轻声并正确朗读，能将儿化音读得清晰、自然，能在朗读和说话中正确地进行语气词“啊”的变读。

专题五
普通话水平测试指导

>> 学习目标

1. 了解普通话水平测试的内容、方式、要求以及测试程序。
2. 掌握普通话水平测试的应试技巧，避免失误，并反复练习。
3. 通过学习与练习，达到相应的普通话等级标准。

>> 思维导图

- 普通话水平测试指导
  - 认识普通话水平测试
    - 普通话水平测试试卷构成及评分标准
    - 应试人普通话水平等级的确定
    - 普通话水平测试方式及评分方式
  - 普通话水平测试分项练习
    - 读单音节字词
    - 读多音节词语
    - 朗读短文
    - 命题说话
  - 普通话水平测试常见非语音失误与矫正
    - 词语的轻重音格式
    - 朗读和说话的停连
    - 朗读和说话的语调
    - 词汇规范
    - 语法规范
  - 计算机辅助普通话水平测试流程
    - 计算机智能测试程序
    - 计算机智能测试步骤及注意事项

>> 专题导入

亲爱的同学们，要想取得幼儿园教师资格证书，就必须参加国家普通话水平测试，获得相应的等级资格证书（我国大部分省市要求幼儿教师普通话水平必须达到二级甲等及以上）。在前面几个专题中，同学们学习了普通话的发音，本专题我们将向大家介绍普通话水平测试的内容、方式、要求等，并指导同学们进行普通话水平测试练习。

学习主题 1
认识普通话水平测试

1994 年，国家语言文字工作委员会、国家教育委员会、广播电影电视部联合发布了《关于开展普通话水平测试工作的决定》，普通话水平测试工作由此在全国各省市陆续开展起来。

测试定名为“普通话水平测试”（PUTONGHUA SHUIPING CESHI，PSC），主要测查应试人的普通话规范程度、熟练程度，认定其普通话水平等级，属于标准参照性考试。测试以口语方式进行，测试的内容包括有文字凭借的和没有文字凭借的两部分。

【微课视频】
普通话水平测试简介

典型案例

欧阳同学普通话语音面貌比较好，从小就经常参加各种朗诵、演讲比赛，也取得了不错的成绩。大二的时候，她报名参加了国家普通话水平测试，认为自己的普通话很好，因此没有多加准备。没想到，她居然连二级甲等都没有考过。普通话水平测试是一项标准参照性考试，必须认真备考，否则就算是普通话较好的同学也未必能考出理想的成绩。

普通话是教师的职业语言。目前，国家采取各种措施促进教师普通话水平的提高，并把普通话水平测试是否达标同能否获取教师资格证挂钩。因此，学前教育专业的学生必须刻苦训练，努力说一口标准、规范、流利的普通话，争取在普通话水平测试中达到二级甲等及以上水平。

学习笔记

相关链接

关于开展普通话水平测试工作的决定（1994 年 10 月 30 日）

《中华人民共和国宪法》规定：“国家推广全国通用的普通话。”推广普通话是社会主义精神文明建设的重要内容；社会主义市场经济的迅速发展和语言文字信息处理技术的不断革新，使推广普通话的紧迫性日益突出。《国务院批转国家语委关于当前语言文字工作请示的通知》（国发〔1992〕63 号文件）强调指出，推广普通话对于改革开放和社会主义现代化建设具有重要意义，必须给予高度重视。为加快普及进程，不断提高全社会普通话水平，国家语言文字工作委员会、国家教育委员会和广播电影电视部决定：

一、普通话是以汉语文授课的各级各类学校的教学语言；是以汉语传送的各级广播电台、电视台的规范语言；是汉语电影、电视剧、话剧必须使用的规范语言；是全国党政机关、团体、企事业单位干部在公务活动中必须使用的工作语言；是不同方言区及国内不同民族之间的通用语言。掌握并使用一定水平的普通话是社会各行各业人员，特别是教师、播音员、节目主持人、演员等专业人员必备的职业素质。因此，有必要在一定范围内对某些岗位的人员进行普通话水平测试，并逐步实行普通话等级证书制度。

二、现阶段的主要测试对象和他们应达到的普通话等级要求是：

中小学教师、师范院校的教师和毕业生应达到二级或一级水平，专门教授普通话语音的教师应达到一级水平；

县级以上（含县级）广播电台和电视台的播音员、节目主持人应达到一级水平（此要求列入广播电影电视部部颁岗位规范，逐步实行持普通话等级合格证书上岗）；

电影、电视剧演员和配音演员，以及相关专业的院校毕业生应达到一级水平。

三、测试对象经测试达到规定的等级要求时，颁发普通话等级证书。对播音员、节目主持人、教师等岗位人员，从1995年起逐步实行持普通话等级证书上岗制度。

四、成立国家普通话水平测试委员会，负责领导全国普通话水平测试工作。委员会由国家语言文字工作委员会、国家教育委员会、广播电影电视部有关负责同志和专家学者若干人组成。委员会下设秘书长一人，副秘书长若干人处理日常工作，办公室设在国家语委普通话培训测试中心。各省、自治区、直辖市也应相应地成立测试委员会和培训测试中心，负责本地区的普通话培训测试工作。

普通话培训测试中心为事业单位，测试工作要合理收费，开展工作初期，应有一定的启动经费，培训和测试工作要逐步做到自收自支。

五、普通话水平测试工作按照《普通话水平测试实施办法（试行）》和《普通话水平测试等级标准（试行）》的规定进行。

六、普通话水平测试是推广普通话工作的重要组成部分，是使推广普通话工作逐步走向科学化、规范化、制度化的重要举措。各省、自治区、直辖市语委、教委、高教、教育厅（局）、广播电视厅（局）要密切配合、互相协作，加强宣传，不断总结经验，切实把这项工作做好。

学习笔记

一、普通话水平测试试卷构成及评分标准

（一）读单音节字词

读单音节字词要求在3.5分钟内读100个音节，共10分。

1. 目的

测查应试人声母、韵母、声调读音的标准程度。

2. 要求

（1）准确、音量适中、有节奏地读准普通话单音节的声母、韵母、声调，每个音节的声、韵、调都要读得饱满。

（2）从左到右横向依次朗读，不漏字、不跳行。

（3）遇到不认识的字，必须任意读一个字音，这是计算机测评程序的需要。

（4）遇到多音字，朗读其中一个读音即可，一般建议朗读常用的那个音。

（5）如果出现口误或错读，即时改错，如正确不扣分，隔字改读无效，按照错误扣分。

3. 评分

（1）语音错误，每个音节扣 0.1 分。

（2）语音缺陷，每个音节扣 0.05 分。

（3）超时 1 分钟以内，扣 0.5 分；超时 1 分钟以上（含 1 分钟），扣 1 分。

语音缺陷主要是指声母的发音部位不够准确，但不是把普通话里的某一类声母读成另一类声母，比如舌面前音 j、q、x 读得接近 z、c、s；或者把普通话里的某一类声母的正确发音部位用较接近的部位代替，比如读舌尖后音 zh、ch、sh、r 时舌尖接触或接近上腭的位置过于靠后或靠前等。韵母读音的缺陷多表现为合口呼、撮口呼的韵母圆唇度明显不够，语感差；或者开口呼的韵母开口度明显不够，听感性质明显不符；或者复韵母的舌位动程不够等。声调调型、调类基本正确，但调值明显偏低或偏高，特别是四声的相对高点或低点明显不一致等。

（二）读多音节词语 >>>>>>>>>>>>>>>>>>>>>>>>>>>>>>>>>>>>>>

读多音节词语要求在 2.5 分钟内读 100 个音节，共 20 分。

1. 目的

测查应试人声母、韵母、声调和变调、轻声、儿化读音的标准程度。

2. 要求

（1）准确、音量适中、有节奏地读准普通话多音节词语。注意声母、韵母、声调及轻声、儿化、变调的发音。

（2）从左到右横向依次朗读，不漏词、不跳行。

（3）遇到不认识的音节，必须任意读一个字音，这是机测程序的需要，该多音节中其他读准确的音节有相应的得分。

（4）变调、轻声、儿化要按照规定读，没有正确变调或误读成轻声、儿化的视为错误。

（5）如果出现口误或错读，即时改错，如正确不扣分，隔字改读无效，按照错误扣分。

3. 评分

（1）语音错误，每个音节扣 0.2 分。

幼儿园教师资格考试要点

面试要求有较好的言语表达能力。口齿清楚，普通话标准，语速适宜，表达比较准确、简洁、流畅、有条理，有一定的感染力。

学习笔记

（2）语音缺陷，每个音节扣 0.1 分。

（3）超时 1 分钟以内，扣 0.5 分；超时 1 分钟以上（含 1 分钟），扣 1 分。

语音缺陷除与读单音节字词相同的评判标准以外，还包括变调、轻声、儿化韵读音不完全符合要求的情况。

读单音节字词和读多音节词语两项有同样语音缺陷的，两项分别扣分。

（三）朗读短文 >>

朗读短文要求在 4 分钟内朗读一篇从《普通话水平测试用朗读作品》中选取的约 400 个音节的短文，评分以作品的前 400 个音节为限，共 30 分。

1. 目的

测查应试人使用普通话朗读书面作品的水平。在测查声母、韵母、声调读音标准程度的同时，重点测查连读音变、停连、语调以及流畅程度。

2. 要求

（1）短文从《普通话水平测试用朗读作品》中随机选取。

（2）评分以朗读作品的前 400 个音节（不含标点符号和括注的音节）为限，如为人工测试，应将第 400 个音节所在的句子读完整；如为机测，应读到屏幕显示的最后一字结束。

（3）领会作品内容，准确把握作品的思想感情；忠实于原作品，不添字、不漏字、不改字。

（4）主要测查发音的准确程度和朗读的熟练程度，要求准确、熟练运用普通话，做到读音准确，吐字清晰，语流音变正确；语调自然，停连恰当，重音处理正确，语速快慢得当。朗读不是朗诵，不要带有浓烈的感情色彩。

3. 评分

（1）每错 1 个音节，扣 0.1 分；漏读、增读、调换 1 个音节，扣 0.1 分。

（2）声母或韵母的系统性语音缺陷，视程度扣 0.5 分、1 分。

（3）语调偏误，视程度扣 0.5 分、1 分、2 分。

（4）停连不当，视程度扣 0.5 分、1 分、2 分。

（5）朗读不流畅（包括回读），视程度扣 0.5 分、1 分、2 分。

（6）超时扣 1 分。

（四）命题说话 >>

命题说话要求就选定的话题连续说话 3 分钟，共 40 分。

1. 目的

测查应试人在无文字凭借的情况下说普通话的水平，重点测查语音标准程度，词汇、语法规范程度和自然流畅程度。

2. 要求

（1）说话话题从《普通话水平测试用话题》中选取，由应试人从给定的两个话题中选定 1 个话题，连续说话 3 分钟。

（2）应试人单向说话。

学习笔记

（3）围绕选定的话题说话，自然流畅，条理清晰，语音标准，不得使用不规范的词汇和语法，不得背稿。

3. 评分

（1）语音标准程度 25 分。分六档。

一档：语音标准，或极少有失误。扣 0 分、1 分、2 分。

二档：语音错误在 10 次以下，有方音但不明显。扣 3 分、4 分。

三档：语音错误在 10 次以下，但方音比较明显；或语音错误在 10 ～ 15 次，有方音但不明显。扣 5 分、6 分。

四档：语音错误在 10 ～ 15 次，方音比较明显。扣 7 分、8 分。

五档：语音错误超过 15 次，方音明显。扣 9 分、10 分、11 分。

六档：语音错误多，方音重。扣 12 分、13 分、14 分。

（2）词汇、语法规范程度，共 10 分。分三档。

一档：词汇、语法规范。扣 0 分。

二档：词汇、语法偶有不规范的情况。扣 1 分、2 分。

三档：词汇、语法屡有不规范的情况。扣 3 分、4 分。

（3）自然流畅程度，共 5 分。分三档。

一档：语言自然流畅。扣 0 分。

二档：语言基本流畅，口语化较差，有背稿子的表现。扣 0.5 分、1 分。

三档：语言不连贯，语调生硬。扣 2 分、3 分。

（4）说话不足 3 分钟，酌情扣分：缺时 1 分钟以内（含 1 分钟），扣 1 分、2 分、3 分；缺时 1 分钟以上，扣 4 分、5 分、6 分；说话不满 30 秒（含 30 秒），本测试项成绩计为 0 分。

（5）离题、内容雷同，视程度扣 4 分、5 分、6 分。

（6）无效话语，累计占时酌情扣分：累计占时 1 分钟以内（含 1 分钟），扣 1 分、2 分、3 分；累计占时 1 分钟以上，扣 4 分、5 分、6 分；有效话语不满 30 秒（含 30 秒），本测试项成绩计为 0 分。[①]

学习笔记

想一想

根据普通话水平测试评分标准，你应该怎样备考？

二、应试人普通话水平等级的确定

（一）等级标准 >>>>>>>>>>>>>>>>>>>>>>>>>>>>>>>>>>>>>

普通话水平等级划分为三个级别，每个级别内又分为甲等和乙等两个等次。

97 分及其以上为一级甲等：朗读和自由交谈时，语音标准，词汇、语法正确无误，语调自然，表达流畅。

---

① 教育部语言文字应用管理司印发的《计算机辅助普通话水平测试评分试行办法》（以下简称《试行办法》），对机辅测试中仍需人工干预的第四题“命题说话”的测试内容和评分标准做出了解释，也为各省在执行中留出了具体实施和调整的限定空间。目前，各省结合自身测试实际，制定了各自的评分办法，对《试行办法》进行了补充和微调。

学习笔记

92 分及其以上但不足 97 分为一级乙等：朗读和自由交谈时，语音标准，词汇、语法正确无误，语调自然，表达流畅。偶然有字音、字调失误。

87 分及其以上但不足 92 分为二级甲等：朗读和自由交谈时，声韵调发音基本标准，语调自然，表达流畅。少数难点音（平翘舌音、前后鼻尾音、边鼻音等）有时出现失误。词汇、语法极少有误。

80 分及其以上但不足 87 分为二级乙等：朗读和自由交谈时，个别调值不准，声韵母发音有不到位现象。难点音（平翘舌音、前后鼻尾音、边鼻音、fu–hu、z–zh–j、送气不送气、i–ü 不分、保留浊塞音和浊塞擦音、丢介音、复韵母单元音化等）失误较多。方言语调不明显。有使用方言词、方言语法的情况。

70 分及其以上但不足 80 分为三级甲等：朗读和交谈时，声韵母发音失误较多，难点音超出常见范围，声调调值多不准。方言语调较明显。词汇、语法有失误。

60 分及其以上但不足 70 分为三级乙等：朗读和自由交谈时，声韵调发音失误较多，方音特征突出。方言语调明显。词汇、语法失误较多。外地人听其谈话有听不懂的情况。

（二）相关人员等级要求 >>>>>>>>>>>>>>>>>>>>>>>>>>>>>>>>>>

普通话水平测试属于语言测试的范畴，又不同于一般意义的语言测试：普通话水平测试是由政府专门机构主持的一项测试，国家语委普通话培训测试中心及地方（省、自治区、直辖市）普通话培训测试中心具体负责实施。普通话水平测试是等级测试，普通话水平测试等级证书是证明从业人员普通话水平的凭证，在全国范围内通用。

各省、市陆续制定了《实施〈中华人民共和国国家通用语言文字法〉办法》，其中大部分省、市规定下列人员的普通话水平应当分别达到以下等级标准。

第一，国家机关工作人员为三级甲等以上。

第二，学校及其他教育机构中的教师为二级乙等以上，其中语文、对外汉语教学教师、幼儿园教师为二级甲等以上；普通话语音教师和播音、主持、影视剧表演等专业教师为一级乙等以上；行政管理、教学辅助人员为三级甲等以上。

第三，播音员、节目主持人和影视话剧演员为一级乙等以上，其中省级广播电台、电视台的播音员和节目主持人为一级甲等。

第四，公共服务行业的播音、解说、话务、导游等特定岗位人员为二级乙等以上。

第五，高等院校和中等职业学校的毕业生为二级乙等以上。

三、普通话水平测试方式及评分方式

（一）测试方式 >>

普通话水平测试采取口语测试，全部测试内容均以口语方式进行。国家语委修订印发的《普通话水平测试规程》（2023 年 4 月 1 日正式施行）明确要求取消备测时间，考生在规定时间内进入考场或计算机机房，进行正式考试。

（二）评分方式

目前，全国各省普通话水平测试分为人工测评和计算机智能辅助测评。许多省、市已经全部采用计算机智能辅助测评，部分省、市人工测评和计算机智能辅助测评并存。

1. 人工测评

人工测评由普通话水平测试员在测试现场边听边为考生现场评分。

2. 计算机智能辅助测评

计算机智能辅助测评在计算机房或测试室进行，考生面对计算机操作并答题。目前计算机智能普通话水平测试的试题为四项。考生的前三项答题由计算机软件自动评分，第四项说话题由普通话水平测试员通过互联网评分。

思考与练习

一、读单音节字词（100 个音节，共 10 分，限时 3.5 分钟）

墙 换 戳 告 踌 庄 陕 控 娃 段 锥 百 偿 逆 添 壤 究 群 法 残 揩 末
厅 裂 宣 耳 瞎 瘦 温 揍 硼 晚 察 吞 持 比 昧 孙 日 脖 总 徐 粗 随
奉 汝 劝 黑 定 皆 谬 夺 享 杂 捞 滑 死 德 坏 此 瞧 女 冻 鸟 及 奶
罐 砂 扯 逛 粉 狼 抄 锦 绳 窘 驻 撅 或 揉 冢 悦 连 新 牙 藕 蕴 贴
吾 永 歪 迸 篇 尝 坎 鳌 筛 本 绫 勉

二、读多音节词语（100 个音节，共 20 分，限时 2.5 分钟）

背后 特别 冲刷 战略 农民 棕榈 馒头 浅显 加速
政治 疲倦 标准 佛教 红娘 飞船 恰好 夸张 配套
扎实 藏身 快乐 双方 明确 军队 未来 四周 挨个儿
英雄 跳蚤 力量 胡同儿 蜗牛 昂贵 仍然 原因 底子
难怪 小鞋儿 麻醉 篡改 穷人 富翁 雨点儿 遵循 何况
上层 陡坡 乡亲 膏药

三、朗读短文（400 个音节，共 30 分，限时 4 分钟）

我们的船渐渐地逼近榕树了。我有机会看清它的真面目：是一棵大树，有数不清的丫枝，枝上又生根，有许多根一直垂到地上，伸进泥土里。一部分树枝垂到水面，从远处看，就像一棵大树斜躺在水面上一样。

现在正是枝叶繁茂的时节。这棵榕树好像在把它的全部生命力展示给我们看。那么多的绿叶，一簇堆在另一簇的上面，不留一点儿缝隙。翠绿的颜色明亮地在我们的眼前闪耀，似乎每一片树叶上都有一个新的生命在颤动，这美丽的南国的树！

船在树下泊了片刻，岸上很湿，我们没有上去。朋友说这里是“鸟的天堂”，有许多鸟在这棵树上做窝，农民不许人去捉它们。我仿佛听见几只鸟扑翅的声音，但是等到我的眼睛注意地看那里时，我却看不见一只鸟的影子。只有无数的树根立在地上，像许多根木桩。地是湿的，大概涨潮时河水常常冲上岸去。“鸟的天堂”里没有一只鸟，我这样想到。船开了，一个朋友拨着船，缓缓地流到河中间去。

第二天，我们划着船到一个朋友的家乡去，就是那个有山有塔的地方。从学校出发，我们又经过那“鸟的天堂”。

这一次是在早晨，阳光照在水面上，也照在树梢上。一切都 // 显得非常光明。我们的船也在树下泊了片刻。

起初四周非常清静。后来忽然起了一声鸟叫。我们把手一拍，便看见一只大鸟飞起来，接着又看见第二只，第三只。我们继续拍掌，很快地这个树林就变得很热闹了。到处都是鸟声，到处都是鸟影。大的，小的，花的，黑的，有的站在枝上叫，有的飞起来，在扑翅膀。

——节选自巴金《鸟的天堂》

四、命题说话（请在下列话题中任选一个，共 40 分，限时 3 分钟）

1. 我的理想（或愿望）。

2. 我喜爱的艺术形式。

学习主题 2
普通话水平测试分项练习

一、读单音节字词

【微课视频】
读单音节字词指导

（一）练习要求 >>

1. 重视声母的发音部位

声母（辅音声母）的音色取决于它的发音部位和发音方法。如果忽视声母的发音部位，将使整个音节的发音受到影响。例如：

机　家　旧　旗　秋　穷　西　秀　宣

声母为 j、q、x 的字词发音时，只有做到舌面前部隆起与硬腭前部接触或接近，才能将上述字词念准，否则，就是错误的或是有缺陷的发音。再如：

污　务　外　伟　湾　汪　网　嗡　瓦

韵母为 u 的零声母字词发音时，上齿和下唇之间是没有任何接触的，否则，就会出现错误或者发音缺陷。

2. 充分展示复韵母、鼻韵母的舌位动程

除去单韵母，复韵母和鼻韵母都是由两个或三个音素结合而成的。因此，在发音过程中，舌位的前后、高低和唇形的圆展均要发生连续的移动、变化，否则，整个音节的发音就会因缺少动程而变得扁平、不响亮甚至错误。例如：

哀　背　守　操　逗　快　渺　归　秋

这些音节的韵母全部是复韵母。发音时，舌位的变化或者由低到高，或者由高到低，只有如此，才可基本保证音节发音的准确、规范，否则，就可能将复韵母读成单韵母。例如：

漫 变 前 转 全 分 仅 音 裙

这些音节的韵母部分为前鼻韵母。发音时一方面要注意主要音素的到位、完整，另一方面要特别注意韵尾的归音，避免韵尾丢失，读成鼻化音。

后鼻韵母“ng”发音时，要特别注意舌根隆起抵住软腭，气流从鼻腔通过。例如：

帮 仓 灯 东 英 拥 翁 丁

3. 每个字的声调要读全调

对于一个个独立的音节而言，不存在语流音变问题，尤其是声调，一般是不受影响的。因此，每个字词都必须读全调。例如：

猫 通 科 酣 申 巴 低 声 方

这些音节都是阴平字，调值为55，发音时一定将起音读得高，整个过程没有明显的升降变化，用力平均。再如：

同 含 拔 婆 牛 南 竹 持 阳

这些音节都是阳平字，调值为35，发音时要尽量避免音高扬不上去、中途拐弯等现象，做到从中起音，努力上扬，用气为开头弱起逐渐加强。再如：

把 理 可 减 角 手 老 养 走

这些音节都是上声字，调值为214，发音时要尽量避免降升拐弯过于僵硬、不够平滑、尾音上扬不够高的现象，做到先降再挑，尤其是向上挑时要保持气势平稳、坚定有力。再如：

破 痛 顾 汉 降 又 去 梦 渐

这些音节都是去声字，调值为51，发音时要避免全降降不下来的缺点，做到高起直降，在气势上要保持贯通、顺畅。

4. 要保持字与字之间的间隙

读单音节字词时不可一味图快，以免影响整个音节的准确、到位。例如：

恋 攻 片 铃 逃 缕 醉 巡 铐

如果速度极快地念成“恋攻片铃逃缕醉巡铐”那就近乎是语流了，而在语流中字音大部分是不到位的，也就是说不可能把每个字的声母、韵母、声调都读到位。因此，为了保证每个字都读得字正腔圆，就务必保持字与字之间的间隙，确保发音准确、规范。

5. 正确处理多音字的发音

普通话中有数目众多的多音字，如果遇到多音字，任意读其中一个音就可以。

（二）常见失误 >>

1. 语音错误或缺陷

（1）声母。

①舌尖前音 z、c、s 与舌尖后音 zh、ch、sh 相混。

学习笔记

如把“师（shī）”读作“sī”或把“丝（sī）”读作“shī”等。

②舌面后音 h 与唇齿音 f 相混。

如把“风（fēng）”读作“hēng”或把“分（fēn）”读作“hēn”。

③鼻音 n 与边音 l 相混。

如把“南（nán）”读作“lán”或把“蓝（lán）”读作“nán”。

④将 ji、qi、xi 发成 zi、ci、si 或 gi、ki、hi。

普通话不分尖音和团音，舌尖音字和团音字都读成团音 j、q、x 声母字。例如，“酒、九”读“jiǔ”，“青、轻”读“qīng”，“小、晓”读“xiǎo”。但是，吴方言、徽方言仍保留着读 zi—（酒）、ci—（青）、si—（小）的尖音字，粤语和客家话仍把团音字大都读成 gi—（九）、ki—（轻）、hi—（晓）。

⑤送气声母和不送气声母相混。

安徽有些方言分不清送气声母和不送气声母。例如，把“现在（xiànzài）”说成“苋菜（xiàncài）”，把“稻子（dàozi）”说成“套子（taozi）”。

⑥舌尖后音 r 发成平舌浊擦音声母 [z]、零声母或边音 l、n。

没有 zh、ch、sh 声母的方言，大都没有 r 声母，把 r 发成平舌浊擦音声母，如蚌埠话；有的读成零声母，有的读成 l 声母，有的读成 n 或舌面鼻音声母等。

⑦零声母发成有声母。

皖中、皖南等地区的方言把某些零声母字念成了有声母的字。例如，皖西南、江南等地把“爱、安、袄”等字读成“ng”声母，合肥地区把“爱、安、藕”等字读成 r 声母。此外，潜山、怀宁一带，歙县、祁门一带的方言又把“宜、研、语、仰”等字念成舌面前的鼻音 [n] 声母。

（2）韵母。

①把后、半高、不圆唇元音 e 读作前、半低、不圆唇元音 ê，或读作前、半高元音 [e]。

②韵母 er 没有卷舌色彩。

③当后、半高、不圆唇元音 e 处在舌尖后音（翘舌音）声母后面时，舌位靠前，带有卷舌色彩。

④把复韵母 uo 读作后、半高、不圆唇单元音 o 或 u。

⑤把韵母 ie、üe 中的前、半低、不圆唇元音 ê，读作后、半高、不圆唇元音 e。

⑥把撮口呼韵母 ü 读作齐齿呼韵母 i。例如，把“鱼（yú）”读作“咦（yí）”等。

⑦把有韵头的韵母读作无韵头的韵母，或把无韵头的韵母读作有韵头的韵母。例如，把“对（duì）”读作“dèi”，把“累（lèi）”读作“luèi”等。

⑧把复韵母读作单韵母，缺少动程。

⑨前鼻辅音韵尾 n 韵母与后鼻辅音韵尾 ng 韵母相混。例如，把“英（yīng）”读作“音（yīn）”，或把“放（fàng）”读作“饭（fàn）”等。

⑩把鼻韵母读作鼻化元音，或没有鼻辅音（包括半鼻化音）收尾，变成开尾音韵。

学习笔记

（3）声调。

①把阴平、阳平、上声、去声发成其他调类。

②把阴平、阳平、上声、去声读成入声。

入声是古汉语四声之一，其声短促，一发即收。吴语、闽语、粤语、客家语、平话、赣语、新湘语、徽语、晋语、江淮官话、部分西南官话以及极少数冀鲁官话里保留入声。普通话中入声消失，中古入声派入阴平、阳平、上声和去声。

③声调调值不正确。

如把阴平 55 调值读成 44 调值，把阳平 35 调值读成 34 调值，把上声 214 调值读成半上 211 调值，把去声 51 调值读成 41、42 或 31 调值。

④阳平有曲折，上声带尾巴。

2. 误读，把字形相近的字误读为另一个字

例如，把“拔”读成“拨”，把“崇”读成“崇”，把“辙”读成“撤”等。

除此之外，读单音节词的常见错误还有以下两点：一是没有按照要求横着读，而是竖行朗读，或者跳行、漏字、回读；二是语速过快，导致韵母无动程、声调不到位或者因连读而产生音变等现象。

（三）练习技巧 >>

1. 发音准确

读单音节字词要求做到字正腔圆，音节的声母、韵母、声调发音要准确，具体说就是声母的发音部位和发音方法要准确，韵母要读饱满，声调要读到位。否则，将可能出现发音缺陷。

2. 音量适中

音量过大过小，忽高忽低，都会影响计算机识别及录入，进而影响测试成绩。

3. 节奏稳定

单音节一字一节拍，不要忽快忽慢，不要两个或多个相连，容易产生语流音变，影响声、韵、调的准确度。

4. 按照顺序

测试时，要从左向右依次横向朗读，不可纵向朗读。

二、读多音节词语

（一）练习要求 >>

1. 分辨轻声词与非轻声词

第一，了解轻声变读的规律。例如，结构助词“的、地、得”，语气词“吗、吧、呢、啊、了、的”，动态助词“了、着、过”，名词性词缀“子、头”，表示复数的“们”，用在名词、代词后面表示方位的语素或词等一般读轻声。例如：

红的　去过　桃子　苦头　我们　走啊　干着　屋里

学习笔记

【文本】
《普通话水平测试实施纲要》词表中容易读错的单音节字词

【音频】
《普通话水平测试实施纲要》词表中容易读错的单音节字词

【微课视频】
读多音节词语指导

学习笔记

第二，有重点地记忆一些习惯性轻声词。普通话里，有一批口语中常用的双音节词，其第二个音节习惯上读轻声，而且，这些轻声变读到目前为止很难总结出一定的规律。针对这种情形，就必须有重点地练习，争取牢固记忆。例如：

地道 明白 码头 痛快 尾巴 麻烦 清楚 眼睛 地方 月亮 干净 朋友

2. 注意变调音节的正确发音

普通话中，变调主要包括上声变调、去声变调、“一”“不”变调等几种类型。读双音节词语时要予以充分注意。例如：

海藻 美好 理想 古典 小米 礼品 老张 野花 老师 母亲 可观 铁丝

读上述词语时，一方面要读准调值，另一方面还要注意音节与音节之间的连续性，避免出现为了把变调读准而顾此失彼的现象。

3. 重视双音节词语中第二个音节的声调发音

在连续的语流中，由于音节与音节的接触，每一个音节都有可能发生音变现象，尤其是声调的变化更为普遍。不过，需要特别强调的是，在双音节词语的朗读中，只有第一个音节有可能出现变调现象，第二个音节是不能出现此类现象的。换句话说，读双音节词语时，除去轻声、儿化等音变现象外，第二个音节必须读原调，否则，就是发音不准确。例如：

第一组：预约 刹车 黄昏 插秧 吃亏 资金

第二组：荒凉 推辞 按时 职能 洗涤 宣扬

第三组：长远 影响 大小 课本 粉笔 不管

第四组：肥沃 运算 播送 裁判 哺育 失望

第一组词语中的第二个音节均为阴平，发音时必须不折不扣地按 55 调值去读；第二组词语中的第二个音节均为阳平，发音时必须读 35 调值；第三组词语中的第二个音节均为上声，发音时，必须按 214 调值去读，否则就是发音不准确；第四组词语中的第二个音节均为去声，发音时必须读作 51 调值。

4. 读准轻声和儿化音

“读多音节词语”测试项 50 个词语中分别有 3 ～ 5 个儿化词语、轻声词语，因此要认真加以辨识，准确读出。儿化词语要根据儿化音的变化规律自然地处理好，一定不能按字发音，如将“面条儿”切分为三个音节——面、条、儿，将“鞋带儿”切分为三个音节——鞋、带、儿。不该儿化的就不要读儿化音。

（二）常见失误 >>

1. 易出现的错误

（1）轻声词以《普通话水平测试用必读轻声词语表》《现代汉语词典》为准，该读轻声的（如“月亮”）没读作轻声，或不该读轻声的（如“腐败”）读作轻声，计错误。

（2）儿化词语没有读作儿化或儿化韵母读成两个音节（“儿”读成音节），计错误。

（3）“一”“不”或该变调的上声字不变调，或变调明显不对，计错误。

“一”“不”在连续变调时发生变调错误，如“一不小心”，“一”应读阳平，“不”应读去声，如果变调错误将被扣分。

（4）上声的变调要按照变调规则，正确发音，如遇“单双格”三个上声连读，一定不要把第一个字读得类似阳平。

2. 易出现的缺陷

（1）双音节词语中单字（声、韵、调）读音缺陷评判标准与单音节词相同。

（2）该读轻声的字，轻度不够，不该读轻声的字有轻化倾向，计缺陷。

（3）儿化韵不够准确，“一”“不”“上声变调”不完全到位，或不够自然，计缺陷。

（4）应试人由于过分注重把每个音节的声母、韵母、声调读到位，往往一个字一个字地读，也就是崩读，这样容易因为没有正确音变而被扣分。

（5）双音节、三音节和四音节词语的轻重音格式错误，计缺陷。

（三）练习技巧 >>>

除与朗读单音节字词相同的要求外，朗读多音节词语时还要注意以下方面。

第一，不要像读单音节字词一样，一个字一个字地读，而是要把一个词连起来读。

第二，朗读的时候以词为单位，词与词之间要注意停顿，不能连读，否则就变成朗读句子了，会出现不必要的连读变调。

第三，结尾字是阳平或者上声的，调值要饱满。

第四，注意词的轻重音格式，除轻声、轻读外，不能把第一个字作为重音。

第五，上声的变调要按照变调规则，正确发音，如遇“单双格”三个上声连读，一定不要把第一个字读得类似阳平。

第六，熟读《普通话水平测试用必读轻声词语表》，准确判断试卷中的轻声词，读准轻声词。

三、朗读短文

朗读短文测试项的目的是考查应试人使用普通话朗读书面材料的能力，重点考查语音、语流音变、语调、熟练度、流畅度等。

（一）练习要求 >>>

第一，准确、熟练运用普通话，做到读音（声、韵、调）准确，吐字清晰，语流音变正确。

第二，领会作品内容，准确把握作品的思想感情。

第三，忠实于原作品，不添字、不漏字和不改字。

第四，语调自然，停连恰当，重音处理正确，语速快慢得当。

简单地说就是六个“不”：不错字、不改字、不漏字、不添字、不重复、不中断。切记朗读短文如出现错读、误读，不可以纠正，否则会按不流畅扣分。

【文本】
普通话水平测试用必读轻声词语表

【音频】
普通话水平测试用必读轻声词语表

【文本】
普通话水平测试用儿化词语表

【音频】
普通话水平测试用儿化词语表

练一练

请同学们读下面的 4 份多音节词语模拟试卷，注意末尾字是阳平和上声的调值、轻声、儿化的读法以及词语的轻重音格式。

（一）

取得 阳台 儿童 板凳儿 混淆 衰落 分析 防御 沙丘 管理 此外 便宜 光环 塑料
扭转 加油 队伍 挖潜 女士 科学 手指 策略 抢劫 森林 侨眷 模特 港口 没准儿
干净 日用 紧张 炽热 群众 沉醉 快乐 应当 窗户 名牌儿 财富 生字 奔跑 晚上 卑劣
包装 洒脱 政治 眩晕 仍然 单调 处所

（二）

群岛 爽快 平庸 冰棍儿 捐款 原来 确凿 本领 迥然 松树 虚心 纳闷儿 强烈 懂得
话剧 尊贵 热爱 情况 美满 外边 追踪 调皮 摆脱 混战 大伙儿 挂号 江南 下巴
显著 有关 佛教 采摘 说头儿 灭迹 仿古 存疑 侵略 工程 吆喝 恰似 所谓 内部
后天 日常 风力 迫切 免费 错误 羞耻 韵律

（三）

拥抱 训斥 穷苦 军事 捐税 宏伟 需要 虐待 创新 公费 掠取 软弱 光明 囤积
快餐 准备 窜逃 权益 坏处 凉棚 破裂 有点儿 座谈 仰角 画家 袜子 抵挡 评审
恋爱 留念 而且 僧俗 民航 下课 病号儿 眼色 感想 振奋 口语 老伴儿 手段 刺杀
这会儿 玻璃 挂彩 赞美 答应 法规

（四）

钻研 准确 爽直 乐意 撒娇 而且 鬼子 笼统 仁爱 挫折 古老 吹牛 大伙儿 代替
瓦解 窗户 窘迫 随后 军阀 金鱼儿 运输 夸张 淮海 元气 不适 森林 饼干 取暖
学问 反抗 贫困 钢笔 虚名 邮票 饱满 一圈儿 非常 慈悲 两手 岔道儿 灭亡 阳光
否则 妥当 工夫 曾经 响声 喷射 早年 聊天儿

学习笔记

（二）练习要点 >>

1. 词语发音问题

在朗读短文时仍然不可忽视字、词、句的准确发音。在第一、第二项要求的基础上，朗读中词语的发音具体应该注意以下问题。

（1）语气词“啊”的变读。

在特定的语篇中，语气词“啊”往往发挥着不同的作用，因此准确把握语气词“啊”的变化便成为正确朗读的一个不可忽视的方面。例如，“我想张开两臂抱住她，但这是怎样一个妄想啊。”这时，“啊”必须读作 nga。而在“陶校长你打我两下吧！我砸的不是坏人，而是自己的同学啊……”中，“啊”必须读作 ya。

（2）儿化韵的发音。

朗读短文测试项中对儿化韵的处理要相对灵活，除了字面上清晰显示出来的儿化韵要正确发音外，即使书面上没有儿化的音节，也可以依据表情达意的需要，读作儿化韵。例如，“他埋头苦干了几个月，直到土地全变成了坑坑洼洼，他失望了——他翻遍了整块土地，但连一丁点金子都没看见。”这里，“一丁点”可以读成 yìdīngdiǎnr。

（3）音译词的读音规范。

从来源上看，普通话中有许多从其他民族语言中吸收来的词语，人们通常将它们称作外来词，音译词则是其中的一类。朗读时遇到此类词语，一律按汉字读音来念，千万不可像译制片中那样发音，否则将被视为发音有错误。

2. 朗读的节律问题

节律又叫声律或韵律，由音素之外的其他要素，如声音的高低、轻重、长短、快慢、间歇和音色等构成。语言的节律是人们为了准确地传达词句的内容，表现说话人的思想感情，以求达到相互了解的必要手段。[①] 在朗读过程中，节律主要表现在停连、速度、语调等方面。在朗读章节中有详细介绍，这里不再赘述。

3. 朗读的语调及停连

普通话水平测试中朗读短文测试评分标准规定：语调偏误，视程度扣 0.5 分、1 分、2 分。语调偏误包括声调有系统性缺陷；句调不当，如因句调失误导致的语气表达偏误，或句调不自然，缺乏普通话的韵律美；唱读，句末机械地使用一个调子；轻重不当，如词的轻重格式不当，语句重音不当，与标准普通话有偏误等现象，影响了语义的准确表达；朗读中的轻声、儿化、连续变调的错误，既属于语音错误，也属于语调偏误。

停连不当，视程度扣 0.5 分、1 分、2 分。停连不当包括因停连导致的语义歧义或虽未导致语义歧义但明显停顿不当，节律不当，字化，机械地三字一停、五字一顿等。

除了克服方言语调、固定腔调，我们还应了解作品的内容，把握作品基调，以免把文章读得支离破碎。

4. 朗读的流畅度

普通话水平测试评分标准规定：朗读不流畅，视程度扣 0.5 分、1 分、2 分。朗读短文不流畅指语句生涩、磕磕绊绊、回读字词或句子等。如朗读短文过程中出现错读、误读，不可以再纠正，否则就会视回读为不流畅而被扣分。

朗读作品中的“//”符号表示文章“//”以前为 400 个音节，测试时读到“//”为止。

（三）常见失误 >>

第一，读音不规范，方音比较明显，听感较差；轻声词、儿化音、语气词“啊”、外来词、地名、多音字等读得不够准确。

第二，考生因紧张或准备不充分，不熟悉文本，出现错读、添字、漏字、改字、颠倒顺序、回读、不连贯等现象。

第三，朗读时存在语调偏误，即有方言语调或固定腔调，如朗诵腔、念经腔、唱读腔等固定腔调，或者声调有缺陷，句调不恰当。

学习笔记

---

① 罗常培、王均：《普通话语音学纲要》，145 页，北京，科学出版社，1957。

第四，停顿不当，造成对一个双音节词语或者多音节词语的肢解，或者造成对一句话或一段话的误解，形成歧义。

第五，语速过快，造成吃字或回读，声韵调不到位；语速偏慢，不能在规定的4分钟内读完400个音节；声音忽高忽低，特别是声音过小会影响语音录入等。

（四）练习技巧

1. 发音要准确、规范

要正确、清晰、规范地朗读短文中出现的每一个字，不要随意读错字、丢字、改字、添字、调换顺序等。

（1）朗读短文时读准标注读音的字词，这些一般是难点音或不熟悉的字词。对于自己存在的明显方音，如前后鼻音、鼻边音、平翘舌混淆、尖音等系统性缺陷要努力纠正。

（2）正确朗读短文中的音译外来词，如人名、地名等，朗读时必须使用普通话的声母、韵母、声调，而不能按照外语的发音习惯改变读音。

（3）根据字义与语境，准确判断并朗读多音字。

（4）轻声的读法要规范，根据前一个音节的声调确定调值，在上声后面读半高平调，调值为44；在非上声后面读降调，调值为31。

（5）儿化音的发音要准确、自然。标注儿尾的音必须儿化，没有标注儿尾的音可以儿化，也可以不儿化，不算错误。如果儿化不自然、不正确算作错误。有些词语中的“儿”不是儿尾，而是独立音节，不能读成儿化音，如“男儿”“女儿”“鸟儿”等。

（6）语气词“啊”要根据前面字的末尾音素正确变读，如“好大的雪啊（ya）”“家乡的桥啊（wa）”“人和动物都是一样啊（nga）”“是啊（ra）”“这才这般的鲜润啊（na）”等。

（7）测试前尽量多熟悉文本，反复练习朗读，避免添字、漏字、改字、调换字的顺序等，控制好朗读的语速是避免这些问题的有效办法。

2. 语调要恰当、自然

（1）不要一个字一个字读，不要用固定腔调，即不要用类似于小学生读书的腔调朗读短文。

（2）一句话末尾音是第二声或第三声时，调值仍然要读饱满。

（3）注意短文的体裁。根据文章内容选择合适的语调，慎用升调和曲折调。

（4）朗读短文项重在考查用普通话朗读的准确、规范和熟练程度，不是考查朗诵水平，测试时一定要区分朗读和朗诵，不要情感过于充沛或运用朗诵艺术表现手法，以免影响语音的准确、规范。

3. 正确停连，避免回读

（1）对于朗读难度较大的短文、句子要多加练习，避免因不熟悉、不容易读而出现不当停顿。

学习笔记

（2）如果发现读错了，不要回读。每回读一个音节，除了按照增加字数扣分，还会影响流畅度的得分。

（3）有的考生练习时比较熟练，测试时因为紧张导致朗读的流畅度较差。因此，要努力克服测试时的紧张心理，以积极的心态、平稳的状态参加测试。

（五）普通话水平测试常见文体的朗读要求 >>>>>>>>>>>>>>>>>>>>

【微课视频】
散文朗读技巧

1. 散文朗读要求

散文素有“美文”之称，是与诗歌、小说、戏剧并称的文学体裁。它通过对现实生活中某些片段或事件的描述，表达作者的观点、感情，并揭示其社会意义。《普通话水平测试用朗读作品》中有不少篇目是散文。

散文朗读重在充分表达内心情感，一定要朴实自然，给人以贴近感、亲切感，千万不可装腔作势，拿腔拿调。总体来说，应做到真实、朴实、细腻、舒缓，语言舒展、亲切，展现散文优美的情致和意境，情感表达如涓涓细流，浸润听众心田。

学习笔记

（1）体会语句，入情入境。

叶圣陶先生说过：“读书心有境，入境始为亲。”“入境”就是指要进入文章所描绘的情境，由一个旁观者变为一个当局者。朗读散文就该如此，要去亲近作者，和作者同呼吸共命运。

（2）用心感受，运用想象。

感受是由理解到表达的桥梁，正所谓“感之于外、受之于心”，只有具体感受，才会使有声语言充满活力。但只有感受还是不够的，朗读者的想象力也要在感受的过程中得到释放。因此，朗读者要充分调动自己的想象、联想能力，就像看到了散文中出现的景物、事物、人物一样，并使这些画面在脑子里活跃起来。

（3）形成语言，有机结合。

通常我们的感官、头脑接收刺激后，会产生积极的内心反应，使它成为亲眼所见、亲身所历的人、事、物、景，用有声语言再现出来。另外，还要充分利用有声语言的重音、停连、语气、节奏的变化，让文字的表达生动起来。

（4）语言生动，体现情感。

散文的语言自由、舒展，表达细腻、生动，表现手法为抒情、叙述、描写等。我们在朗读时要区别处理不同风格的散文：朗读叙述性散文，要语气舒展，声音明朗轻柔，娓娓动听；朗读描写性散文，语言要生动、形象、自然、贴切；朗读抒情性散文，语言要自然亲切、由衷而发；朗读议论性散文，语言要深沉含蓄、掷地有声。总之，朗读者应准确把握文章基调，力求真切地把作者的“情”抒发出来。

【微课视频】
说明文朗读技巧

2. 说明文朗读要求

说明文具有条理清楚、结构严谨的特点，其对科学知识的说明，是按顺序层层展开的。

（1）说明文的朗读基调应比较平实，在语速、停顿等方面可以用叙述的

学习笔记

语气，强调说明文中所介绍事物的特点，使听众理解说明文的内容，在朗读中发展思维。

（2）为了让听众把握好说明文内在的逻辑结构，在朗读时主要靠正确的停顿、重音和节奏的变化来感受文章的内在逻辑结构。我们也可以通过朗读进一步培养逻辑思维能力。

3. 议论文朗读要求

议论文是指有感而发，对某一件事表达自己的意见、观点、看法而形成的文章。议论文有明确的观点，符合逻辑的论证过程，脉络清楚、条理分明、重点突出。所以，议论文的朗读应该符合以下三点要求。

（1）声音明亮清晰。

在文章中要明确地亮出作者的观点，而且是毫不犹豫的。为了表现坚决，应该使用明亮的音色。在发音时，要使自己的发音器官肌肉紧绷，这样声音就不至于显得拖泥带水。

（2）强调语句重音。

议论文中有大量的议论，为了论证，一定会有所强调，所以要正确确定语句中重音的位置，选择适合的表现方式。

（3）层次分明。

议论文中的思考和议论必然有一定的脉络和思路，由此一步步带着听众走向结论，所以朗读必须层次分明，运用音量的大小、速度的快慢等因素逐步推进到结论的出现。

相关链接

关于新版《普通话水平测试用朗读作品》的说明

1. 朗读作品共50篇，供普通话水平测试第四项——朗读短文测试使用。为适应测试需要，必要时对原作品做了部分更动。

2. 每篇作品采用汉字和汉语拼音对照的方式编排。

3. 每篇作品在第400个音节后用“//”标注。

4. 为适应朗读的需要，作品中的数字一律采用汉字的书写方式书写，如：“2000年”，写作“二〇〇〇年”；“50%”，写作“百分之五十”。

5. 加注的汉语拼音原则上依据《汉语拼音正词法基本规则》拼写。

6. 注音一般只标本调，不标变调。

7. 作品中的必读轻声音节，拼音不标调号。一般轻读，间或重读的音节，拼音加注调号，并在拼音前加圆点提示，如“因为”，拼音写作“yīn·wèi”。

8. 作品中的儿化音节分两种情况。一是书面上加“儿”，拼音时在基本形式后加r，如：“小孩儿”，拼音写作“xiǎoháir”；二是书面上没有加“儿”，但口语里一般儿化的音节，拼音时也在基本形式后加r，如“辣味”，拼音写作“làwèir”。

四、命题说话

命题说话是普通话水平测试第四项，分值是 40 分，要求用普通话连续说话 3 分钟。这是普通话水平测试中最难的一项，所占分值最大，所以同学们必须高度重视，早做准备，多加练习。

（一）测试要求 >>

第一，测试页面转到第四项命题说话时会出现两道说话题目，考生需要在所提供的两个话题中任选一题，不是用鼠标选中点击，而是用口语表述所选的话题即可。

第二，说话时紧扣话题，有开头，有中心，力求用标准流利的普通话连续说话满 3 分钟。如果 3 分钟时间用完话还没有说完，即没有结尾，不扣分。

第三，不要离题或出现无效话语，不要读稿、背稿或用读稿、背稿的腔调。

第四，克服紧张心理，语速不要太快，一字一句要说准确。不需要使用多么优美华丽的辞藻，但必须围绕话题说得标准流畅。

（二）练习要求 >>

1. 情绪平稳放松

处于特定的测试环境中，除考生自身的心理素质外，诸多客观因素也容易使考生心理过分紧张而导致发挥失常。因此保持心态平稳、情绪放松很重要。有效地克服紧张的方法除了平时勤学苦练普通话，充分了解整个测试过程的情况也是必不可少的。

2. 语音要标准

所谓语音标准，是指说话时必须使用普通话语音，而且要尽量发准、发纯正，避免方言字音和方言语调的出现。考生要做到这一点，一是平时多说多练普通话；二是对自己方言语音与普通话语音之间的差异要辨别清楚，练习时有的放矢；三是要放松自然，平时说话是什么样的语气语调，用普通话说就是什么样的语气语调。

3. 语句通顺流畅

说话时使用的词语准确、恰当，使用的句式流畅、完整。考生要做到这些应注意：多用口语词，少用书面语；不用方言词和时髦语词；避免用错同音词；多用短句，少用长句；避免方言句式的出现。

4. 谋篇恰切得法

命题说话谋篇布局很重要，考生应从以下几个方面给予重视：审题要准确，选材要合理，结构要完整。

5. 把握说话时间

说话必须说满 3 分钟。一般来说，只要积极调动联想和想象，巧妙运用事实材料，保持大致清晰的思路，圆满完成题目要求是不成问题的。

学习笔记

学习笔记

（三）常见失误

1. 字音错误太多，方音明显

“命题说话”项分值是 40 分，其中语音标准程度占 25 分。分六档，视错误次数和方音程度分别扣 1 ～ 14 分，3 分钟内所有语音均作为评分依据。如有的考生的说话题目是“我的假日生活”，讲述的是暑期社会实践经历：“暑期我到我们城市的档案馆帮助整理档案。第一天，看到档案室里那么多的档案，我一下子就惊呆了。档案时间从 1949 年以前到现在，足足有几十个档案架……”考生把“档（dàng）”读成“dǎng”，累计出现了十七次，这样的话，他的语音应归在五档，扣 9 分。

2. 出现典型的方言词和方言语法

“命题说话”项中词汇、语法标准程度占 10 分。分三档，根据方言词汇、语法出现次数分别扣 1 ～ 4 分，3 分钟内所有词汇、语法均作为评分依据。这项评分标准各省不同，如江苏省规定：词汇、语法不规范，每出现 1 次，扣 0.5 分，扣完 4 分为止。有些考生受到方言的影响比较大，在测试时容易出现典型的方言词和方言语法。普通话中的“手绢”在徐州方言中是“手捏子”。如果有考生说“我到超市买了一块手捏子”，他会被扣 0.5 分。如果出现方言特有的句式如“我有说过吗”，方言特有的重叠形式“我走到墙根根根的时候”，方言特有的量词“一根人”，方言特有的语气词“我这个人 bo，我 bo，特别善良”等也会被扣掉相应的分数。

3. 出现不符合语法规范的病句

有些考生由于普通话不够自然、熟练，加之由紧张导致口误，容易在讲话时出现病句：成分残缺，如“我们必须互帮互助的好品质”；成分多余，如“小鸟在我们的树上叽叽喳喳地叫着”；搭配不当，如“小朋友们要做到饭前便后洗手的好习惯”；用词不当，如“春天再也不用像冬天一样穿着憨厚的衣服了”；表意不明，如“总有一种老头属于的味道”；口误，如“早晨被闹钟打醒”等，不管是何种原因导致的病句都要被扣掉相应的分数。

4. 考前准备不充分

有的考生没有做好应试准备，报出话题后无话可说，出现缺时现象或东扯西拉凑足 3 分钟说话时间的现象。甚至有的考生测试前根本不熟悉说话的题目，测试时看到题目后心里更加紧张，不知道从何说起，造成缺时；或者东一句、西一句说一些与话题无关的话，说话不流畅。出现此类情况，极有可能在“流畅度”“无效语料”“缺时”等方面失分。

5. 背诵现成的稿子

“命题说话”项测试的目的是测查考生在无文字凭借的情况下说普通话的水平，重点测查语音标准程度，词汇、语法规范程度和自然流畅程度。普通话水平测试前三项——读单音节字词、读多音节词语和朗读短文是有文字凭借的，仅“命题说话”项的要求是无文字凭借的。因此，不能提前准备说话的稿子背诵，否则就无法达到这一项测试的目的。有的考生不了解“命题说话”测试项的要求，背写好了的文字稿或者网上的文章。有的考生背稿特别熟练，还用了许多华丽的词语、成语，不但得不到高分，反而会在“流畅度”这一项被扣掉分数。如果背诵的是网上的文章，还会视程度在“雷同”项被扣分。

（四）应试技巧 >>

1. 选择自己相对熟悉的说话题目

（1）说话题目是“二选一”，所以考生应该冷静地选择自己最有把握的一个题目，厘清说话思路，以免耽误时间，影响考试。

（2）考试前把所有说话题目分成几个类别，按类准备提纲，考前可以准备几个不同主题的自己经历或者熟悉的事情，不必写稿子，可以用简练的词语或短语记下来，看到这个词就想起那件事的细节，只要按照题目厘清说话思路，梳理大概说几件事，先说什么，再说什么，再添加一些具体的细节内容即可。

2. 展现良好的语音面貌

（1）语音面貌是一个人说普通话时整个语音系统的总体情况。说话时务必注意语音面貌的准确和流畅，包括声母、韵母、声调发音到位，吐字归音到位。说话时努力减少因方音导致的发音错误或缺陷，如鼻边音的混淆、前后鼻音不分、平翘舌音误读等。

例如，前后鼻音不分的考生，如果选择“我的朋友”这个话题，尽量避免在说话中间出现“朋友”一词，可以替换成“同学”“邻居”“好友”等。再如，鼻边音或前后鼻音不分的考生，如果选择“难忘的旅行”，在说话的过程中尽量少说“旅行”这个词，只叙述旅行的过程就可以了。

（2）对于说话时易出现的高频词要特别注意，这些词语错误率很高。例如：

下载 zài	布置 zhì	比较 jiào	办公室 shì	连累 lěi
匕首 bǐ	兴奋 xīng	氛围 fēn	惩罚 chéng	结婚 jié
倔强 jué	角色 jué	因为 wèi	创伤 chuāng	埋怨 mán
悄然 qiǎo	一会儿 huìr	请帖 tiě	字帖 tiè	血压 xuè
模样 mú	友谊 yì	洁癖 pǐ	框架 kuàng	提供 gōng
潜力 qián	给予 jǐ	尽快 jǐn	档次 dàng	载歌载舞 zài
肖像 xiào	召开 zhào	应该 yīng	尽管 jǐn	不禁 jīn
处理 chǔ	挫折 cuò	符合 fú	订正 dìng	多么 duō
即使 jí	活泼 pō(po)	夹克 jiā	勉强 qiǎng	强迫 qiǎng
强求 qiǎng	仍然 réng	剽窃 piāo	孙悟空 wù	生肖 xiào
我们俩 liǎ	围绕 rào	炫耀 xuàn	穴位 xué	学生 sheng
着急 zháo	召开 zhào	照片 piàn	照片儿 piānr	扎小辫 zā

（3）控制好说话的语速，不要太快。语速太快一是增加错误概率，二是降低发音质量，三是留给自己思考的时间少，容易造成表达不流畅。正常说话的

学习笔记

语速是每分钟说 200 ~ 230 个音节。

（4）语流音变要自然、准确，特别注意轻声、儿化以及语气词“啊”的变读。轻声和儿化的发音要自然、规范，语气词“啊”一定要按照规律正确变读。

3. 体现明显的口语色彩

命题说话项重在考查口语表达的流畅和自然，口语体即随想随说，其逻辑、句式、语法等不像书面语体那样严密、规范。在说话时要运用日常口语交流中的语气语调，做到自然流畅。

（1）防止固定腔调，不要用类似于小学生朗读的“读书腔”说话，甚至一个字一个字读，而要讲究节奏、语调、语气的变化，使语言生动，富有流动性。

（2）口语的特点是句式短，结构一般比较简单，便于表达。因此要多用短句，少用修饰词、关联词以及结构复杂的长句。排比句虽然能够增加语言的气势，但是书面语色彩很浓，说话时也应该尽量避免使用。

（3）少用或不用成语。成语是由古至今传承下来的固定短语，书面语色彩很浓，因此要尽量减少使用成语，特别是一些冷僻的成语，可以将其替换成意思相近的词语、短语或短句。

学习笔记

4. 做到紧扣话题，说话流畅

（1）必须围绕选定的一个话题说话，不能两个话题都说，否则另一个话题的说话部分会被按照“无效话语”扣分。例如，有个考生第一个题目“我喜爱的植物”说了一分半的时间，接着又围绕“朋友”说了一分半，评分时会按照“无效话语累计占时 1 分钟以上扣 4 分”来处理。

（2）说话时思维不要受题目的限制。例如“我喜欢的节日”，不是要求说“我喜欢的一个节日”，因此，可以多描述几个节日，丰富说话的内容。类似的还有“尊敬的人”“我喜爱的植物”“朋友”“我喜欢的季节”“难忘的旅行”“我喜爱的职业”“我了解的地域文化”“我欣赏的历史人物”“我向往的地方”等。

（3）说话必须围绕话题。一定要认真审题，不要因为粗心看错题目了，如有的考生将“我喜欢的节日”看成了“我喜欢的节目”，评述了他所喜欢的电视节目，会在离题项被扣掉 6 分。

（4）朗读短文结束后，点击“下一题”即出现命题说话界面，提示音响起时必须开始讲话，一直讲满 3 分钟，否则会扣缺时分数。说话时要控制自己的情绪，不要因为情绪激动、哽咽哭泣而被扣掉缺时或流畅度的分数。

5. 内容要求原创，避免雷同

所谓雷同，是指把文学作品或别人的语句当作自己的说话内容。如果雷同，会被扣 4 ~ 6 分。

（1）不要与文学作品雷同。测试规定，雷同《普通话水平测试用朗读作品》50 篇，包括旧大纲中的作品，将被扣去 6 分；雷同名家名篇、网上的范文、各种普通话测试指导书上的说话范例等，视雷同程度将会被扣掉 4 ~ 6 分。

（2）前后考生说话内容雷同。一些考生为了减少准备话题的工作量，采用分散集中的方法，即几个考生分头准备不同的话题，然后共享。如果测试员在评分时听到相同的内容，则会按照雷同扣分。

（3）不要以重复内容来凑时间。有的考生准备的内容说完了，时间还不到3分钟。为了凑时间，将前面说过的话又重复一遍，或者重复一部分内容，这也是重复，将会被扣分。

（4）不要大段背诵歌词、古诗、名人语录、故事。如果背的内容不多，将会被扣去自然流畅分；如果背的内容较多，则会被扣雷同分。

6. 丰富说话内容，减少无效话语

无效话语包括经常重复相同语句、口头禅频密、简单罗列、数数、无关的废话、大量说外语、长时间唱歌、内容混乱、故意咳嗽、“然后”“嗯”“啊”等副词、语气词过多，出现以上情况均将视程度扣1～6分，如果有效话语不足30秒，本项测试成绩为0分。

考生在备考时要多储备一些故事和案例，努力拓展思维，扩充说话内容，不要临时抱佛脚。

命题说话思路举例，如说话题目“我的学习生活”可依照如下思路讲述。

①我的学习生活丰富多彩。包括课堂上和课余时间。

②读小学的时候，有哪些学习内容？记忆深刻的有哪些？

③读初中的时候，有哪些学习内容？记忆深刻的有哪些？

④读高中的时候，有哪些学习内容？记忆深刻的有哪些？

⑤现在，我在某校读什么专业？学些什么，怎么学？

我们可以将50个话题进行归类，按内容相近的分成人物、事物等，也可以按体裁分成叙述类、说明类、议论类等。考前先拟提纲，进行3分钟命题说话练习。总之，只有准备充分，才能取得好成绩。

学习笔记

练一练

请同学们选择几个不同类型的说话题目进行说话练习（时间3分钟）。

1. 我的一天
2. 老师
3. 珍贵的礼物
4. 假日生活
5. 我喜爱的植物
6. 我的理想（或愿望）
7. 过去的一年
8. 朋友
9. 童年生活
10. 我的兴趣爱好
11. 家乡（或熟悉的地方）
12. 我喜欢的季节（或天气）
13. 印象深刻的书籍（或报刊）
14. 难忘的旅行
15. 我喜欢的美食
16. 我所在的学校（或公司、团队、其他机构）
17. 尊敬的人
18. 我喜爱的动物
19. 我了解的地域文化（或风俗）
20. 体育运动的乐趣
21. 让我快乐的事情
22. 我喜欢的节日
23. 我欣赏的历史人物
24. 劳动的体会
25. 我喜欢的职业（或专业）
26. 向往的地方
27. 让我感动的事情
28. 我喜爱的艺术形式
29. 我了解的十二生肖
30. 学习普通话（或其他语言）的体会
31. 家庭对个人成长的影响
32. 生活中的诚信
33. 谈服饰
34. 自律与我
35. 对终身学习的看法
36. 谈谈卫生与健康
37. 对环境保护的认识
38. 谈社会公德（或职业道德）
39. 对团队精神的理解
40. 谈中国传统文化
41. 科技发展与社会生活
42. 谈个人修养
43. 对幸福的理解
44. 如何保持良好的心态
45. 对垃圾分类的认识
46. 网络时代的生活
47. 对美的看法
48. 谈传统美德
49. 对亲情（或友情、爱情）的理解
50. 小家、大家与国家

扫码
查看参考答案

思考与练习

1. 读单音节字词有哪些练习要求？
2. 读多音节词语有哪些练习要求？
3. 朗读短文有哪些练习要点？
4. 准备命题说话测试时，可以提前写好稿子背下来吗？为什么？

学习主题 3
普通话水平测试常见非语音失误与矫正

“非语音失误”是指除语音以外的，包括考生朗读词语、朗读短文和命题说话时轻重音格式不得当，停连、语调的处理不恰当，说话时词汇、语法使用不规范等。

学习笔记

一、词语的轻重音格式

（一）常见失误

一些考生在朗读和说话时忽视轻重音格式的规律，严重影响听感。例如，在读非轻声、非轻读的双音节词语时喜欢重读第一个字、轻读第二个字；在读三音节词“中・次轻・重”格式的词时把第一个字重读、第三个字轻读；在读四音节词“中・次轻・中・重”格式时，重读第一个字，轻读第四个字。

（二）矫正方法

普通话词的轻重音细分为四个等级，即重音、中音、次轻音、最轻音。双音节、三音节、四音节词语大多数最后一个音节为重音。

双音节词有三种：“中・重”格式，如“老师、命运、军队”等，这种格式占绝大多数；“重・次轻”格式，如“聪明、手艺、娇气”等；“重・最轻”格式，如“耳朵、妈妈、庄稼”等，这种格式就是我们通常所说的轻声词。

三音节词有三种：“中・次轻・重”格式，如“咏叹调、西红柿、电视机”等，这种格式占绝大多数；“中・重・最轻”格式，如“胡萝卜、同学们”等；“重・最轻・最轻”格式，如“朋友们、姑娘家”等。

四音节词有两种：“中・次轻・中・重”格式，如“高高兴兴、坑坑洼洼、曲曲弯弯”等，这种格式占绝大多数；“中・次轻・重・最轻”格式，如“外甥媳妇、如意算盘”等，这种格式极少。

二、朗读和说话的停连

（一）常见失误 >>>

在朗读作品时，考生由于紧张或准备不充分等主观原因，容易出现停连不当的失误。例如，一位考生朗读作品时是这样停顿的：“知道 / 蝙蝠 / 在夜里 / 如何飞行，你猜到 / 飞机 / 夜间 / 飞行的秘密了吗？现代飞机上 / 安装了 / 雷达，雷达的 / 工作原理 / 与蝙蝠 / 探路 / 类似。”这位考生的停顿太多，破坏了语义的完整性。

再如，一位考生这样朗读作品：“西部地区又是少 / 数民族及其文化的集萃地，几乎包括了我国所有的少数民族。”这位考生在“少”和“数”之间有一个停顿，造成了语义的割裂。

（二）矫正方法 >>>

第一，正确停连。停连，包括停顿和连接，是朗读或说话时语流中声音的暂时中断与延续。停顿或连接不是任意的，而是要服从朗读和说话的思想内容、结构脉络和听者的心理需求。因此要确定好停连的位置、时间和方式，做到连到好处，停在妙处。

第二，考试前熟读朗读作品，减少因文本生疏而造成的不当停顿。

第三，提前构思说话内容，考试时不要过度紧张。

第四，平时注重养成良好的朗读和讲话习惯，避免出现不连贯、不流畅的现象。

三、朗读和说话的语调

（一）常见失误 >>>

有些考生会因语调偏误而影响测试成绩。在朗读短文时，为达到抑扬顿挫的效果，喜欢用高升调和曲折调。例如，“北宋时候，↗有位画家叫张择端。↗他画了一幅名扬中外的画↗《清明上河图》。”这句话在朗读时应该用降抑调或者平直调，而有的考生却选用了高升调。

再如，“命题说话”测试中抽到像“童年的记忆”“我尊敬的人”“难忘的旅行”“我的朋友”等叙述型话题的考生会讲述一段故事，多为叙述性的语言，用平直调这种舒缓、变化不明显的语调比较合适，而有些考生却喜欢用高升调或曲折调。有的考生语调一直比较低沉，哪怕是在讲述一件开心的事情或者是在表达积极、乐观的情感与态度的时候，他们仍然用这种语势逐渐下降、令人压抑的语调，不能将语义准确地表现出来。

（二）矫正方法 >>>

语调是指朗读、说话时贯穿于整个语句的声音高低升降的变化。根据句子

学习笔记

学习笔记

表示的语气和感情态度的不同，依据句末的尾音，可以把语调分为四种，即高升调、降抑调、平直调、曲折调。

高升调多在疑问句、反诘句、短促的命令句子里使用，或者是在表示愤怒、紧张、警告、号召、惊异的句子里使用，语调前低后高，语势上升。降抑调一般用在感叹句、祈使句或表示坚决、自信、赞扬、祝愿、沉痛、悲愤等的句子里，语势逐渐下降，末字低而短。平直调一般多用在叙述、说明或表示思索、严肃、冷淡、追忆、悼念等的句子里，语调始终平直舒缓，语势没有显著的高低变化。曲折调常用于表示特殊的感情，如表示含蓄、讽刺、讥笑、夸张等的句子里，语势有较明显的起伏，或先升后降，或先降后升，末尾音也往往伴以特别的加重、拖长等处理方式，形成一种升降曲折的变化。

四、词汇规范

（一）常见失误 >>

1. 叹词、语气词使用频率过高

叹词是表示感叹、呼唤、应答的词，常用的有“哈哈、哎呀、啊、哼、哎哟、咳、哦、喂、嗯、哎”等，有时用来表示惊讶、赞美、埋怨、叹息等，有时起到呼唤、应答的作用。语气词是表示语气的虚词，常用在句尾或句中停顿处表示种种语气，常见的有“的、了、么、呢、吧、啊”等。有的考生喜欢在每一句话的结尾处使用语气词，也有的考生受到港台语言、网络语言的影响，时常出现一些时髦的叹词，如“哇”“耶”等，这些势必会极大地影响语言的规范性。

2. 使用方言词，滥用网络语言

有的考生在说话时习惯性地使用方言词语。互联网技术的飞速发展和移动通信终端的普及，使网络词语大批产生。考生使用一些常用的、约定俗成的网络词语是不扣分的，但是使用了生僻的、自造的词语就会被扣分。

3. 口头禅使用频率过高

口头禅原指和尚常说的禅语或佛号，现指经常挂在口头上且无实际意义的词句。考生在“命题说话”项测试时由于准备不充分、思维能力比较差等原因，经常使用“这个、那个、就是、然后”等词语，造成了语流的不连贯。

（二）矫正方法 >>

第一，不使用方言特有的感叹词、语气词，如“哇”“的哇”等，不使用方言词，要找到与方言相对应的普通话词汇来表达。

第二，避免港台语言、网络语言中的感叹词、语气词以及其他词语对普通话的影响，做到语言简练、规范。

第三，在日常生活交流中减少口头禅的使用频率，提前构思说话内容，保持说话时思维的连贯性，不要在思考、停顿处过多使用口头禅。

五、语法规范

想一想

同学们，你们在朗读词语、短文或命题说话时存在哪些非语音失误？

（一）常见失误

1. 使用病句

如搭配不当、用词不当、句子成分多余、句子成分残缺等。

2. 使用方言语法格式

使用方言特有的语序，如普通话说“南京快到了”，吴方言说“南京到快了”；普通话说“给我一本书”，江淮方言和吴方言说“给一本书我”；普通话说“回家”，徐州方言说“家走”。再如，“有”这个字一般做动词用，与后面的名词构成动宾短语。一些追求时髦的考生将“有”用于动词前面，把“有”当成表示肯定的副词来用，造成“有”和后面动词的重复，出现两个谓语，如“有吃过”“有看过”。实际上，这个“有”字纯属画蛇添足。

（二）矫正方法

第一，经常阅读或朗读文学类书籍，特别是经典作品，学习词汇、语法的使用，提升自身对于语言文字的感悟力、判断力和表现力。

第二，口语表达要遵循现代汉语语法规范，减少方言特有的语法、流行语中的错误语法。

第三，学习、生活中进行口语表达时力求规范、准确，养成良好的语言习惯。

思考与练习

1. 双音节词语的轻重音格式有几种？请举例说明。
2. 朗读和说话停连不当应如何矫正？
3. 朗读和说话的语调有哪几种？如何恰当选用？
4. 针对说话中的语法不规范现象，应如何矫正？

扫码
查看参考答案

学习主题 4 计算机辅助普通话水平测试流程

开展计算机辅助普通话水平测试，是普通话水平测试模式发展进程中的根本性改革和历史性跨越，是语言文字应用水平测试发展的方向。目前，全国大部分省市在普通话水平测试中已采用计算机智能测试。计算机智能测试较人工测试更加科学化、现代化、规范化，测试成绩客观、公正，便于查询。

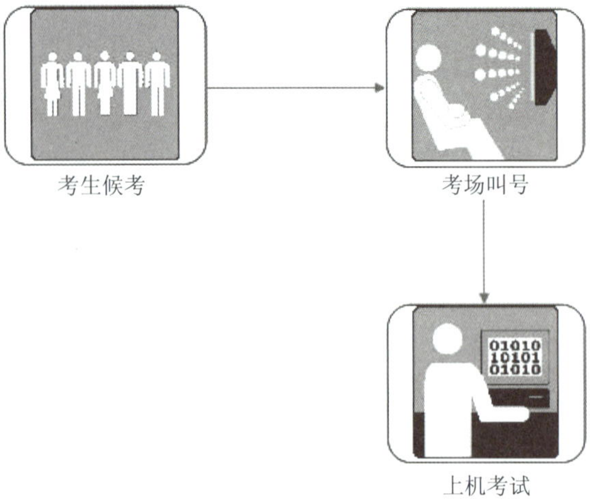

图5-1 计算机智能测试程序

一、计算机智能测试程序

第一，经报名核准后，考生应在规定的日期和时间，持本人的准考证和身份证，进入普通话测试中心或指定考场。

第二，所有的参测人员首先进入普通话测试中心候测室，由工作人员安排，按先后顺序分批进入培训室。

第三，在培训室里，工作人员先讲解机器测试的注意事项，再让考生按编号分批进入考场。

第四，考生按编号进入测试室（机房）参加考试。如图 5-1 所示。

【微课视频】
计算机辅助普通话
水平测试流程

二、计算机智能测试步骤及注意事项

（一）戴好耳机 >>

进入机房就座后，请戴好耳机，检查话筒是否在脸颊的左边，离嘴角 2 ～ 3 厘米处（图 5-2）。

（二）输入编号 >>

输入准考证号码，一般要求输入后 4 位即可。用鼠标点击进入，就会出现考生的姓名，如果正确，请按确认（图 5-3、图 5-4）。

（三）正确试音 >>

根据语音及界面上的文字提示进行试音。听到耳机里传来“嘟”的一声，开始朗读电脑屏幕上出现的一段文字。当朗读完，甚至还没有朗读完毕时，电脑就会跳出一个界面，提示“试音成功”（图 5-5）。

（四）进入考试 >>

试音成功后，点击进入考试。这时，电脑屏幕就会出现考试第一项内容，完成第一项后无须等待，直接点击“下一项”，即可进入第二项内容。以此类推，完成考试（图 5-6、图 5-7、图 5-8、图 5-9）。

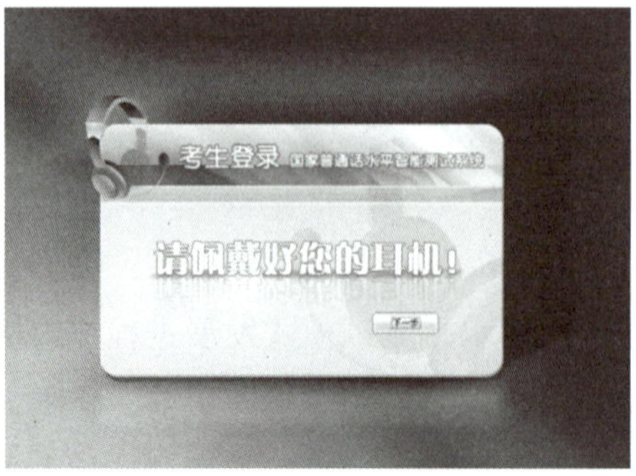

图5-2 请佩戴耳机界面

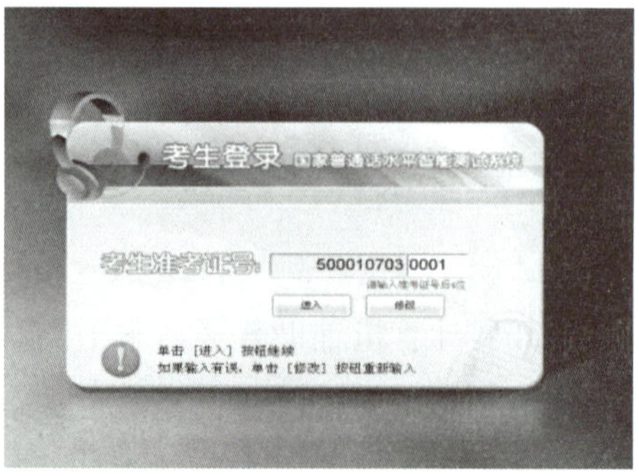

图5-3 输入准考证号界面

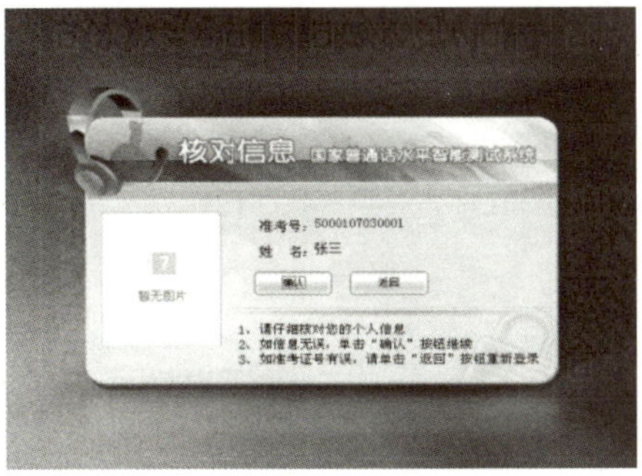

图5-4　确认信息界面

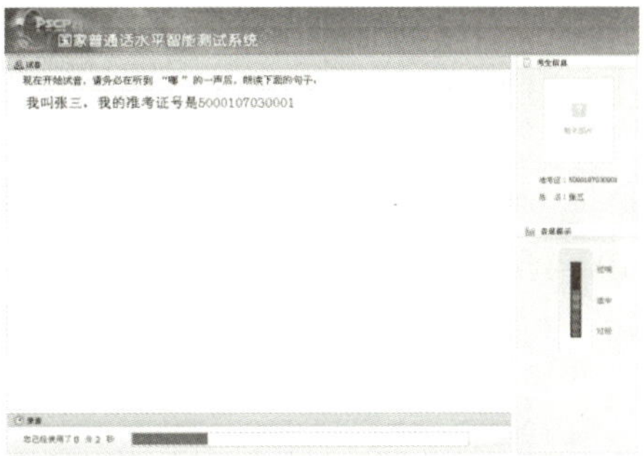

图5-5　进入考试界面

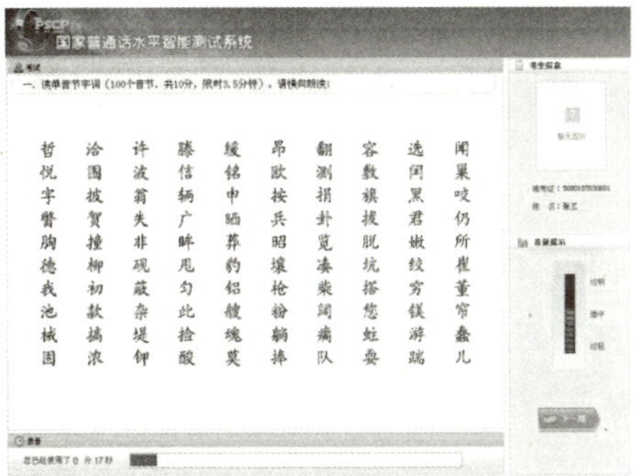

图5-6　考试界面1

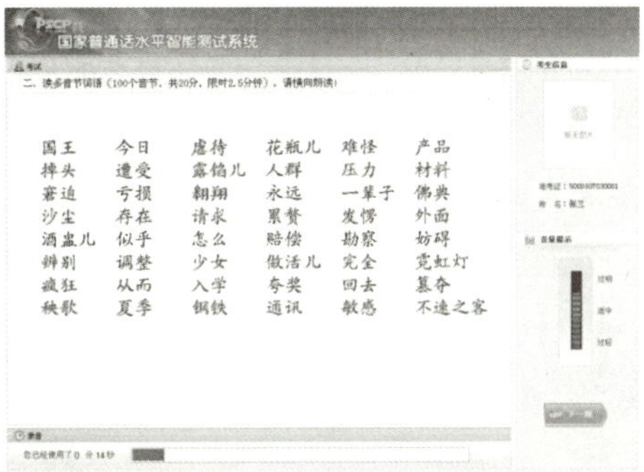

图5-7　考试界面2

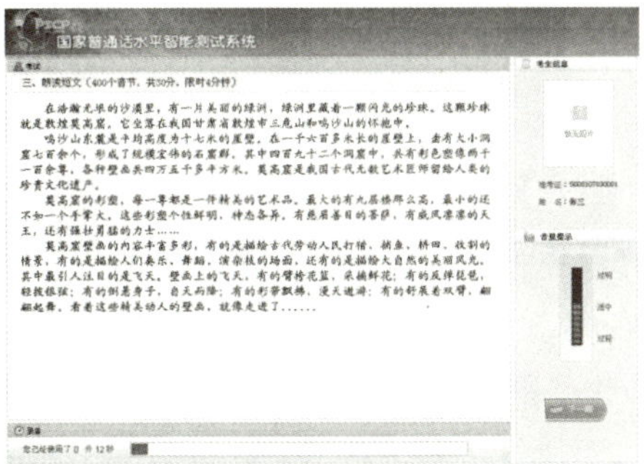

图5-8　考试界面3

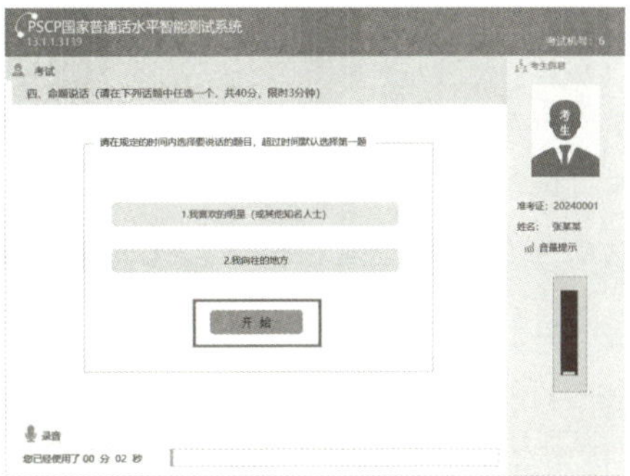

图5-9　考试界面4

思考与练习

1. 请说一说计算机智能测试注意事项。

2. 国家普通话水平测试卷样卷。

（1）读单音节字词（100 个音节，共 10 分，限时 3.5 分钟）

遮	品	袜	儒	团	髓	怎	派	衡	总	而				
白	内	巨	陶	选	均	许	浮	特	小	耕				
溢	求	溺	海	攥	醇	聂	冰	水	恰	遵				
卯	推	闯	酒	秧	说	您	词	桌	垮	侧				
辈	篇	臣	钱	洞	莫	五	孔	爹	丢	颇	踹	每	癞	宝

扫码
查看参考答案

拦 腔 市 日 萍 窘 昂 绳 踱 凑 顾 逢 仿 抓 语
雄 靠 寻 绝 粉 跃 历 夏 铀 惹 功 丝 谎 队 袄
魂 滩 君 晴 可 纲 瑞 攫 墨 赐 高

（2）读多音节词语（100 个音节，共 20 分，限时 2.5 分钟）

奋勇 船台 别扭 恐龙 医学 类似 明确 纳闷儿 平原 人群 作怪
超额 蛋黄儿 男女 机械化 逃窜 缓解 然而 未曾 窘迫 袋子 冷水
落日 搜刮 纯粹 进口 安全 毛驴儿 开放 成果 物品 亏损 消息
强盗 主张 公有制 恰当 隔壁 下面 存在 特征 发表 被窝儿 富翁
爽快 佛经 运输 填充 大娘

（3）朗读短文（400 个音节，共 30 分，限时 4 分钟）

对于中国的牛，我有着一种特别尊敬的感情。

留给我印象最深的，要算在田垄上的一次“相遇”。

一群朋友郊游，我领头在狭窄的阡陌上走，怎料迎面来了几只耕牛，狭道容不下人和牛，终有一方要让路。它们还没有走近，我们已经预计斗不过畜牲，恐怕难免踩到田地泥水里，弄得鞋袜又泥又湿了。正踟蹰的时候，带头的一头牛，在离我们不远的地方停下来，抬起头看看，稍迟疑一下，就自动走下田去。一队耕牛，全跟着它离开阡陌，从我们身边经过。

我们都呆了，回过头来，看着深褐色的牛队，在路的尽头消失，忽然觉得自己受了很大的恩惠。

中国的牛，永远沉默地为人做着沉重的工作。在大地上，在晨光或烈日下，它拖着沉重的犁，低头一步又一步，拖出了身后一列又一列松土，好让人们下种。等到满地金黄或农闲时候，它可能还得担当搬运负重的工作；或终日绕着石磨，朝同一方向，走不计程的路。

在它沉默的劳动中，人便得到应得的收成。

那时候，也许，它可以松一肩重担，站在树下，吃几口嫩草。偶尔摇摇尾巴，摆摆耳朵，赶走飞附身上的苍蝇，已经算是它最闲适的生活了。

中国的牛，没有成群奔跑的习//惯，永远沉沉实实的，默默地工作，平心静气。这就是中国的牛！

——节选自（香港）小思《中国的牛》

（4）命题说话（请在下列话题中任选一个，共 40 分，限时 3 分钟）

①假日生活。

②谈社会公德（或职业道德）。

练一练

请同学们扫描二维码，跟着范读音频，熟读普通话水平测试用朗读作品。

【文本】作品 1 号 【音频】作品 1 号 【文本】作品 2 号 【音频】作品 2 号 【文本】作品 3 号 【音频】作品 3 号 【文本】作品 4 号

【音频】作品 4 号	【文本】作品 5 号	【音频】作品 5 号	【文本】作品 6 号	【音频】作品 6 号	【文本】作品 7 号	【音频】作品 7 号
【文本】作品 8 号	【音频】作品 8 号	【文本】作品 9 号	【音频】作品 9 号	【文本】作品 10 号	【音频】作品 10 号	【文本】作品 11 号
【音频】作品 11 号	【文本】作品 12 号	【音频】作品 12 号	【文本】作品 13 号	【音频】作品 13 号	【文本】作品 14 号	【音频】作品 14 号
【文本】作品 15 号	【音频】作品 15 号	【文本】作品 16 号	【音频】作品 16 号	【文本】作品 17 号	【音频】作品 17 号	【文本】作品 18 号
【音频】作品 18 号	【文本】作品 19 号	【音频】作品 19 号	【文本】作品 20 号	【音频】作品 20 号	【文本】作品 21 号	【音频】作品 21 号
【文本】作品 22 号	【音频】作品 22 号	【文本】作品 23 号	【音频】作品 23 号	【文本】作品 24 号	【音频】作品 24 号	【文本】作品 25 号
【音频】作品 25 号	【文本】作品 26 号	【音频】作品 26 号	【文本】作品 27 号	【音频】作品 27 号	【文本】作品 28 号	【音频】作品 28 号
【文本】作品 29 号	【音频】作品 29 号	【文本】作品 31 号	【音频】作品 31 号	【文本】作品 32 号	【音频】作品 32 号	【文本】作品 33 号

【音频】作品 33 号	【文本】作品 34 号	【音频】作品 34 号	【文本】作品 35 号	【音频】作品 35 号	【文本】作品 36 号	【音频】作品 36 号
【文本】作品 37 号	【音频】作品 37 号	【文本】作品 38 号	【音频】作品 38 号	【文本】作品 39 号	【音频】作品 39 号	【文本】作品 40 号
【音频】作品 40 号	【文本】作品 41 号	【音频】作品 41 号	【文本】作品 42 号	【音频】作品 42 号	【文本】作品 43 号	【音频】作品 43 号
【文本】作品 44 号	【音频】作品 44 号	【文本】作品 45 号	【音频】作品 45 号	【文本】作品 46 号	【音频】作品 46 号	【文本】作品 47 号
【音频】作品 47 号	【文本】作品 48 号	【音频】作品 48 号	【文本】作品 49 号	【音频】作品 49 号	【文本】作品 51 号	【音频】作品 51 号
【文本】作品 52 号	【音频】作品 52	【文本】作品 53 号	【音频】作品 53 号	【文本】作品 54 号	【音频】作品 54 号	【文本】作品 55 号
【音频】作品 55 号	【文本】作品 56 号	【音频】作品 56 号	【文本】作品 57 号	【音频】作品 57 号	【文本】作品 58 号	【音频】作品 58 号
【文本】作品 59 号	【音频】作品 59 号	【文本】作品 60 号	【音频】作品 60 号			

专题检测题

国家普通话水平测试试卷样卷一

扫码做普通话水平测试练习

一、读单音节字词（100 个音节，共 10 分，限时 3.5 分钟）

柄 睛 寻 穷 爽 块 蹭 避 坑 浓 垮
戴 短 帝 赖 赘 装 窑 甲 基 柴 陇
敷 索 蓬 您 田 吮 虽 牢 骗 塔 夏
莫 岸 用 二 拎 冒 蛙 窗 狗 朽 禹
魂 请 袄 鳃 米 自 尘 如 洪 届 内
镶 魏 肝 飘 一 孤 走 促 盆 藕 雕 词 鳖 持 倦
软 丸 帆 贼 确 跳 取 沾 镇 躺 腔 窝 崩 测 搜
充 纺 河 留 穴 猿 舌 搀 志 棍 运 跌 踹 拖 惹

二、读多音节词语（100 个音节，共 20 分，限时 2.5 分钟）

月份 嫂子 而且 根据 新娘 窘迫 国王 花瓶 办公室 审美 坎肩儿
牛顿 悲哀 群体 钻头 叫好儿 串联 开会 政权 规格 荒谬 面孔
客气 中外 英雄 日益 挂帅 收成 压力 大伙儿 军粮 作者 图钉儿
孙女 水鸟 消灭 策略 主人翁 佛法 恰当 灾难 盎然 思考 先生
拼凑 引导 宣布 出类拔萃

三、朗读短文（400 个音节，共 30 分，限时 4 分钟）

中国的第一大岛、台湾省的主岛台湾，位于中国大陆架的东南方，地处东海和南海之间，隔着台湾海峡和大陆相望。天气晴朗的时候，站在福建沿海较高的地方，就可以隐隐约约地望见岛上的高山和云朵。

台湾岛形状狭长，从东到西，最宽处只有一百四十多公里；由南至北，最长的地方约有三百九十多公里。地形像一个纺织用的梭子。

台湾岛上的山脉纵贯南北，中间的中央山脉犹如全岛的脊梁。西部为海拔近四千米的玉山山脉，是中国东部的最高峰。全岛约有三分之一的地方是平地，其余为山地。岛内有缎带般的瀑布，蓝宝石似的湖泊，四季常青的森林和果园，自然景色十分优美。西南部的阿里山和日月潭，台北市郊的大屯山风景区，都是闻名世界的游览胜地。

台湾岛地处热带和温带之间，四面环海，雨水充足，气温受到海洋的调剂，冬暖夏凉，四季如春，这给水稻和果木生长提供了优越的条件。水稻、甘蔗、樟脑是台湾的“三宝”。岛上还盛产鲜果和鱼虾。

台湾岛还是一个闻名世界的“蝴蝶王国”。岛上的蝴蝶共有四百多个品种，其中有不少是世界稀有的珍贵品种。岛上还有不少鸟语花香的蝴//蝶谷，岛上居民利用蝴蝶制作的标本和艺术品，远销许多国家。

——节选自《中国的宝岛——台湾》

四、命题说话（请在下列话题中任选一个，共 40 分，限时 3 分钟）

1. 尊敬的人。

2. 运动的乐趣。

国家普通话水平测试试卷样卷二

一、读单音节字词（100 个音节，共 10 分，限时 3.5 分钟）

盆 雄 瞥 帛 犯 此 柴 负 期 捷 绺 碧 判 既 枪

滩 有 槽 胎 恩 根 猪 眉 户 要 鳞 虫 悦 碗 刁
踹 撤 射 绢 垮 自 用 松 土 家 缰 软 拈 皿 练
码 群 膜 瓢 控 赵 癖 池 蕊 赛 尚 袄 瑟 贼 翁
原 香 肾 皇 柔 瘸 灰 托 川 驯 朵 指 垒 膺 卧
耕 稿 耳 恒 亏 放 绳 娶 嘘 蚕 凝 堆 尊 某 滚
捆 另 耐 眨 蔗 挡 拔 桩 歪 夏

二、读多音节词语（100 个音节，共 20 分，限时 2.5 分钟）

仍然 电压 掌管 未遂 均匀 后面 花瓶儿 恰巧 风格 吵嘴 半导体
红娘 快乐 西欧 意思 编写 小说儿 血液 健全 从而 佛教 牛犊
国王 似的 旋转 谬误 换算 悲哀 卤水 诚恳 火苗儿 爪子 报废
侵略 存在 名牌儿 授予 力量 责任感 发狂 今日 少女 难怪 苍穹
窘迫 疼痛 部分 侦察 温带

三、朗读短文（400 个音节，共 30 分，限时 4 分钟）

夕阳落山不久，西方的天空，还燃烧着一片橘红色的晚霞。大海，也被这霞光染成了红色，而且比天空的景色更要壮观。因为它是活动的，每当一排排波浪涌起的时候，那映照在浪峰上的霞光，又红又亮，简直就像一片片霍霍燃烧着的火焰，闪烁着，消失了。而后面的一排，又闪烁着，滚动着，涌了过来。

天空的霞光渐渐地淡下去了，深红的颜色变成了绯红，绯红又变为浅红。最后，当这一切红光都消失了的时候，那突然显得高而远了的天空，则呈现出一片肃穆的神色。最早出现的启明星，在这蓝色的天幕上闪烁起来了。它是那么大，那么亮，整个广漠的天幕上只有它在那里放射着令人注目的光辉，活像一盏悬挂在高空的明灯。

夜色加浓，苍空中的“明灯”越来越多了。而城市各处的真的灯火也次第亮了起来，尤其是围绕在海港周围山坡上的那一片灯光，从半空倒映在乌蓝的海面上，随着波浪，晃动着，闪烁着，像一串流动着的珍珠，和那一片片密布在苍穹里的星斗互相辉映，煞是好看。

在这幽美的夜色中，我踏着软绵绵的沙滩，沿着海边，慢慢地向前走去。海水，轻轻地抚摸着细软的沙滩，发出温柔的//唰唰声。

——节选自峻青《海滨仲夏夜》

四、命题说话（请在下列话题中任选一个，共 40 分，限时 3 分钟）

1. 童年生活。

2. 家乡（或熟悉的地方）。

学习评价与反思

评价要点：能够按照普通话水平测试各分项的评分细则进行朗读或说话。

专题六 幼儿教师口语技能

>> 学习目标

1. 掌握科学的用气发声、共鸣控制、吐字归音的方法。
2. 明确态势语在一般口语交际和教育教学工作中的作用，熟练运用态势语进行朗诵、演讲、讲故事等，能指导幼儿正确使用态势语。
3. 了解朗读的作用及其基本要求，明确朗读与朗诵的区别，在朗读文学作品时能自如地使用朗读技巧。
4. 娴熟地运用讲述故事的技巧给幼儿讲述文字故事、绘本故事或给动画故事配音。
5. 掌握演讲技巧，能在规定时间内完成脱稿命题演讲或即兴演讲。
6. 掌握童话剧表演技能，能够指导幼儿排练、演出童话剧。

>> 思维导图

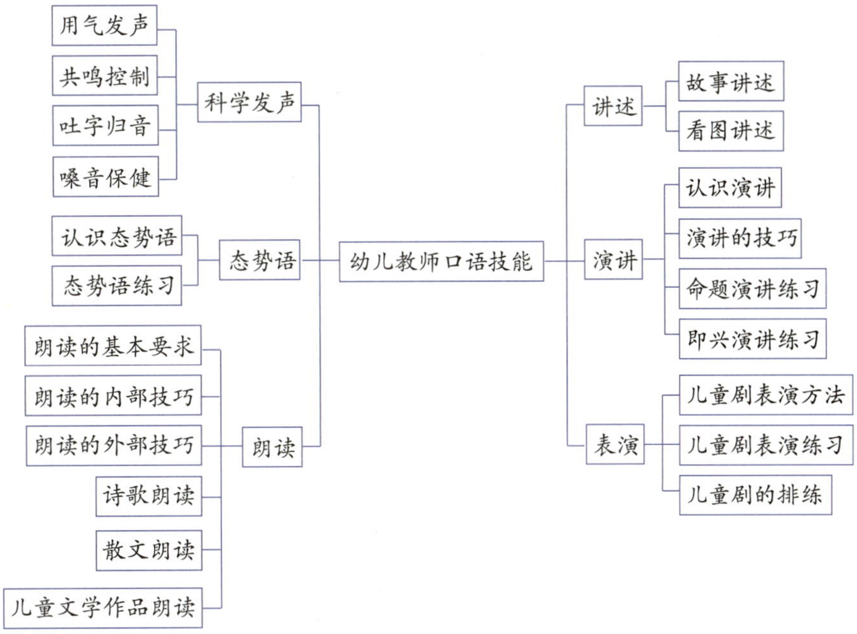

>> 专题导入

普通话声母、韵母、声调发音准确、语流音变正确只是幼儿教师口语的语音基础，在此基础上，同学们还要掌握朗读、讲述、演讲、表演儿童话剧的技巧、态势语的使用以及科学发声的方法。经过这一部分的学习和训练，相信同学们口语表达的生动性、形象性和感染力将有明显提升。

学习主题 1
科学发声

掌握科学的用气发声、共鸣控制和吐字归音等发声技能，可以使语音准确、清晰、响亮，使声音甜美、持久、有力，并使个人语言具有一定魅力。幼儿教师讲话频繁、工作强度大，要保护好嗓子，就要掌握正确的发声技巧。

一、用气发声

“气乃音之本”“气动则声发”，呼吸是发声的原动力。要想有一副好嗓子，就必须练好呼吸，只有气息充足，才能减少声带压力，使之发音有亮度、力度和清晰度，弥补先天声音的不足。

学习笔记

（一）日常一般呼吸方式 >>>>>>>>>>>>>>>>>>>>>>>>>>>>>>>>

日常生活中常见的呼吸方式，是一种下意识的、不受主观控制的自然条件反射活动，一般分三种，即胸式呼吸法、腹式呼吸法、胸腹联合式呼吸法。

1. 胸式呼吸法

胸式呼吸又称浅呼吸。其表现是抬肩，颈静脉突起，胸部前后扩张，没有上下扩张，横膈膜不用力，不收腹，重点放在胸腔，造成实际吸气量比可能吸气量少，不能自如地控制呼吸外流，因而造成在正式场合讲一大段话时，感到气短，力不从心，声音没有底气，挤压、粗糙、有杂音，并损坏声带。

2. 腹式呼吸法

腹式呼吸又称单纯横膈式呼吸。其表现是腹部外凸，一起一伏地波动，主要是靠横膈膜的力量来完成，而胸部常保持一定的状态，因而吸进的气少且弱，不能控制，造成声音缺少力度，不能持久。

3. 胸腹联合式呼吸法

胸腹联合式呼吸又称深呼吸，主要靠肋骨和横膈膜共同运动来实现，它是胸腹两种呼吸方式的结合。横膈膜依靠腹压运动，全面扩大了胸腔的容积，不仅能在肺里集中大量的气，使之吸气量大，且具有一定的厚度，容易产生坚实的音色。但吸进气息快，排出也快，胸部和腹部容易大起大落，气息难以控制，不能满足幼儿教师的需要。

（二）有控制的胸腹联合式呼吸方式 >>>>>>>>>>>>>>>>>>>>>>>>>

1. 特点

这种呼吸方式活动范围大、伸缩性强，由胸腔、膈肌、腹肌联合控制气息。吸气时两肋打开，横膈膜下降，胸腔容积量大，进气快，部位深，力量大，为气息均衡、平稳地呼出提供了条件，同时可以因情因景、因实际需要自如地调节用气，如快慢、长短、上提、下松等多种气息状态，从而达到“以情运气、以气托声、声情并茂”的口语表达效果。

2. 要领

气流从口鼻同时吸入，两肋向两侧扩张，腰带感觉渐紧，小腹控制渐强。呼吸时，保持住腹肌的收紧感，以牵制膈肌与两肋，使其不能回弹。随着气流的缓缓呼出，小腹逐渐放松，但最后仍要有控制的感觉，而膈肌和两肋在这种控制的感觉下，逐渐恢复到自然状态。

（三）用气发声具体要领 >>>>>>>>>>>>>>>>>>>>>>>>>>>>>>>

1. 吸气

要领：双肩放松，双臂可以自由活动，从容地将两肋向左右扩展，使气容量增大，略收小腹，腹壁“站定”，有上提的感觉，横膈膜收缩，有下压腹部感，此时开始吸气到鼻腔，将气流缓缓吸入肺的深部，吸气时要用胸腔与肺部尽量纳气，到不能再吸为止，腰带周围渐紧，气息集于丹田。

（1）深呼吸练习。可取坐姿或站姿，如取坐姿时，身体重心应在臀下当中椅子的前部，体会深呼吸（如不会收小腹，可用双手帮助由两侧向丹田推动）。“一、二”吸气，“三、四”呼气，“五、六”吸气，“七、八”呼气。如此循环往复，体会两肋扩展、横膈膜下降及小腹内收的感觉。

（2）闻花香练习。可取站姿，胸部自然挺起，两肩下垂，小腹微收。想象面前放了一盆花，两肋展开，深吸一口气，将气吸到肺底，要吸得深入、自然、柔和，控制一两秒钟，再慢慢呼出。

（3）抬重物练习。可取站姿，体会急吸气，想象面前有一件重物，先要深吸一口气，气息自然下沉，腹肌微收，腰带周围有胀满的感觉，憋足一股劲。这时，腹部所产生的感觉同有控制的胸腹联合呼吸的吸气最后一刻的感觉相似。

（4）半打哈欠练习。不张大嘴时像打哈欠，闭嘴时像啃苹果。开口的动作要柔和，进气最后一刻腰带周围有明显胀满的感觉。

2. 呼气

要领：小腹仍然要收住，不可放开，两肋和胸腔基本保持吸气时的状态，将肺部储气慢慢吐出，均匀地外吐。呼吸要做到“匀、缓、稳”。

（1）齿缝练习。满满吸好气后，蓄气，保持气息片刻，嘴微张开，上下打开一点小缝，发出“嗞——”声，力求平稳、均匀、持久。

（2）模拟练习。模拟生活中的叹息——“唉”，吆喝牲口的声音——“吁”，大笑声——“哈哈哈”。

（3）喊人练习。以发音响亮的音节组成人名，想象喊 80 ～ 100 米以外的熟人：“阿——毛——”“田——华——”“王——强——”“小——明——”。由近渐远、由远渐近地喊，声音洪亮，带有感情色彩地喊，将每一个音节的韵腹拉开拉长，使情、声、气自然地融为一体。

学习笔记

学习笔记

（4）吹灰尘练习。喉部放松，让气息缓慢而均匀地流出，想象吹掉桌子上的灰尘，尽力拉长呼出气息的时间，以达到30秒左右为宜。

3. 换气

要领：两句话之间，可以从容换气。句首换气，句尾余气托送。在句子中间可以进行少量补充（偷气）。

（1）口令练习。

∨一二三四∨五六七八∨　　　二二三四∨五六七八∨

三二三四五六七八∨　　　四二三四五六七八

（2）句子练习。

望夜空，满天星，光闪闪，亮晶晶。好像那，小银灯，大大小小密密麻麻，闪闪烁烁数不清。仔细看，看分明，原来那群星，分了星座还起了名。按亮度，分了等，一等、二等、三等、四等、五等、六等一共分六等。谁最亮，是一等，谁最暗，是六等，一等到六等，总共不过6900多颗是恒星。星空中，还能看见那大行星和卫星，小行星和彗星，更有那无数无名点点繁星看不清。要想看清它，请你借助现代化的天文望远镜。

练一练

1. 数数字练习。

慢吸后，气吸八成满，呼气时数数1、2、3、4、5……速度要慢，吐字要清晰，嘴上用力，不紧张，不憋气；发一个音马上闭住声门，不要跑气和换气；发音时喉放松、气要通，直至一口气数完，能数多少就数多少，逐渐增加。

2. 数葫芦练习。

边呼气边说“一口气数不了十个葫芦，一个葫芦，两个葫芦，三个葫芦，四个葫芦……”一口气数到25个葫芦为合格。

3. 绕口令练习。

（1）《打枣》。

出东门，过大桥，大桥底下一树枣儿。拿着竿子去打枣儿，青的多，红的少。一个枣儿、两个枣儿、三个枣儿、四个枣儿、五个枣儿、六个枣儿、七个枣儿、八个枣儿、九个枣儿、十个枣儿；十个枣儿、九个枣儿、八个枣儿、七个枣儿、六个枣儿、五个枣儿、四个枣儿、三个枣儿、两个枣儿、一个枣儿。这是一个绕口令，一口气说完才算好。

（2）《数青蛙》。

一只青蛙一张嘴，两只眼睛四条腿，扑通一声跳下水；两只青蛙两张嘴，四只眼睛八条腿，扑通、扑通跳下水；三只青蛙三张嘴，六只眼睛十二条腿，扑通、扑通、扑通跳下水……（以此类推）

（3）《数旗》。

广场上，飘红旗，看你能数多少面旗，一面旗，两面旗，三面旗，四面旗，五面旗，六面旗，七面旗，八面旗，九面旗，十面旗……

4. 诗词练习。先用一口气读一句，再用一口气读两句，最后用一口气读完全诗。

（1）床前明月光，疑是地上霜。举头望明月，低头思故乡。——李白《静夜思》

（2）烟笼寒水月笼沙，夜泊秦淮近酒家。商女不知亡国恨，隔江犹唱后庭花。——杜牧《泊秦淮》

（3）杨柳青青江水平，闻郎江上唱歌声。东边日出西边雨，道是无晴却有晴。——刘禹锡《竹枝词》

（4）葡萄美酒夜光杯，欲饮琵琶马上催。醉卧沙场君莫笑，古来征战几人回？——王翰《凉州词》

二、共鸣控制

气息是发声的动力，也是共鸣的基础。由于气流冲击声带，它本身发出的声音是非常微弱的，因此只有借助共鸣器官，才能起到扩大音量、美化音色的作用。

（一）共鸣器官作用 >>>>>>>>>>>>>>>>>>>>>>>>>>>>>>>>>>>>>>

1. 鼻腔

鼻腔的共鸣作用是由腔内空气振动和骨骼的传导产生的，对高音的共鸣作用很大，可以使声音变得明丽、高亢。

2. 口腔

口腔是语言的制造场，也是人体最主要且灵活多变的共鸣腔体。口腔的开合、舌头的伸缩、软腭的升降等都可以改变口腔的形状，对共鸣有重要的影响，可以使声音变得结实、明亮。

3. 咽腔

咽腔的容积比较大，对音量的调节和音色的美化都起着重要的作用。

4. 喉腔

喉腔是人体的第一个共鸣腔，它的形状变化对于声音质量有着重大影响，如果它被挤扁，声音就会"横"着出来；如果喉部束紧，声音就会"拔高""单薄"。

5. 胸腔

随着声音的高低变化，胸部会感到有一个较为集中的响点，它所产生的共鸣可以扩大音量，使声音浑厚、洪亮。

（二）三腔共鸣的方式 >>>>>>>>>>>>>>>>>>>>>>>>>>>>>>>>>>>>>

在口语表达中，人们主要运用的是以口腔为主，高、中、低三腔共鸣的方式。

1. 高音共鸣区

高音共鸣区主要是头腔与鼻腔共鸣，它是指硬腭与软腭以上的共鸣腔体，音流通过这里，可获得高亢华丽、饱满明亮的声音。

2. 中音共鸣区

中音共鸣区主要是咽腔与口腔共鸣，它是指硬腭与软腭以下、胸腔以上的共鸣腔体，音流通过这里，可获得丰满、圆润的声音。

3. 低音共鸣区

低音共鸣区主要指胸腹共鸣，音流通过这里，可获得浑厚、低沉的声音。

对于幼儿教师来说，如果高音共鸣过多，就会造成声音单薄、飘浮；低音共鸣过多，就会造成声音发闷，影响字音清晰度。因此，只有采用口腔为主、三腔共鸣的方式，充分调动各个共鸣腔体，才能真正实现音域既圆润饱满、洪亮浑厚，又朴实自然、清晰真切的效果。

学习笔记

学习笔记

（三）共鸣控制练习

1. 口腔共鸣

要领：适当地打开后槽牙（不是张大嘴），放松下巴，使声波畅通地到达口腔。

（1）牙关练习。用手扶住放松而微收的下巴，慢慢抬头打开口腔，再慢慢低头，闭上口腔，体会牙关开合时如同咀嚼时的状态。

（2）模拟练习。模拟发出汽笛长鸣声“嘀——”或者放鞭炮声“噼里啪啦”，感受声束冲击硬腭前部的感觉和声音的力度。

2. 鼻腔共鸣

要领：鼻腔共鸣时，软腭下降，阻塞口腔通道，声带由鼻腔通过；发鼻韵尾时，软腭先上挺后下降，声音分别从口腔和鼻腔通过。

（1）哼唱练习。发 n 音或者 ng 音哼唱，使软腭中部振动并扩大鼻咽腔。

（2）词语练习。朗读“妈妈、大妈、光芒、接纳、头脑、中央”等词语。

3. 胸腔共鸣

要领：颈部和脊背自然伸直，喉部下沉，振动声带，胸部要自然放松，吸气八成，顺畅调节胸腔气流。

（1）音高练习。有层次地爬高和降低，先用低调说，一级一级地升高，然后再一级一级地下降。一句话由低到高交替发出 a、i、u、e、o 五个音素，体会胸腔共鸣的加强。

（2）加强胸腔响点练习。用较低的声音弹发音节 ha，由低到高一声一声地弹发，再由高到低地弹发，感觉声音像从胸部发出，体会胸部响点的上移和下降。

练一练

1. 绕音练习（体会共鸣状态的变化）。

上绕音　由低到高螺旋形向上发 a、i、u。

下绕音　由高到低螺旋形向下发 a、i、u。

2. 夸张四声练习。

选择韵母音素较多的成语或词语，运用共鸣技能做夸张四声的训练。

山——明——水——秀——　　阳——光——明——媚——

黑——白——分——明——　　大——好——河——山——

融——会——贯——通——　　花——红——柳——绿——

3. 大声呼唤练习。

老——王——，等——一——等——！

田——田——，早——点——回——家——！

4. 绕口令练习。

（1）长扁担，短扁担，长扁担比短扁担长半扁担，短扁担比长扁担短半扁担。长扁担捆在短板凳上，短扁担捆在长板凳上。长板凳不能捆在比短扁担长半扁担的长扁担上，短板凳也不能捆在比长扁担短半扁担的短扁担上。

（2）一平盆面，烙一平盆饼，饼碰盆，盆碰饼。

（3）山上五棵树，架上五壶醋，林中五只鹿，箱里五条裤。

三、吐字归音

学习笔记

“吐字归音”是我国传统说唱艺术理论中在咬字方法上运用的一个术语，是发音最基础的要求，它把一个音节的发音过程分为出字、立字和归音三个阶段。只有掌握吐字归音技巧，才能取得字音清晰、声音饱满、弹发有力的效果。

（一）出字

出字也叫作“咬字”，要求准确有力，是对字头（韵头）的要求。

要领：字头是字音的开始阶段，要求叼住、弹出。把握好声母的发音部位和发音方法，蓄气有力，并迅速与韵头结合。“叼住”要叼得巧而不死，成阻部位的肌肉要有一定力度，不能满嘴用力，过紧会僵，过松会泄，“弹出”要轻捷有力，不粘不滞。

（二）立字

立字要求拉开立起，圆润饱满，是对字腹（韵腹）的处理。

要领：韵腹的发音应有“拉开立起”之势，“立得住”关键是要口腔开合适度、松紧相宜，音节才能坚实稳定。

（三）归音

归音要求到位弱收，干净利索，是对字尾（韵尾）的处理。

要领：音节发音的收尾过程中要求字尾弱收，肌肉由紧渐松，口腔随之由开渐闭、渐松，声音由强到弱，归音干净利索，趋向鲜明，既不可拖泥带水留尾巴，也不可唇舌“不到家”，草草收住。

练一练

1. 绕口令练习。

（1）吃葡萄不吐葡萄皮，不吃葡萄倒吐葡萄皮。

（2）一个胖娃娃，捉了三个大花活蛤蟆，三个胖娃娃，捉了一个大花活蛤蟆。捉了一个大花活蛤蟆的三个胖娃娃，真不如捉了三个大花活蛤蟆的一个胖娃娃。

2. 诗词练习。

（1）独在异乡为异客，每逢佳节倍思亲。遥知兄弟登高处，遍插茱萸少一人。

——王维《九月九日忆山东兄弟》

（2）白日依山尽，黄河入海流。欲穷千里目，更上一层楼。

——王之涣《登鹳雀楼》

3. 借助成语进行吐字归音调控练习。

花团锦簇　三足鼎立　吞云吐雾　高瞻远瞩　快马加鞭　和风细雨　风调雨顺　深谋远虑
生龙活虎　继往开来　鸟语花香　专心致志　再接再厉　斗志昂扬　气壮山河　发愤图强

4. 借助儿歌进行吐字归音调控练习。

春天来了

滴答，滴答，下雨啦，下雨啦。
麦苗说：“下吧，下吧，我要长大。”
桃树说：“下吧，下吧，我要开花。”
葵花籽说：“下吧，下吧，我要发芽。”
小弟弟说：“下吧，下吧，我要种瓜。”
滴答，滴答，下雨啦，下雨啦。

学习笔记

四、嗓音保健

幼儿教师由于职业的特殊性，对嗓音有极高的要求，认识嗓音保健的重要性，科学使用嗓音，避免因用声不当造成声音嘶哑甚至嗓音疾病，可以更加有效地提高生活和工作的质量。正所谓嗓音好，是块宝；嗓音坏，事业败。

（一）养成良好的生活习惯

第一，注意劳逸结合，要保证每天有足够的睡眠时间。

第二，保持口腔卫生，坚持每天早晚用温盐水漱口。

第三，远离烟酒，少食刺激性及油腻食物，辣椒、甜黏、冷热强烈刺激易引发咽炎。

第四，变声期，鼻、咽、声带容易出血，尽量减少练声。

第五，运动时声带肌肉极易疲劳，避免在运动时大量、高强度地用嗓。

第六，避免长时间在靠近空调的地方或空气干燥、环境粉尘浓度高的环境下说话。

第七，每天的饮水量要充足，保证声带表面形成正常的黏液保护层。

（二）保持健康的良好心态

人的声音极易受到情绪的影响，因此要培养良好的心理素质，从各方面加强个人修养。

（三）使用正确的用声方法

第一，坚持锻炼身体，使用正确方法坚持练声，循序渐进。

第二，练声时，声音由小到大，从近到远，从弱到强，从低到高，避免一开始大喊大叫，损伤声带。

第三，使用适当的音量、音调、语速说话。感冒时尽量减少说话。

第四，建议胸式呼吸和腹式呼吸相结合。

精神畅快，心气平和；饮食有节；寒暖当心；起居以时，劳逸均匀；练嗓保嗓，都贵有恒；由低到高，量力而行；五音饱满，唱出剧情。这是我国著名京剧艺术家梅兰芳保养嗓音的方法的经典概括。总之，只有科学健康地用声，才能使声音高音圆润、结实而富有光彩，低音浑厚、浓郁而不压抑。

思考与练习

1. 有控制的胸腹联合呼吸方式有什么特点？
2. 三腔共鸣方式有什么优点？
3. 音节发音过程的每一个阶段各有什么要求？
4. 请结合实际说一说如何进行嗓音保健。

扫码
查看参考答案

学习主题 2
态势语

情景再现

根宝在《回忆罗斯福》中说过，在短短 20 分钟之内，他的面部表情有：稀奇、好奇、伪装的吃惊、真情的关切、担心、同情、坚定、嬉笑、庄严，都有超绝的魅力，但他不曾说过一个字。这种无声语言，就是我们今天要学习的态势语。

一、认识态势语

（一）态势语的概念 >>

态势语是用肢体表达、用眼睛来接收的语言，又称为“体态语言”。态势语是借助面部表情、手势和身体姿势等来传递信息、交流思想、表达情感的一种辅助性语言表达形式。

（二）态势语的作用 >>

1. 补充、强化口语信息

说话人的身姿体态、举手投足、神情容貌始终伴随着有声语言，传达着各种信息。动态、直观的形象与有声语言协调统一，同时作用于人们的视觉和听觉，可以拓宽信息传输渠道，补充和强化有声语言的信息，使有声语言的表现力和感染力得到升华。

2. 沟通、交流情感

态势语是无言的心声，是交流双方自然的流露或是有意识的表现，人们通过态势语表情达意，观察、揣测和分析对方说话的内容，从而实现双方有效的交流和沟通。

3. 控制、调节口语交际活动

态势语不仅具有替代、补充的作用，而且具有暗示和鉴别语言的作用，通过身姿、手势、目光、表情等手段传递信息，表达人们心灵深处、微妙、复杂、含而不露的内心语言，同时营造和调节口语交际的氛围，调动和影响口语交际对象的情绪，引导和启发对方的表达思路。

4. 产生审美效果

态势语作为一种有助于发挥语言力量的辅助工具，以其独特的形式和特定的便利条件，修饰和丰富了有声语言的审美功能。

学习笔记

（三）态势语运用的基本要求 >>>>>>>>>>>>>>>>>>>>>>>>>>>>>>>>

1. 自然得体

自然得体是态势语的第一要求。表情、动作和眼神随情所至，要同听、说双方的身份、年龄等相符合，它是对内容和情感的自然表达，是个性风格的自然流露。

2. 适度适宜

所谓适度，是要求动作适量，不影响听话者注意力。所谓适宜，是要求动作设计必须与说话的内容、情绪、气氛等协调一致，把握分寸，不要装腔作势、故弄玄虚，甚至手口不一。

3. 生动善变

态势语的表达应体现活力，给人以美的享受，产生感染力和征服力。不能一种姿态、一种表情、一种手势做到底，应该善于随说话内容、情绪的变化适当地变换动作和姿态。

二、态势语练习

学习笔记

态势语主要包括目光语、表情语、手势语和身姿语。

（一）目光语训练 >>>>>>>>>>>>>>>>>>>>>>>>>>>>>>>>>>>>>>>

1. 眼神的运用

眼神的运用要注意日常交流时目光所到之处、对视时间及目光分配，具体训练方法主要包括前视、环视、点视、斜视、虚视等。

（1）前视法，即视线平直向前流动的方法。它要求视线平直向前流动，统摄全场。一般来说，视线的落点应放在全场中间位置。常表现庄重、诚恳的情感。

（2）环视法，即用眼睛环视听众的方法。用弧形的视线在全场流转，视线从现场的左右前后迅速来回扫动，不断地观察全场，与全体听众保持目光接触。常用于增进双方的情感交流。

（3）点视法，即把视线集中到某一点或某一方面的方法。要求视线有重点地观察个别听众或现场的某个角落，并与之进行目光接触，同个别听众交流感情，具有针对性和示意性。

（4）斜视法，即视线向左或向右移动的方法。既可表现对左右听众的关注，又可配合面部表情，表现欣喜或鄙夷的情感。

（5）虚视法，即似看非看的方法。这种方法既可减轻说话人的心理压力，又可表示思考，把听众带入想象的境界。

2. 眼睛的活动

（1）眼睛下垂：眉头紧皱，表示正在深思熟虑。

（2）眼睛上扬：假装无辜或表示惊怒。

（3）斜视：羞怯腼腆、秘密关注或鄙夷蔑视。

（4）眨眼：连眨表示极力抑制情绪，以免哭泣；如果连眨时振动睫毛，表示在卖弄。

相关链接

“会说话”的眼睛

长春市语文特级教师牟丽芳在教学中就非常善于用眼神说话。有一次，她读范文，手捧着书，声情并茂。有一名同学眼睛偷偷地离开课本，去看桌子上别的什么东西了，但手仍捧着书。换一位老师可能不容易发现他的小把戏，但牟丽芳敏锐地注意到了他眼神的变化，她仍旧范读着，非常自然地、慢慢地朝他那里踱着步子，一点儿也不露声色，仿佛她的踱步是课文情节所需要的。别的同学都沉浸在课文以及老师朗读创造的意境中去了，那个走了神的同学却感觉到了气氛的细微变化。老师离自己近了，他立即抬起头来，看了老师一眼，恰好，牟老师也看了他一眼，师生相视不过一秒钟，分明又包含了千言万语。那个同学悄悄地走了神，现在又悄悄地集中了精力，一个小小的风波就这样平息了。课堂上不见一丝波澜，好像什么也没有发生过。

（参见董远骞等：《教学的艺术》，北京，人民教育出版社，1993）

练一练

请小组派两个代表到讲台前，一人随意给出不同的眼神，另一人快速表达与之对应的眼神活动。

（二）表情语训练 >>>>>>>>>>>>>>>>>>>>>>>>>>>>>>>>>>>

表情语是指人们内心思想感情的脸部外化，这种外化是通过面部肌肉的运动和眉、唇的变化来实现的。

1. 眉毛

人的面部表情非常丰富，光眉毛就可以表达几十种不同的情感（图 6-1）。例如，挤眉表示戏谑，横眉表示轻蔑，锁眉表示忧愁，低眉表示顺从，飞眉表示开心，扬眉表示自豪等。

图6-1　不同的眉毛表达

2. 唇形

五官中，嘴的表现力仅次于眼睛，嘴的开合变化可以传递出一定的信息。例如，噘嘴表示生气，抿嘴表示害羞，努嘴表示暗示，撇嘴表示不愿意，咧嘴表示高兴，歪嘴表示不服等。

3. 面部肌肉

面部肌肉，主要是随面部表情的变化而产生的喜怒哀乐，与听众产生感情共鸣，使有声语言的表达更加形象、生动、真实。

学习笔记

练一练

1. 教师或者学生代表发出变脸游戏的口令，学生做出与之对应的表情：大笑、狂笑、假笑、微笑、高兴、生气、愤怒、忧愁、惊讶、厌恶、愤恨等。

2. 欣赏诗歌，体会教师和母亲的微笑在孩子心中产生的巨大力量。

笑脸

我爱妈妈的笑脸，像太阳一样温暖；

我爱老师的笑脸，像清泉一样甘甜。

啊！亲爱的妈妈，亲爱的老师，

你们的笑脸我常在梦中看见。

（三）手势语训练 >>>>>>>>>>>>>>>>>>>>>>>>>>>>>>>>>>>>>

1. 手势语表达的类型

（1）情意手势：主要表达说话者的情感。

（2）指示手势：主要借助手势来指向所说的人、物、方向等。

（3）象征手势：主要用生动的手势表示约定俗成的抽象概念，它在不同的民族或地域代表不同的含义。

（4）象形手势：主要用来摹形状物，使表述更具有形象化。

2. 手势语表达的范围

学习笔记

（1）上区（肩部以上）：一般表示理想、希望、喜悦、祝贺等，手势向内、向上（手心也向上）。

（2）中区（肩部至腹部）：多表示叙述事物和说明事理，一般不带有浓厚的感情色彩。

（3）下区（腹部以下）：一般表示憎恶、反对、批判、失望等，手势向外、向下（手心也向下）。

3. 手势语运用的原则

（1）简洁。所谓简洁，就是指手势的动作本身要简单、明了、不刻意雕琢。在表达过程中不宜频繁使用手势，以免干扰有声语言的表达。

（2）和谐。所谓和谐，从整体上既要有助于有声语言的表达，又要给人以和谐的美感。

（3）自然。“该出手时就出手”，手势要落在相应的字词上。出手要快，收手要慢。

（四）身姿语训练 >>>>>>>>>>>>>>>>>>>>>>>>>>>>>>>>>>>>>

身姿语包括站姿、坐姿和行姿，可以表现一个人的情绪和意识，对于个人整体形象的塑造起着重要作用。

1. 站姿技巧

站姿是讲话时的基本身姿之一。一般分为两种形式：一种是两脚基本平行，与肩同宽的自然式；另一种是两脚一前一后，相距适中的前进式。无论哪种身姿，都要求肩平、腰直、身正、立稳。

2. 坐姿技巧

完整的坐姿包括入座、落座和起座三个过程。入座时要从容大方、轻稳和缓，不要发出嘈杂声。落座后，女士要双手从臀部捋过裙、裤，顺势坐下，上身保持挺直，头部端正，下颌微收，目光平视谈话对象；男士两膝间的距离以松开一拳或两拳为宜。在正式场合落座，尽量不坐满座位，只坐椅子的2/3。起座时要舒缓、自然，给人以高贵、文雅、自然大方的感觉。

3. 行姿技巧

行姿是说话的前奏，要上身直立，抬头挺胸，步幅适中，两眼平视，两臂自然摆动。

练一练

借助手势提示或自行创设儿歌表演手势，边朗读边表演。

小熊过桥

	手势
小竹桥，摇摇摇，	①五指交叉，双臂平放在胸前，手腕前后晃动，做小桥摇的动作。
有只小熊来过桥。	②左手五指并齐，平放在胸前，右手食指与中指立在左手手背上，并交替向前。
立不稳，	③左手五指仍并齐，平放在胸前，将右手腕放在左手手指上，手指朝上，左右摇晃。
站不牢，	④将右手食指与中指并拢立在左手手背上，仍左右晃动。
走到桥上心乱跳。	⑤同动作②。
头上乌鸦哇哇叫，	手同时置额前，手腕相叠，左手在下，右手在上，做鸟叫的样子。上下动 1～2 次。
桥下流水哗哗笑。	⑥双手下垂，在胸前做流水的样子。
“妈妈，妈妈快来呀，	身体微侧，双手放在嘴两边，做呼喊的样子。
快把小熊抱过桥！”	⑦身体稍晃 2～3 次。
河里鲤鱼跳出水，	⑧右手从身体下方，向头顶滑动（手心向下）。
对着小熊大声叫：	⑨同⑦（右手放在嘴边）。
“小熊，小熊不要怕，	⑩边说，双手边做否定的样子。
眼睛向着前面瞧！”	⑪右手从头部前方，向前滑动。
一二三，向前跑，	同动作②。
小熊过桥回头笑，	
鲤鱼乐得尾巴摇。	⑫右手在胸前，掌心向左，左手放身后，掌心向右，同时摇动数次。

思考与练习

1. 请每个同学到讲台上，进行态势语综合练习。

（1）从座位上沉稳地站起，步幅适中，昂首挺胸，目视前方，走到讲台上。

（2）面带微笑，环视教室里的同学，问候听众。

（3）组织 15 ～ 20 秒家长会的开场语言，鞠躬感谢。

（4）自信、沉稳地下台，回到座位入座。

2. 请为下面的儿歌设计手势语。

七个娃娃来摘果

一二三四五六七，七六五四三二一。

七个娃娃来摘果，七个花篮手中提。

七个果子摆七样，苹果、桃子、石榴，柿子、李子、栗子、梨。

3. 请为下列动物设计态势语。

小猴着急得直挠脑袋。

小猪开心地“哈哈哈，哈哈哈”大笑了起来。

小花猫多难为情呀，她说：“你们也戴戴小铃铛吧！”

小熊生气了，转身就走。

小兔子连忙摇摇头说：“不行不行，我还没有学会呢！”

4. 请尝试为下列故事片段设计态势语。

小花猫走到河边，往水里照照自己的影子。嗨，多漂亮的小铃铛，圆溜溜，亮晶晶，还会“丁零丁零”响呢！它伸长脖子，想照照清楚，没想到脚一滑，“扑通”一下，掉到河里去了。

5. 讲述幼儿故事，配以恰当的动作和表情。

两只笨狗熊

狗熊妈妈有两个孩子，一个叫大黑，一个叫小黑，他们长得都挺胖，可是都很笨，是两只笨狗熊。

【讲故事视频】两只笨狗熊

有一天，天气真好，哥俩儿手拉手一起出去玩儿，他们走着，走着，忽然看见路边有一块干面包，捡起来闻闻，嘿，喷喷香。可是只有一块干面包，两只小狗熊怎么吃呢？大黑怕小黑多吃一点儿，小黑也怕大黑多吃一点儿，这可不好办呀！

大黑说：“咱们分了吃，可要分得公平，我的不能比你的小。”

小黑说：“对，要分得公平，你的不能比我的大。”

哥儿俩正闹着呢，狐狸大婶来了，她看见干面包，眼珠骨碌碌一转，说：“噢，你们是怕分得不公平吧，让大婶来帮你们分。”哥儿俩说：“好，好，咱们让狐狸大婶来分吧。”

狐狸大婶接过干面包，恨不得一口吞下去，可是她没有这样做，一下子把干面包分成两份儿。哥儿俩一看，连忙叫起来：“不行！不行！一块大，一块小。”

狐狸大婶说：“你们别着急，瞧，这一块大一点儿吧，我咬它一口。”说着，它就张开大嘴巴啊呜咬了一口。哥儿俩一看，又叫起来了：“不行，不行，这块大的被你咬了一口，又变成小的了。”

狐狸大婶说：“你们急什么呀，那块大了，我再咬它一口吧。”狐狸大婶张开大嘴巴啊呜咬了一口。哥儿俩一看，急得叫起来：“那块大的被你咬了一口，又变成小的了。”

狐狸大婶就这样这块咬一口，那块咬一口，干面包只剩下小手指头那么一点儿了。她把一丁点大的干面包分给大黑和小黑，说：“现在两块干面包都一样大小了，吃吧，吃吧，吃得饱饱的。”

大黑和小黑你看看我，我看看你，一句话也说不出来了。

6. 请朗读下面的句段，并设计恰当的目光语、表情语和手势语。

（1）青年强，则国家强。当代中国青年生逢其时，施展才干的舞台无比广阔，实现梦想的前景无比光明。全党要把青年工作作为战略性工作来抓，用党的科学理论武装青年，用党的初心使命感召青年，做青年朋友的知心人、青年工作的热心人、青年群众的引路人。广大青年要坚定不移听党话、跟党走，怀抱梦想又脚踏实地，敢想敢为又善作善成，立志做有理想、敢担当、能吃苦、肯奋斗的新时代好青年，让青春在全面建设社会主义现代化国家的火热实践中绽放绚丽之花。

（2）江山就是人民，人民就是江山。中国共产党领导人民打江山、守江山，守的是人民的心。治国有常，利民为本。为民造福是立党为公、执政为民的本质要求。必须坚持在发展中保障和改善民生，鼓励共同奋斗创造美好生活，不断实现人民对美好生活的向往。

学习主题3 朗读

学习笔记

朗读是将书面语言转化为有声语言的再创作言语活动，是一种口头语言表达艺术。语言学家徐世荣指出，朗读就是把书面上写的语言变为口头上说的语言，把无声语言（文字、文章、文学作品）变为有声语言——更能表情达意的口头语言。朗读，简单地说，就是以清晰响亮的声音、正确标准的语音，把作品有感情地读出来。

一、朗读的基本要求

朗读训练是普通话正音训练的重要途径，也是提高口语表达能力的基本途径。口语交际的各个环节，如说话、演讲、辩论、解说、播音主持等，都离不开朗读。朗读的总体要求是能够熟练运用规范的普通话，做到语音准确、清晰，语调自然、流畅，语速适中。

（一）使用普通话，发音准确规范 >>>>>>>>>>>>>>>>>>>>>>>>>>>>>>

朗读时，要使用标准的普通话，朗读者除了要忠实于原作品，做到不添字、漏字、改字，还要注意掌握普通话的声母、韵母、声调和语流音变的相关要求，减少语音失误现象。朗读者要避免口齿不清、吐字含混等现象，注意吐字归音的完整性。声母和韵头的发音要找到准确部位，韵腹的发音要饱满完整，韵尾的发音要利落干净，做到发音准确、吐字清晰。

互动平台

天空还是一片浅蓝，很浅很浅的。转眼间，天水相接的地方出现了一道红霞。红霞的范围慢慢扩大，越来越亮。我知道太阳就要从天边升起来了，便目不转睛地望着那里。

果然，过了一会儿，那里出现了太阳的小半边脸，红是红得很，却没有亮光。太阳像负着什么重担似的，慢慢地，一纵一纵地，使劲儿向上升。到了最后，它终于冲破了云霞，完全跳出了海面，颜色真红得可爱。一刹那间，这深红的圆东西发出夺目的亮光，射得人眼睛发痛。它旁边的云也突然有了光彩。

——节选自巴金《海上日出》

【评析】这是节选自巴金《海上日出》的片段。朗读时，应注意“升起来”的“升（shēng）”“目不转睛”的“睛（jīng）”是后鼻音，注意“一会儿（yíhuìr）”“似（shì）的”“一刹（yíchà）那间”等的发音。做到发音准确、吐字清晰，这是朗读训练的第一步。

（二）深入理解，把握作品主题 >>>>>>>>>>>>>>>>>>>>>>>>>>>>>>

深入理解作品是朗读的基础，朗读者要了解语句的含义，掌握作品的思想情感，还要熟悉作品的结构，这样才能把作者蕴含的感情化作朗读者自身的感情，从而通过朗读再现作品的主题思想。朗读者要在深入理解作品的基础上，深入分析，体会作品的"意"和"情"，结合作品的结构，展现跌宕起伏的情节，表现激烈的矛盾冲突，突出作品的主题。

互动平台

【训练内容】

这是勇敢的海燕，在怒吼的大海上，在闪电中间，高傲地飞翔；这是胜利的预言家在叫喊：

——让暴风雨来得更猛烈些吧！

——节选自高尔基《海燕》

【评析】这是高尔基著名的散文诗《海燕》的片段，作品描绘了海燕面临狂风暴雨和波涛翻腾的大海时勇敢翱翔的场景，歌颂了俄国无产阶级革命先驱坚强无畏的战斗精神。朗读时，可以采用较快的语速和上扬的语调，渲染狂风怒吼、波澜壮阔的紧张气氛，塑造海燕勇敢执着的形象。

（三）语速适中，语调自然通畅 >>>>>>>>>>>>>>>>>>>>>>>>>>>>

学习笔记

朗读中需要注意节奏的变化，但要注意快慢适中。速度过慢，就像机械式的复读，不能有效表达作品内容，甚至会因为停连不当，造成听众在语义理解上的障碍。速度过快，会造成吐字不清，出现同化、吃字等现象。另外，对于朗读者来说，朗读速度过快，就没有准备文本后续内容的时间，往往会出现割裂语义等问题，造成停顿不当的错误。语速的快慢除了与作品的主题、情感有关，还要注意相关方言区的朗读者要规避方言语调，根据作品内容选择语调，做到自然通畅。

二、朗读的内部技巧

朗读的技巧是指在对文学作品深入理解和感受的基础上，运用一定的语调、停连、重音等技巧，声情并茂地表达作品的方法。这里所说的朗读技巧可以分为内部技巧和外部技巧。

朗读的内部技巧一般指朗读者对作品的深入理解和感受的能力。理解是指了解作品的内容和主旨，感受是指情感上的体悟和共鸣。运用内部技巧是朗读的基础和前提，只有充分理解和感受作品，才能实现声情并茂地朗读。具体说来，朗读的内部技巧包括以下三个方面。

（一）正确理解作品内容 >>>>>>>>>>>>>>>>>>>>>>>>>>>>>>>

理解作品内容是朗读者准确表达作品的基础。首先，对作品的理解要准确，对于文中的字词、典故、成语等要理解其含义，结合语境准确把握作品的内容。其次，正确理解作品还要了解作品创作的时代背景、作者的生平、作品的主题等，只有把作品放入时代的大环境中，才能准确理解作品的主题。

例如，朱自清的散文《荷塘月色》，描写了荷塘月色的美丽景象，又含蓄、

练一练

曲曲折折的荷塘上面，弥望的是田田的叶子。叶子出水很高，像亭亭的舞女的裙。层层的叶子中间，零星地点缀着些白花，有袅娜（niǎonuó）地开着的，有羞涩地打着朵儿的；正如一粒粒的明珠，又如碧天里的星星，又如刚出浴的美人。微风过处，送来缕缕清香，仿佛远处高楼上渺茫的歌声似的。这时候叶子与花也有一丝的颤动，像闪电般，霎时传过荷塘的那边去了。叶子本是肩并肩密密地挨着，这便宛然有了一道凝碧的波痕。叶子底下是脉脉（mò）的流水，遮住了，不能见一些颜色；而叶子却更见风致了。

——节选自朱自清《荷塘月色》

委婉地抒发了作者对现实的不满，渴望自由，想超脱现实而又无法实现的复杂的思想感情。在朗读时，朗读者既要生动刻画月下的荷塘美景，又要抒发知识分子在苦难中踌躇满志的情感。

学习笔记

（二）深入体会作品情感

在朗读时，朗读者不仅要正确理解作品内容，而且要深入体会作品表达的思想感情，这样才能做到“以情带声”。朗读者要走进作品，突出角色感，通过语言传递作品的情感，要使自己的语言符合作品的特点，融入自己的理解与思考，进行二次创作。要准确把握好朗读者的身份，既要“有我”，又要“无我”，就是要在“有我”的情感融入的前提下，达到“无我”的表达境界，使听众身临其境，感同身受，产生情感的共鸣。

例如，史铁生的散文《我与地坛》，是作者十五年来摇着轮椅在地坛思索的结晶，是作者在苦难中对亲情的深情讴歌，表达了一个绝望的人不断寻求希望的过程，以及对母亲深深的思念。朗读时，既要体会到沉重的苦难，又要表达出浓烈的亲情，表达出痛苦与希望、生命与亲情交织的深沉情感。

练一练

有一回我摇车出了小院，想起一件什么事又返身回来，看见母亲仍站在原地，还是送我走时的姿势，望着我拐出小院去的那处墙角，对我的回来竟一时没有反应。待她再次送我出门的时候，她说："出去活动活动，去地坛看看书，我说这挺好。"许多年以后我才渐渐听出，母亲这话实际上是自我安慰，是暗自的祷告，是给我的提示，是恳求与嘱咐。只是在她猝然去世之后，我才有余暇设想，当我不在家里的那些漫长的时间，她是怎样心神不定坐卧难宁，兼着痛苦、惊恐与一个母亲最低限度的祈求。

——节选自史铁生《我与地坛》

（三）准确把握作品基调

基调是指作品的整体感，也就是作品总的感情色彩，要做到宏观上完整，微观上细腻。如态度上或肯定或否定，或严肃或亲切，或恳求或命令，或坚定或犹豫等；情感上或爱或憎，或悲或喜，或褒或贬，或愤怒或平和，或热情或冷漠等。把握作品的感情基调，要从作品的创作背景、作品的主题等方面，注重从整体上体味。

例如，茅盾的散文《白杨礼赞》，作品写于抗日战争时期，通过描写白杨树的生长特点、优秀品质，意在表达对抗日根据地人民顽强斗争精神的赞美。作品的基调就是赞美、歌颂中华民族不屈不挠的民族精神。

练一练

一路从山脚往上爬，细看山景，我觉得挂在眼前的不是五岳独尊的泰山，却像一幅规模惊人的青绿山水画，从下面倒展开来。在画卷中最先露出的是山根底那座明朝建筑岱宗坊，慢慢地便现出王母池、斗母宫、经石峪。山是一层比一层深，一叠比一叠奇，层层叠叠，不知还会有多深多奇。万山丛中，时而点染着极其工细的人物。王母池旁的吕祖殿里有不少尊明塑，塑着吕洞宾等一些人，姿态神情是那样有生气，你看了，不禁会脱口赞叹说："活啦。"

——节选自杨朔《泰山极顶》

典型案例

十年，在历史上不过是一瞬间。只要稍加注意，人们就会发现：在这一瞬间里，各种事物都悄悄经历了自己的千变万化。

——节选自严文井《莲花和樱花》

三、朗读的外部技巧

朗读的外部技巧是指在充分理解作品的内容和情感的基础上，运用的口语表达技巧。从总体上说，外部技巧主要是指语气的运用，也就是感情色彩与声音形式的协调统一。情感是气息的基础，气息是声音的表现，声音是情感的体现，三者有机统一。如喜则气满声高；悲则气沉声缓；爱则气缓声柔；憎则气足声硬；怒则气重声粗；疑则气舒声缓；急则气短声促；静则气舒声细；冷则气少声淡；惧则气提声抖。具体来说，外部技巧包括朗读时声音表现形式的四个方面，即语调、停连、重音、节奏。

典型案例

在这幽美的夜色中，我踏着软绵绵的沙滩，沿着海边，慢慢地向前走去。海水，轻轻地抚摸着细软的沙滩，发出温柔的唰唰声。

——节选自峻青《海滨仲夏夜》

相关链接

对幼儿讲话时，注意结合情境使用丰富的语言，以便于幼儿理解。

说话时注意语气、语调，让幼儿感受语气、语调的作用。如对幼儿的不合理要求以比较坚定的语气表示不同意；讲故事时，尽量把故事人物高兴、悲伤的心情用不同的语气、语调表现出来。

（参见《3—6岁儿童学习与发展指南》）

（一）语调 >>>

语调也称句调，是指说话的腔调，表现语句中声音高低轻重的变化。语调与音高、音强、音长、音色都有关系。句子尾音的抑扬顿挫是句调的主要标志，常见的语调有平调、升调、降调、曲调四种。

典型案例

我躺在舱面上，仰望天空。深蓝色的天空里悬着无数半明半昧的星。船在动，星也在动，它们是这样低，真是摇摇欲坠呢！

——节选自巴金《繁星》

1. 平调

平调也称平直调，语气平直舒缓，没有明显的起伏变化，常用于陈述、说明性的语句，用来表示严肃、冷静的语气。

2. 升调

升调也称高升调，语调先平后高，句末的尾音明显上扬，常用于表达感叹、疑问、惊讶等语气。

3. 降调

降调也称降抑调，语调先平后降，句末的尾音明显下降，常用于表达肯定、坚决、感叹等语气。

4. 曲调

曲调也称曲折调，语调先升高再降低，或者先降低再升高，也可能出现高低反复变化，常用来表示讽刺、反语、双关等语气。

典型案例

由此我想，那些失去或不能阅读的人是多么的不幸，他们的丧失是不可补偿的。

——节选自谢冕《读书人是幸福人》

互动平台

【训练内容】

朗读舒婷《祖国啊，我亲爱的祖国》片段，注意把握语调：

我是你簇新的理想，
刚从神话的蛛网里挣脱；
我是你雪被下古莲的胚芽；
我是你挂着眼泪的笑涡；
我是新刷出的雪白的起跑线；
是绯红的黎明
正在喷薄；
——祖国啊！

【提示】这首诗的语调是一个逐渐加强，中间略有回还的过程，处理好的话就更能突出表现情绪不断蕴藉爆发的效果。

（二）停连 >>>

停连是指声音的停顿和连接。停连首先是朗读者的生理需要，其次是表达朗读内容和情感的需要。停顿不是孤立存在的，而是在朗读的持续过程中出现的，因此，不能为了停顿而停顿。一般来说，停顿可以分为语法停顿和强调停顿。

【微课视频】
朗读的停连

1. 语法停顿

语法停顿是指依据句子内部的语法结构而产生的停顿。语法停顿的长短跟标点符号表示的结构层次大体一致，一般来说，停顿的时间是相对的，顿号最短，逗号稍长，分号和冒号更长一些，句号、感叹号、问号的时间最长，破折号、省略号的停顿时间要根据语意确定长短。例如：

那是力争上游的一种树，笔直的干，笔直的枝。

——节选自茅盾《白杨礼赞》

句中两处逗号的停顿略短，末尾句号的停顿略长。语法停顿还要注意文章的整体性，段落之间、语意转换之处相对停顿时间更长。要注意停顿的时间不是刻意的处理，而是根据内容和情感的自然处理，必要的换气、断句都是需要自然停顿的。

典型案例

是啊，请不要见笑。我崇敬那只小小的、英勇的鸟儿，我崇敬它那种爱的冲动和力量。

——节选自［俄］屠格涅夫《麻雀》，巴金译

2. 强调停顿

强调停顿是指在没有标点之处，根据情感表达的需要而产生的停顿。朗读者为了突出语意或者抒发情感，根据表达的需要确定停顿的位置和时间。可以在强调之处的前面停顿，或者在后面停顿，也可以前后都停，突出要表达的重点部分，给人留下深刻印象。

【微课视频】
朗读的重音

互动平台

【训练内容】

练习朗读顾城《感觉》，注意停连的处理：

天是灰色的
路是灰色的
楼是灰色的
雨是灰色的
在一片死灰中
走过两个孩子
一个鲜红
一个淡绿

【提示】恰当的停连，能让听众感受到对本首诗所描写的压抑的环境和鲜活的角色之间的对比冲突，从而产生绝佳的效果和体会。

典型案例

你喜欢他？（强调情感）

你喜欢他？（强调人物）

典型案例

明天他来北京。（强调时间）

明天他来北京。（强调人物）

明天他来北京。（强调行动趋向）

明天他来北京。（强调地点）

需要注意的是，停顿是声音的暂时中断，而不是感情的中断，停顿的时间长短都是相对的，要根据语言环境和表达的需要灵活使用。

（三）重音 >>

重音指朗读时为了表情达意而强调、突出的词或短语。重音对于表达内容或情感有着突出的作用。重音位置的不同，可能导致语义的变化。

可见，不同的重音位置，表达了不同的内容和情感。因此，要处理好语句中的重音，就要充分理解所要表达的内容和情感。

一般来说，重音可以分为语法重音和逻辑重音两种类型。

语法重音指根据语句的语法结构确定的重音。语法重音这类重音有明显的规律，如在主谓短语中，往往谓语是重音；在动宾短语中，往往宾语是重音。在短语结构中，定语、状语、补语也大多被处理成重音。另外，疑问代词、指示代词等也常常重读。

逻辑重音是指为了表达语义重点或者强调情感而确定的重音。与语法重音不同的是，逻辑重音不受语法结构的限制，而是根据朗读者的情感表达需要产生的。逻辑重音对于突出语义、刻画人物、表达情感有着重要的作用。逻辑重音也可称为感情重音。同一语句中重音的不同处理，可以表达不同的语意或者情感。

朗读时要处理好重音，必须深入理解作品的内容，把握主题思想，才能准确表达作品的语意和情感。语法重音和逻辑重音并不是单独存在的，一般语法重音服从于逻辑重音，两种重音如果出现在不同位置，逻辑重音处理得更强一些。重音的表达一般有四种方式，见表 6–1。

这四种重音的表达方式，可以根据需要重叠使用，如在加强音量的同时拖长字音等，也可以根据朗读者的情况，使用更加灵活多样的表达方式，如颤音、气声等。

表 6-1 重音表达的四种方式及示例

表达方式	示例
一是加强音量，这是最常用的方式，包括重读和高扬。	天冷极了，下着雪，又快黑了。 ——节选自安徒生《卖火柴的小女孩》
二是重音轻读，为了感情表达的需要，用轻读的方式表示强调。	小草偷偷地从土里钻出来了，嫩嫩的，绿绿的。 ——节选自朱自清《春》
三是顿挫，常用于表达悲痛、激动等强烈的情感。	再见了，亲人！我的心永远跟你们在一起！ ——节选自魏巍《再见了，亲人》
四是拖长字音。	大雪整整下了一夜。 ——节选自峻青《第一场雪》

练一练

山朗润起来了，水涨起来了，太阳的脸红起来了。

——节选自朱自清《春》

春天像小姑娘，花枝招展的，笑着，走着。

——节选自朱自清《春》

我仰望一碧蓝天，心底轻声呼喊：家乡的桥啊，我梦中的桥！

——节选自郑莹《家乡的桥》

在苍茫的大海上，狂风卷集着乌云。在乌云和大海之间，海燕像黑色的闪电，在高傲地飞翔。

——节选自高尔基《海燕》

学习笔记

（四）节奏 >>

节奏指朗读时为了表达作品的内容和情感而产生的抑扬顿挫、轻重缓急变化的声音表现形式。节奏与速度不同，速度仅指朗读时的语速快慢，节奏是作品整体的安排，不是某一句的快慢变化，而是由速度构成的富有一定规律的表现形式。

第一，节奏要服从于基调，基调是作品整体的情感色彩，节奏是依据基调进行的具体处理。

节奏一般分为六种类型：紧张型、舒缓型、轻快型、凝重型、高亢型和低沉型。朗读者依据作品的内容和情感，来选择适合的类型，从而提升表达的效果。例如，朱自清的《春》描写春天万物复苏、欣欣向荣的美景，可以用轻快型的节奏表达生机勃勃的景象；史铁生的《我与地坛》全文大部分叙述了自己坎坷的遭遇

互动平台

【训练内容】

朗读高尔基《海燕》片段，注意把握节奏：

在苍茫的大海上，狂风卷集着乌云。在乌云和大海之间，海燕像黑色的闪电，在高傲地飞翔。一会儿翅膀碰着波浪，一会儿箭一般地直冲向乌云，它叫喊着，——就在这鸟儿勇敢的叫喊声里，乌云听出了欢乐。在这叫喊声里——充满着对暴风雨的渴望！在这叫喊声里，乌云听出了愤怒的力量、热情的火焰和胜利的信心。

【提示】这一段朗读材料的感情基调是慷慨激昂的，在节奏的处理上要有所不同。描写环境的语句要表现沉重、压抑，而描写海燕的语句节奏要坚强、有力。

和对生命的追求与渴望，以及母亲深沉的爱与关怀，可以用低沉型的节奏表达厚重的情感。

第二，节奏要注意同中取异。朗读过程中宏观上要统一，服从于基调，在此基础上，实现同中存异、灵活多变。要注意节奏不是刻意调整快慢，也不是统一成一个腔调，而是根据情感表达的需要，在整体情感统一的基础上，富于变化。

第三，要注意增强对比度。朗读过程中要有明显的起伏变化，节奏鲜明，突出作品的音律美，通过抑扬顿挫、轻重缓急的变化，增强作品的表现力和感染力。

【音频】

假如我是一片雪花

四、诗歌朗读

诗歌是以抒情为主的文学体裁，高度凝练、意象丰富、韵律优美是诗歌语言的主要特点。我们要进行诗歌朗读训练，首先要充分了解诗歌的特点。

（一）诗歌的特点

我们常说，“诗缘情”“诗言志”，诗歌是通过高度凝练的语言，抒发情感、表达思想的文学体裁。诗歌集中反映了不同时期的人的生活内容和思想感情，诗歌最突出的特点就是丰富的情感；诗歌具有典型的意象，意象是事物和情感的结合，也是表达思想的主要载体；诗歌的语言最具特点，精练形象、节奏鲜明，体现了结构美和音律美。

学习笔记

（二）诗歌的朗读技巧

诗歌的朗读要注意以情入声，以声传情，从而实现情景相融、情意结合，淋漓尽致地表达诗歌蕴含的丰富情感。

朗读诗歌，首先要深入领会诗歌表达的内容和情感，体味诗歌中的意象所表达的情感，将个人情感和诗歌所表达的思想情感融为一体。对意象的理解要先展开丰富的想象，再用形象的语言表达意象，将朗读者的感受转化为语言活动，使听众产生身临其境、妙趣横生的感受。

诗歌具有音乐美，表现为音调的高低、音量的大小、速度的快慢、声音的强弱等，对比鲜明，起伏变化，节奏的处理是朗读诗歌的关键。节奏主要是节拍和押韵的处理，只有读好韵脚，才能产生朗朗上口的动态美。古诗讲究对仗，韵律严整，新诗同样注重节奏。朗读时，要注意断句，突出节奏，韵脚可以适当拖长字音，准确表情达意。

（三）诗歌朗读练习

1. 古诗朗读练习

春晓

春眠 / 不觉 / 晓，处处 / 闻 / 啼鸟。

夜来 / 风雨 / 声，花落 / 知 / 多少。

这是一首五言律诗，朗读时要注意吐字清晰，把握好古诗的节奏。每行诗句都可处理为三处停顿，已在文中标出。念到“晓、鸟、少”时，字音可以适当拖长，使听众能感受到诗的音韵美和节奏感。

诗的前两句写了诗人早上醒来后看到的景物，朗读时要用平静、舒缓的语调，音量不宜过大。“鸟”字的尾音可稍微上扬，表现出春光明媚、鸟语花香的明朗景象。后两句写诗人想起昨天夜里刮风下雨，不知园子里的花被打落了多少。在读“花落知多少”时，要想象花落满园的景象。可重读“落”字，“知多少”三个字的音逐渐减轻，有意味悠长的效果，表现出诗人对落花的惋惜之情。

2. 现代诗歌练习

你是人间的四月天

我说 / 你是 / 人间的 / 四月天；
笑响 / 点亮了 / 四面风；轻灵 /
在 / 春的光艳中 / 交舞着变。

你是 / 四月 / 早天里的 / 云烟，
黄昏 / 吹着 / 风的软，星子 / 在 /
无意中闪，细雨点 / 洒在 / 花前。

那轻，那娉婷，你是，鲜妍 /
百花的 / 冠冕 / 你戴着，你是 /
天真，庄严，你是 / 夜夜的 / 月圆。

雪化后 / 那片鹅黄，你像；新鲜 /
初放 / 芽的绿，你是；柔嫩喜悦 /
水光 / 浮动着 / 你梦 / 期待中 / 白莲。

你是 / 一树一树的 / 花开，是燕 /
在梁间 / 呢喃，——你是爱，是暖，
是希望，你是 / 人间的 / 四月天！

练一练

假如我是一只鸟，
我也应该用嘶哑的喉咙歌唱：
这被暴风雨所打击着的土地，
这永远汹涌着我们的悲愤的河流，
这无止息地吹刮着的激怒的风，
和那来自林间的无比温柔的黎明……
——然后我死了，
连羽毛也腐烂在土地里面。
为什么我的眼里常含泪水？
因为我对这土地爱得深沉……

——节选自艾青《我爱这土地》

【音频】
我爱这土地

《你是人间的四月天》是林徽因的一首现代诗，全诗突出“四月天”这一意象，突出了春光明媚、春色多变的季节特点，朗读时要充分展示春天的暖，突出生命的希望与活力，表达温暖无私的爱。全诗一至四节结构基本相同，形成复沓，构成了对称的乐章，排比的句式节奏明快，情感如涟漪荡漾起伏，朗朗动人。结尾一句“你是爱，是暖，是希望，你是人间的四月天！”是全诗的收束，与开篇呼应，感情回旋流转。

五、散文朗读

散文是一种篇幅短小、形散神凝、情文并茂、富有意境的文学体裁。散文常常通过叙述、描写、抒情、议论等表现手法，展现出生动感人的艺术境界。

学习笔记

（一）散文的特点

散文虽然不像诗歌那样有严整的韵律，但是同样讲究节奏和音律美。散文的某些语句也讲究对称，有时使用排比结构，呈现出散文的结构美。散文最突出的特点是丰富的情感表达，有感而发是散文创作的基础。散文的另一个特点是情景交融的意境塑造，常使用托物言志、寄情于景、融情于景等表现手法。优美的语言也是散文的特点之一，富有文采的语言，或生动活泼，或行云流水，或情真意切，或娓娓而谈，因而散文素有“美文”之称。

（二）散文的朗读技巧

散文的朗读重在表达情感，朗读时要把握好基调，给人以亲切感。一般来说，散文大多是平缓的基调，在朗读时多用平稳的速度、柔和的音色进行表现。朗读散文时表达的情感要真实，如茅盾的《白杨礼赞》一文，赞美了白杨树的坚强挺拔，表现了北方农民质朴坚强的精神。朗读时要把握主体结构，注意突出人格意象。还要注意情感的起伏变化，散文的语言自由灵动，表达细腻生动，有些作品会叙述具体的人物语言、动作或事件的发展、结果，叙述性语言可以处理得自然亲切，而抒情性、议论性语言则需要多一些起伏，节奏也需要根据内容不断变化，力求抒发作品的丰富情感。

（三）散文朗读练习

秋天的怀念

双腿瘫痪后，我的脾气变得暴怒无常。望着望着天上北归的雁阵，我会突然把面前的玻璃砸碎；听着听着李谷一甜美的歌声，我会猛地把手边的东西摔向四周的墙壁。母亲就悄悄地躲出去，在我看不见的地方偷偷地听着我的动静。当一切恢复沉寂，她又悄悄地进来，眼边红红的，看着我。“听说北海的花都开了，我推着你去走走。”她总是这么说。母亲喜欢花，可自从我的腿瘫痪后，她侍弄的那些花都死了。“不，我不去！”我狠命地捶打这两条可恨的腿，喊着，“我可活什么劲儿！”母亲扑过来抓住我的手，忍住哭声说：“咱娘儿俩在一块儿，好好儿活，好好儿活……”

可我却一直都不知道，她的病已经到了那步田地。后来妹妹告诉我，她常常肝疼得整宿整宿翻来覆去地睡不了觉。

那天我又独自坐在屋里，看着窗外的树叶“唰唰啦啦”地飘落。母亲进来了，挡在窗前：“北海的菊花开了，我推着你去看看吧。”她憔悴的脸上现出央求般的神色。“什么时候？”“你要是愿意，就明天？”她说。我的回答已经让她喜出望外了。“好吧，就明天。”我说。她高兴得一会儿坐下，一会儿站起：“那就赶紧准备准备。”“哎呀，烦不烦？几步路，有什么好准备的！”她也笑了，坐在我身边，絮絮叨叨地说着：“看完菊花，咱们就去‘仿膳’，你小时候最爱吃那儿的豌豆黄儿。还记得那回我带你去北海吗？你偏说那杨树花是毛毛虫，跑着，一脚踩扁一个……”她忽然不说了。对于“跑”和“踩”一类的字眼，她比我还敏感。她又悄悄地出去了。

【视频】
《春》朗读指导

【文本】春

她出去了，就再也没回来。

邻居们把她抬上车时，她还在大口大口地吐着鲜血。我没想到她已经病成那样。看着三轮车远去，也绝没有想到那竟是永远的诀别。

邻居的小伙子背着我去看她的时候，她正艰难地呼吸着，像她那一生艰难的生活。别人告诉我，她昏迷前的最后一句话是："我那个有病的儿子和我那个还未成年的女儿……"

又是秋天，妹妹推着我去北海看了菊花。黄色的花淡雅，白色的花高洁，紫红色的花热烈而深沉，泼泼洒洒，秋风中正开得烂漫。我懂得母亲没有说完的话。妹妹也懂。我俩在一块儿，要好好儿活……

《秋天的怀念》写于 1981 年，那年史铁生 30 岁。史铁生于 1969 年到陕北延安插队，三年后因双腿瘫痪回到北京。在绚丽多彩的青春年华遭遇到生命的不幸，他的脾气变得阴郁无比、暴怒无常。而他的母亲此时的肝病已经相当严重，常疼得整夜睡不着觉，可她将儿子瞒得紧紧的，仍鼓励儿子好好活着。母亲猝然离去后，史铁生写下了这篇文章以纪念他的母亲，此文表现了母爱的真挚、细腻、深沉、伟大，既表现出了母亲对子女真挚无私的爱，也表达了子女对母亲深深的怀念。因此，在朗读时，要确定整体的感情基调是深沉、忧伤的，朗读节奏应随着情感的变化一起一伏，一张一弛，富于变化。

六、儿童文学作品朗读

朗读儿童文学作品要注意表达童真童趣，在朗读时除了使用所学的朗读技巧外，还要以儿童的视角欣赏作品，这样才能充分表达儿童文学作品中蕴含的真善美。

（一）儿童文学作品的特点 >>>>>>>>>>>>>>>>>>>>>>>>>>>>>>

儿童文学是指为儿童创作的文学作品。按照不同年龄阶段的读者对象，可以分为幼儿文学、童年文学、少年文学等；按照文学体裁，可以分为儿童诗、童话、寓言、儿童故事、儿童散文、儿童戏剧等。

儿童文学作品的特点，一是故事性，作品往往具有完整和生动的故事情节所形成的叙事特质；二是幻想性，幻想是儿童文学的灵魂，其主要表现方式是拟人化；三是趣味性，这是儿童文学最重要的特点，引人入胜的情节、生动有趣的角色、简洁明快的语言，构成了令人愉悦的作品；四是朴素性，儿童文学具有自然、单纯、率真的艺术风格，作品的主题、语言都具有朴素性的特点。

例如，柯岩的儿童诗《初升的太阳》："我的妈妈爱我，小鹿的妈妈爱她。可是初升的太阳，她爱我们大家。"简洁的语言，单纯朴素地表达了爱的主题。

（二）朗读儿童文学作品的技巧 >>>>>>>>>>>>>>>>>>>>>>>>>>>>

儿童作品的朗读首先要注意准确性，尤其是幼儿教师面向幼儿朗读时，更要吐字清晰、发音准确，通过儿童作品的朗读促进幼儿产生阅读的兴趣，丰富幼儿的词汇；其次，要注意情感体悟，儿童文学作品不仅适合幼儿，也适合成

学习笔记

【讲故事音频】
小气奶奶

【讲故事音频】
蛀牙小王子

温馨提示

儿童文学作品朗读的整体要求

1. 理解儿歌内容，融入自身感受。

2. 把握语气语调，展现主题情感。

3. 读准节奏韵脚，体现音韵美感。

4. 设计动作表情，表现童心童趣。

相关链接

《幼儿园教师资格考试面试大纲》在测试内容与要求中指出，要“有较好的言语表达能力。口齿清楚，普通话标准，语速适宜，表达比较准确、简洁、流畅、有条理，有一定的感染力”。还要求“熟悉一些幼儿喜欢的游戏和故事”。

《3—6岁儿童学习与发展指南》指出：“幼儿期是语言发展，特别是口语发展的重要时期。”“幼儿的语言能力是在交流和运用的过程中发展起来的。应为幼儿创设自由、宽松的语言交往环境，鼓励和支持幼儿与成人、同伴交流，让幼儿想说、敢说、喜欢说并能得到积极回应。为幼儿提供丰富、适宜的低幼读物，经常和幼儿一起看图书、讲故事，丰富其语言表达能力，培养阅读兴趣和良好的阅读习惯，进一步拓展学习经验。”

“幼儿的语言学习需要相应的社会经验支持，应通过多种活动扩展幼儿的生活经验，丰富语言的内容，增强理解和表达能力。应在生活情境和阅读活动中引导幼儿自然而然地产生对文字的兴趣，用机械记忆和强化训练的方式让幼儿过早识字不符合其学习特点和接受能力。”

人阅读，在朗读时，不必刻意使用朗读技巧，而应更多地表达作品的情感，使听众在情感的共鸣中感受作品的主题；最后，注意加入适当的态势语，通过目光语、表情语、手势语和身姿语充分表达作品内容。

例如，山姆·麦克布雷尼的图画书《猜猜我有多爱你》，小兔子单纯地伸开双臂，说着它爱大兔子有那么多、那么高、那么长……亲情的温馨画面通过朗读者的声音和体态传递，塑造了永恒的主题——爱。

（三）儿童文学作品朗读练习 >>>>>>>>>>>>>>>>>>>>>>>>>>>>>>

1. 儿歌和儿童诗

太阳公公起得早

鲁冰

太阳公公起得早，
他怕宝宝睡懒觉，
爬上窗口瞧一瞧，
咦，宝宝不见了。
宝宝正在院子里，
一二三四，做早操。
太阳公公眯眯笑，
他说：“宝宝是个好宝宝！”

这首儿歌刻画了一个早起锻炼的小朋友的形象，语言直观形象，拟人手法增加了作品的趣味性，朗读者在朗读时可以多辅以态势语，生动展现作品内容。

妹妹的红雨鞋

林焕彰

妹妹的红雨鞋，是新买的。

练一练

练习朗读下面的儿童诗：

欢迎小雨点

圣野

来一点，不要太多。
来一点，不要太少。
来一点，泥土裂开了嘴巴等。
来一点，小菌们撑着小伞等。
来一点，小荷叶站出水面来等，
小水塘笑了，一点一个笑涡。
小野菊笑了，一点敬一个礼。

下雨天，她最喜欢穿着到屋外去游戏，
我喜欢躲在屋子里，
隔着玻璃窗看它们游来游去，
像鱼缸里的一对红金鱼。

这首儿童诗充满童趣，妹妹穿着心爱的红雨鞋走来走去的样子跃然纸上，朗读者在朗读时如果能多几分灵动，语调轻快活泼，更能突出作品的童真。

【音频】
会打喷嚏的帽子

2. 童话

会打喷嚏的帽子

蔺力

魔术团里有一位老爷爷，老爷爷有一顶奇怪的帽子。他朝帽子吹一口气，里面就会变出许多好吃的东西来，有糖果、蛋糕，还有苹果……

“嘿！把这顶奇怪的帽子偷来该有多好。”

这话谁说的？哦，是几只耗子说的。晚上，它们就悄悄地溜到老爷爷家里去了。老爷爷正在睡觉呢，那顶奇怪的帽子，没放在柜子里，也没放在箱子里。在哪儿呢？就盖在老爷爷的脸上。

“我看还是叫小耗子去偷最合适，他个子小，脚步又轻。”大耗子挤了挤小眼睛说。

“吱……”小耗子害怕地尖叫起来，“我不去！我怕呼噜，你们没听见，奇怪的帽子里藏着一个呼噜。它叫起来，地板、窗户都会动的，吓人！”

可不是，老爷爷在打呼噜，呼噜呼噜，像打雷似的。大耗子叫黑耗子去偷，黑耗子不敢；叫灰耗子偷，灰耗子也不敢；反正叫谁去偷，谁都说“不敢”。

大耗子生气了，摸摸长胡子说：“好啦，好啦，都是胆小鬼！你们不去，我去！等会儿，我偷来了帽子，变出许多好吃的东西来，你们可别流口水。”

话是这么说，其实，大耗子心里也挺害怕，它一步一抬头，防着帽子里的那个呼噜突然钻出来咬它。也真巧，它刚走到老爷爷床跟前的时候，呼噜不响了。

这下，大耗子可得意啦，原来呼噜怕我呀！它轻轻一跳，跳上了床，爬到老爷爷的枕头旁边，用尖鼻子闻了闻那顶帽子。好香啊！有糖果的味儿，蛋糕的味儿……快！快！它把尾巴伸到帽子底下去，想用尾巴把帽子顶起来。咦？这是怎么啦？尾巴伸到一个小窟窿里去了。哎呀，什么小窟窿，是老爷爷的鼻孔啊！

老爷爷觉得鼻孔痒痒的，打了个大大的喷嚏，吓得大耗子连滚带爬，一口气跑到门口，对它的伙伴说：“快跑，快跑！”

耗子们弄不清是怎么回事，跟着它跑啊跑，跑出好远，才停下来。它们问大耗子：“这是怎么回事？你偷来的帽子呢？”

大耗子说：“帽子里藏着一个阿嚏，这个阿嚏可比呼噜厉害多了。你一碰它，它就轰你一炮，要不是我跑得快，差点儿就给炸死了。”

童话的朗读更注重态势语和拟声等技巧的运用，语言富于变化，节奏张弛有度，在故事讲述部分会做进一步的指导和练习。

学习笔记

做一做

扫描二维码，跟着视频练习朗读。

【文本】满江红

【朗读视频】满江红

【文本】钗头凤

【朗读视频】钗头凤

【文本】四月的纪念

【朗读视频】四月的纪念

【文本】饮九月初九的酒

【朗读视频】饮九月初九的酒

思考与练习

1. 练习朗读以下《我与地坛》片段，注意语调的处理。

……那时她的儿子还太年轻还来不及为母亲想，他被命运击昏了头，一心以为自己是世上最不幸的一个，不知道儿子的不幸在母亲那儿总是要加倍的。她有一个长到二十岁上忽然截瘫了的儿子，这是她唯一的儿子；她情愿截瘫的是自己而不是儿子，可这事无法代替；她想，只要儿子能活下去哪怕自己去死呢也行，可她又确信一个人不能仅仅是活着，儿子得有一条路走向自己的幸福；而这条路呢，没有谁能保证她的儿子终于能找到。——这样一个母亲，注定是活得最苦的母亲。

2. 练习朗读下面的句子，根据提示注意处理好重音。

你明天去北京吗？（谁去）

你明天去北京吗？（什么时间去）

你明天去北京吗？（去不去）

你明天去北京吗？（去哪里）

3. 练习朗读余光中的《乡愁》，处理好停连和节奏。

乡愁

余光中

小时候
乡愁是一枚小小的邮票
我在这头
母亲在那头

长大后
乡愁是一张窄窄的船票
我在这头
新娘在那头

【朗读视频】乡愁

后来啊
乡愁是一方矮矮的坟墓
我在外头
母亲在里头

而现在
乡愁是一弯浅浅的海峡
我在这头
大陆在那头

【朗读视频】
致橡树

4. 扫描二维码，跟着视频练习朗读《致橡树》。

致橡树

舒婷

我如果爱你——
绝不像攀援的凌霄花，
借你的高枝炫耀自己；
我如果爱你——
绝不学痴情的鸟儿，
为绿荫重复单调的歌曲；
也不止像泉源，
常年送来清凉的慰藉；
也不止像险峰，
增加你的高度，衬托你的威仪。
甚至日光。
甚至春雨。

不，这些都还不够！
我必须是你近旁的一株木棉，
作为树的形象和你站在一起。
根，紧握在地下，
叶，相触在云里。
每一阵风过，
我们都互相致意，
但没有人，
听懂我们的言语。
你有你的铜枝铁干，
像刀，像剑，也像戟；
我有我红硕的花朵，

像沉重的叹息，
又像英勇的火炬。
我们分担寒潮、风雷、霹雳；
我们共享雾霭、流岚、虹霓。
仿佛永远分离，
却又终身相依。
这才是伟大的爱情，
坚贞就在这里：
爱——
不仅爱你伟岸的身躯，
也爱你坚持的位置，
足下的土地。

5. 综合运用朗读技巧，练习朗读现代诗《雨巷》。

雨巷

戴望舒

撑着油纸伞，独自
彷徨在悠长，悠长
又寂寥的雨巷，
我希望逢着
一个丁香一样的
结着愁怨的姑娘。

她是有
丁香一样的颜色，
丁香一样的芬芳，
丁香一样的忧愁，
在雨中哀怨，
哀怨又彷徨。

她彷徨在这寂寥的雨巷，
撑着油纸伞
像我一样，
像我一样地
默默彳亍着，
冷漠，凄清，又惆怅。

她静默地走近
走近，又投出
太息一般的眼光，
她飘过
像梦一般的，
像梦一般的凄婉迷茫。

扫码练习朗读
《再别康桥》

扫码练习朗读
《一棵开花的树》

像梦中飘过
一枝丁香的，
我身旁飘过这女郎；
她静默地远了，远了，
到了颓圮的篱墙，
走尽这雨巷。

在雨的哀曲里，
消了她的颜色，
散了她的芬芳，
消散了，甚至她的
太息般的眼光，
丁香般的惆怅。

撑着油纸伞，独自
彷徨在悠长，悠长
又寂寥的雨巷，
我希望飘过
一个丁香一样的
结着愁怨的姑娘。

扫码练习朗读
《你的名字》

6. 有感情地朗读散文《爱怕什么？》，录制视频或音频。

7. 朗读以下儿童文学作品，注意恰当运用所学的朗读技巧。

【文本】
爱怕什么?

小河

金波

我是一条明亮的小河。我不停地向前奔跑着。我望着晴朗的天空，它给我穿一件蓝蓝的干干净净的衣服。当我跑过田野，我看见绿茵茵的麦苗、金灿灿的迎春花，我又换上了一件鲜艳的花衣服。

我是一条明亮的小河。我跑过果园。果园的桃花开了，杏花开了，梨花也开了。春风把花瓣儿撒了我一身。我带着花瓣儿，跑了很远很远的路，人们还闻得到香味哩！

我流过田野、山坡、工地、果园，到处听到歌声。我又带着歌声流向远方。远方的小河也穿着鲜艳的衣服，飘着香味，带着歌声。我们拉起手来，向前跑啊，跑啊，跑……

我只能是一个小孩子吗?

杜虹

妈妈，我只能是一个小孩子吗?
我要是一只小鸟，
就从海面上飞到雪山，
捧一朵浪花送给你，
捧一片雪花送给你。

我要是一棵小树，
就呼呼呼地长到天上，
摘一缕彩霞送给你，
摘一颗星星送给你。

我要是一朵金盏菊，
就一年四季开在你的书桌，
留一束阳光送给你，
留一个春天送给你。

可是，我只能是一个小孩子呀，
我只能每天对你说：
妈妈我爱你。

学习主题 4 讲述

讲述是教师通过口头语言向幼儿系统描述教学内容的一种方式，是组织活动时最常使用的一种讲授方式。基于幼儿思维的具体性，教师经常需要借助具体、生动、形象的讲述来吸引幼儿的注意力。无论在幼儿园教师资格考试面试环节，还是在日常教学活动中，讲述都是一种不可或缺的技能。

学习笔记

一、故事讲述

故事讲述，也就是我们习惯上所说的“讲故事”。听故事是幼儿学习语言、增长知识、懂得道理、宣泄情绪的重要途径。因此，会讲故事、讲好故事是幼儿教师的必备技能。

（一）什么是故事 >>

故事是一种以真实的或虚构的事件作为讲述对象，具有连贯性、吸引力与感染力的叙事性文学体裁。这里所指的“故事”，是专指适合3～6岁幼儿欣赏的、篇幅短小的各类叙事性作品。

（二）故事讲述的准备流程 >>>>>>>>>>>>>>>>>>>>>>>>>>>>>>>>>>>

在故事讲述之前，需要有意识地对作品进行筛选，着意挑选那些符合幼儿年龄特征和兴趣特点的故事。内容要健康，情节要扣人心弦，语言要口语化、形象化。在选择好适当的故事后，就可以开始进入故事讲述的准备流程了。

1. 识记故事

为了更好地利用内心视象和态势语言，使故事讲述更加生动，与幼儿交流更加顺畅，首先需要学习如何快速而有效地识记故事。

（1）合理删改，抓住故事梗概。

“故事讲述”的核心在“讲”。“讲”故事不同于“背”课文，并不需要逐字逐句地对文本进行精确的记忆，只要不改变故事的基本架构和主要角色，适当改动是完全可以的，有时候甚至是必须的。例如，识记的过程中需要有意识地让文本适应口语表达的要求和自己的语言习惯，如将长句改短，将生涩或者拗口的词进行替换，把书面语改成口语等。

幼儿园教师资格考试要点

中小学和幼儿园教师资格考试大纲（试行）
（面试部分）

三、测试内容与要求

（七）技能技巧

1. 熟悉一些幼儿喜欢的游戏和故事。

五、评分标准

序号	测试项目	权重	分值	评分标准
七	技能技巧	20	10	熟悉一些幼儿喜欢的游戏和故事。
			10	具有弹、唱、画、跳、讲故事、手工制作等基本技能。

【讲故事视频】
红红的樱桃

有时候，原作内容有些部分过于冗长，或者有些部分幼儿难以理解，那么就可以在不改变故事发展方向和人物性格特征的情况下大胆删减。

例如，《格林童话》中的《布莱梅市的乐师》原作有一段是这样的：

三个逃亡者打一座农庄边经过，看见大门上蹲着的一只公鸡在拼着老命叫。“你想干什么哟，叫得人家毛骨悚然的？”驴问。“我是在预报好天气，”公鸡回答，“因为今天是圣母玛利亚为圣婴基督洗晒小内衣的日子。可是明天星期日要来客人，我家主妇已狠下心告诉女厨子，她明儿个要吃用我炖的汤；今天晚上我就得让人砍掉脑袋啦！这会儿我伸长脖子拼命喊，不喊就没有机会了哟。”

我们在讲述时可以将其简化为：

驴子、狗和猫走了一会儿，看见一只公鸡正垂头丧气地站在屋顶上。

“嗨，朋友，你怎么看上去那么难过啊？”驴问。

“哎……主人明天要请客，她要把我杀了炖汤喝，我现在真是害怕极了。”公鸡回答。

这样删改既没有损害故事的基本结构，又能帮助幼儿明确了解公鸡害怕沮丧的原因，因此是可行的。

识记故事时要抓主干，记整体。在这里介绍一种“主角＋目标”的快速记忆故事的方法。

拿到一个故事后请迅速列出以下几个问题：

故事的主角是谁？

他需要完成的目标是什么？

为了完成这个目标他做了什么？

他是否一尝试就达到了目标？

如果没有，他还做了什么？最后结果怎样？

将上面几个问题的答案串联起来，基本上就搭建起了故事的主干。主干清晰之后，再将情节和细节逐一填充进去。这样做，既能够减轻故事记忆的负担，又能够帮助我们达到在短时间内增加故事储备量的目的。

（2）找出关键词句，精准记忆。

虽然我们在识记故事的时候可以进行适当的修改，但是对一些重复出现的词语和句子，或是对故事的推进起着重要作用的词语和句子，是不可以轻易修改的，需要精准记忆。

例如，故事《小熊买糖果》。

小熊买糖果

武玉桂

有只小熊记性很不好，什么话听过就忘记。

一天，小熊家里来了客人，妈妈让小熊到商店去买苹果、鸭梨、牛奶糖。小熊担心忘了，一边走一边念叨：“苹果、鸭梨、牛奶糖，苹果、鸭梨、牛奶糖……”

他光顾着背那句话，一不留神，“扑通！”绊倒了。这一摔不要紧，小熊

练一练

尝试用“主角＋目标”的方法快速记忆一个故事的梗概。选择一个600字左右的故事，比一比，看谁能用最快的速度记住它。

注意：“目标”有时候并不等于最终的“结果”，要区分清楚，故事的逻辑才能更准确。

学习笔记

把刚才背的话全都忘啦！“妈妈让我买什么来着？”他拍着脑门想呀，想呀，“噢，想起来了，是气球、宝剑、冲锋枪！”

小熊挎着宝剑，背着冲锋枪，牵着红气球回家了。妈妈说：“哟，你怎么买玩具回来啦？”

妈妈又给了小熊一些钱，对他说：“这回可别忘记了！”

小熊点点头：“妈妈放心吧！”

“苹果、鸭梨、牛奶糖，苹果、鸭梨、牛奶糖……”小熊一边走一边念叨，他光顾着背了，忘了看路，“咚！”一头撞在大树上。撞得头上起了包，撞得两眼冒金花。这一撞不要紧，小熊又忘了妈妈让买的东西了。“妈妈让我买什么来着？”他想呀，想呀，“噢，想起来了，是木盆、瓦罐、大水缸！”

小熊夹着木盆，顶着瓦罐，抱着大水缸“呼哧呼哧”地回到家里。妈妈见了大吃一惊，知道他又把话忘记了。只好再给他一些钱，说：“这次可千万记牢啊！”

小熊提着篮儿点点头：“妈妈放心吧！”

这回，小熊避开了石头，绕过了大树，来到食品店，总算买好了苹果、鸭梨、牛奶糖。

小熊高高兴兴地朝家里跑去。正跑着，忽然，一阵风刮来，把他的帽子吹掉了。小熊连忙放下手中的竹篮儿，去捡帽子。

等他捡起帽子往回走的时候，忽然看见了地上的竹篮儿，里面还装着苹果、鸭梨、牛奶糖呢！他大声喊起来：“喂，谁丢竹篮子啦？快来领呀！”

你瞧这个小熊，多好笑！

故事中的“苹果、鸭梨、牛奶糖”“气球、宝剑、冲锋枪”“木盆、瓦罐、大水缸”，是推动故事情节发展的关键词，也是幼儿听故事的兴趣点。如果随意改换这几个词语，甚至轻易调换词语之间的顺序，故事的幽默风趣就会荡然无存。因此，在讲这个故事时，不仅要确保这些内容记忆精确，还要在讲述中突出强调，以增强故事的喜剧效果。

2. 个性化处理角色语言

角色语言是故事塑造角色最重要的手段。在识记故事内容完成之后，除了要将朗读中的停连、重音、语气和节奏等知识应用于角色语言之外，还要对角色语言做个性化处理，让听众能够正确区分角色，抓住角色的特征。

（1）讲述者角色的处理。

讲述者可以理解为故事中承担所有叙述性语言的角色，这个角色贯穿故事的始终，是整个故事情感基调的承载者，也是整个故事讲述节奏的把控者。讲述者角色既不应该简单理解为“我自己”，也不能机械地处理成单一的“给孩子讲故事的教师”，而应该根据故事的内容给自己一个相应的角色设定。比如，遇到幻想色彩浓厚的故事，你可以将讲述者假想为一个神奇的小精灵或者一个神秘的魔法师；如果是生活气息浓郁的作品，则不妨根据自己的理解，将讲述者角色处理成一个调皮可爱的孩子或一位慈祥稳重的长者。

学习笔记

【讲故事视频】
狐狸的项链

想一想

你在讲故事时，一般为故事讲述者设定的身份是怎样的？这种身份的设定对于你的整个故事的讲述有怎样的影响？

学习笔记

例如，王尔德的经典作品《巨人的花园》，故事的开端是这样的：

每天下午，孩子们放学以后，总喜欢到巨人的花园里去玩。这是一个可爱的大花园，园里长满了柔嫩的青草。草丛中到处露出星星似的美丽花朵；还有十二棵桃树，在春天开出淡红色和珍珠色的鲜花，在秋天结着丰富的果子。小鸟们坐在树枝上唱出悦耳的歌声，它们唱得多么动听，孩子们都停止了游戏来听它们。“我们在这儿多快乐！”孩子们互相欢叫。

请尝试用不同的讲述者身份来讲述上面这一段故事：用孩子或者精灵的角色来处理，这部分会显得画面感更强，活泼而美丽，可以与后面巨人禁止孩子们去花园玩儿的沮丧形成鲜明的对比；如果用一个长者的角色来讲述，营造出与故事内容的疏离感，整个故事会变得沉静而悠远，更容易凸显故事的哲理。

这里需要注意的是，讲述者的情绪虽然要跟随故事中其他角色情绪的起伏而起伏，但还要保持自己相对稳定的音高、音强和节奏，不要被其他角色的语言轻易带着走，只有这样才能保证角色之间的转换自如，清晰区分角色。

（2）拟人类角色的处理。

拟人类角色，尤其是动物类的角色，是故事中出现最多、幼儿最喜爱的。每个人对于动物类角色的处理都有自己的见解。但根据生活常识，我们可以遵循这样一个规律：以叙述语言的语速和音高作为基准，年龄越大或者个头越大的角色，声音越粗，语速越慢；年龄越小或者个头越小的角色，声音越细，语速越快。

例如：《谁的嘴巴大》。

谁的嘴巴大

小老鼠吞下一粒红枣，很得意，它昂起头，竖起尾巴哼起小调：“小老鼠嘴巴大，一口吞下大红枣！”

小白猫听见了，气冲冲地跑来，对小老鼠张大嘴巴：“吵什么吵！你能吞下大红枣有什么稀奇，我能一口吞下你，你看谁的嘴巴大？”

“啊！”小老鼠惊叫一声逃走了。

小白猫得意起来，它弓起背，转着脑袋哼起了小调：“小白猫嘴巴大，吓得老鼠逃回家！”

大黄狗听见了，跑来对着小白猫用力张大嘴巴叫：“吵什么吵！你吞下个老鼠有什么稀奇，我能吞下你，你看谁的嘴巴大？”

“啊！”小白猫惊叫一声，吓得跳上一座房子的屋顶。

大黄狗吓退白猫，自己也得意了，他翘着尾巴，摆动屁股哼起小调：“大黄狗嘴巴大，吓得白猫跳上房！”

不料大老虎赶来了，他对着大黄狗张大嘴巴吼：“得意什么，小小的黄狗，你看看谁的嘴巴大？”

“啊！你大你大！”大黄狗吓一大跳，夹紧尾巴赶紧逃走了。

大老虎吓退黄狗，很得意，一路走一路哼：“嘴巴大，嘴巴大，老虎嘴巴第一大！”

河里有几只河马在聊天，有一只小河马听着无聊正好打个哈欠。

大老虎吓得赶紧走开了："啊！河马才是陆地上的第一大嘴巴呢！"

故事中出现了小老鼠、小白猫、大黄狗、大老虎和河马共五个角色。在设定角色语言的风格时，我们就可以依照上面的方法：小老鼠和小白猫的个头比较小，声音都可以处理得尖细一些。为了进一步区分小老鼠和小白猫的角色，小老鼠的语速可以处理得快而轻巧，小白猫的语速可以处理得慢而悠长。大黄狗、大老虎和河马，体型较大，声音都可以处理得粗重一些。大老虎比大黄狗的体形大，声音处理上可以慢一些，更有力一些，显得威严。对于没有台词只有一个哈欠的河马，也不能忽视，设计一个声音低沉、缓慢的大哈欠会非常有表现力。

为了加强效果，我们还可以适当地添加小动物的叫声以增强角色的辨识度。《谁的嘴巴大》当中，就可以为几个动物角色的语言加上拟声词，模拟它们的叫声。

相关的语句可以修改成：

小老鼠吞下一粒红枣，很得意，它昂起头，竖起尾巴哼起小调："吱吱吱……小老鼠嘴巴大，一口吞下大红枣！"

……

小白猫得意起来，它弓起背，转着脑袋哼起了小调："喵呜喵，喵呜喵，小白猫的嘴巴大，吓得小老鼠逃回家！"

……

大黄狗听见了，跑来对着小白猫用力张大嘴巴叫："汪汪汪……吵什么吵！你吞下个小老鼠有什么稀奇，我能吞下你，你看谁的嘴巴大？"

……

不料大老虎赶来了，他对着大黄狗张大嘴巴吼："啊呜……得意什么，小小的黄狗，你看看谁的嘴巴大？"

（3）人物类角色的处理。

人物类角色的处理，需要运用日常经验加上想象，需要多从日常生活中找灵感。多观察身边的爷爷、奶奶、叔叔、阿姨、老师、小朋友等这些在故事中经常出现的人物形象，收集一些具有典型意义的素材，丰富自己的"角色库"。

这里需要说明的是，我们习惯性地认为讲故事时需要将男性角色的声音处理得粗声粗气，把女性角色的声音处理得尖声细气。但是在实际的操作中，初学者经常会把握不好分寸，处理得不伦不类。尤其是男生刻意尖起嗓子学女声，很容易让自己"出戏"。由于讲故事本身就是一人分饰多个角色，又有故事内容的提示，因此不用刻意强调男女在音高上的不同，而应该突出情感和性格上的特征。比如，男性角色的声音可以处理得铿锵有力一些，而女性角色的声音可以处理得温柔抒情一些。

例如，陆弘的故事《谁要我帮忙》中的一段：

太阳升起来了，吉吉穿好衣服到院子里去，看见爸爸正在给花浇水。"爸爸，让我也来给花浇水吧。"

"去，去。"爸爸朝他挥挥手。

吉吉看见妈妈正在剥豆，走上去说："让我来跟你一起剥豆吧。"

学习笔记

想一想

你会怎样处理《谁要我帮忙》中"王爷爷"和"张奶奶"的语言？是不是颤颤巍巍的十分苍老的声音？现实中的爷爷奶奶真的是这样的吗？你有没有更好的处理办法呢？

【讲故事视频】
狼和小羊

【讲故事视频】
世界上最好的地方

【讲故事视频】
空气妈妈的孩子

学习笔记

“去，去，去。”妈妈也朝他挥挥手。

咳——吉吉两手一摊说：“谁也不要我帮忙，我要离开家了，走得远远的。”

吉吉走出家门，看见隔壁的王爷爷也在给花浇水，王爷爷看见吉吉，说：“吉吉，用那小水壶给花浇水吧。”

“好，我来帮忙！”吉吉拿起水壶马上给花浇水，他心里真高兴。

一会儿，吉吉拿着王爷爷送的一朵花走了。

吉吉又看见邻居张奶奶在剥豆，张奶奶说：“吉吉，你会帮我一起剥豆吗？”

“好的。”吉吉坐在小凳上，一会儿就剥了一碗豆……

故事中“爸爸”和“妈妈”虽然说的都是“去，去”，但在处理的时候，一个语气坚决一些、语速快一些，一个语气温和一些、语速慢一些，就可以很好地达到区分角色的目的了。

3. 设计态势语

我们常说，故事的讲述要能让人“身临其境”，说的是要让故事讲得有画面感。态势语的形象性和直观性能够辅助语言，有效地提升故事讲述时的画面感。因此，在处理完角色语言之后，我们需要进行态势语的设计。

（1）表情语的设计。

根据故事的感情基调，选择一个贯穿始终的基本表情。我们为幼儿选择的故事以幽默风趣的居多，所以要让自己的表情一直保持活泼昂扬的基调，要始终保持微笑。如果遇到讲英雄事迹类或者战争题材等比较沉重的故事时，讲述者的表情基调则要庄重、肃穆。

表情语的设计还需要配合故事的情绪，尤其是故事中角色的情绪。例如，故事中说“小白兔开心极了”，此时的故事讲述者一定要有开心、愉快的表情做配合。如果表情不能配合到位，故事的表现力肯定会大大减弱。

（2）目光语的设计。

在为幼儿讲故事时，我们可以设计与幼儿进行目光交流的环节。例如，在询问或者征求幼儿意见，或者与幼儿互动的环节。要注意这种目光交流应该是扫视全场的，不要盯着某个位置或者某个幼儿去讲述。

在讲述故事角色的对话时，要随时调整自己的目光，从而实现转换角色的目的。比如，故事《谁的嘴巴大》中小白猫和小老鼠说话时，“小白猫”可以将自己的目光看向左前下方或者右前下方，就像是真的在和一个比自己小的动物说话一样。而当“小白猫”和“大黄狗”讲话时，“小白猫”则可以将目光看向自己的左前上方或者右前上方，模拟和一个比自己大的动物说话的场景。

（3）手势语的设计。

手势语在故事讲述中的作用主要是指示方位、模拟动作和模拟动物。设计时要遵守夸张适度、位置恰当的原则。

①指示方位的手势语设计。例如，故事《纸船和风筝》的开头是这样写的：“松鼠和小熊住在一座山上。松鼠住在山顶，小熊住在山脚。山上的小溪往下流，正好从小熊的家门口流过。”这里就需要我们用手势来指示“在山顶”“在山脚”“往

下流”这三个方向。

②模拟动作的手势语设计。例如，故事中经常出现的一些日常生活中的动作，如拿、放、托、抱、摇等，或刷牙、洗脸、梳头等，这些动作都是需要在讲述故事时进行模拟的。像故事《小熊买糖》中“小熊挎着宝剑，背着冲锋枪，牵着红气球”这三个连续的动作，就需要我们在讲述故事时配合相应的手势语。

③模拟动物的手势语设计。例如，用双手叠在一起放在嘴前模拟小鸭子扁扁的嘴巴，或者将手臂张开上下挥动模拟小鸟的翅膀等。在设计这一类的手势语时，我们应该学会借鉴舞蹈动作，让自己的动物模拟动作更加优美、形象。

（4）身姿语的设计。

身姿包括头姿、行姿、站姿、坐姿等。好的身姿语设计能够帮助故事讲述者变换故事的节奏，增强语言的力度，突出角色的情绪情感。

生日愿望

金建华

小羊的生日快到了。这天，羊妈妈问小羊：“宝贝，你最大的生日愿望是什么呀？”

“请小狼来做客。”小羊说。

“那可不行。”

“为什么？他是我的朋友。”

“我们羊从来不跟狼做朋友，孩子，你要记住这一点。”羊妈妈看着小羊，有些担心。

得让妈妈相信小狼真的是我的朋友，小羊想。可是，怎么才能让妈妈相信呢？

小羊找到小狼，说：“我过生日那天，想请你到我家去做客。可是，你得做一件事，证明你是我的朋友。”

“必须这样做吗？”小狼很惊讶。“是……是我……我妈妈……”小羊吞吞吐吐地说不出话来。他们你看看我，我看看你，心里都在想：怎么才能证明我们是朋友呢？

小羊望着远处闪闪发亮的小河，突然高兴地叫道：“有了！有了！”小羊拖着小狼向河边跑去。“我假装掉进河里，你呢，把我救起来。”

小狼猛地停住了脚步。“非得这样做吗？”他生气地嚷道，“如果发生了意外怎么办？”

“意外？怎么会？我们只是假装一下，就像演戏一样。”

“我可不想演什么戏。”小狼掉头走了。走出去很远很远，他回过头来大声喊道：“祝你生日快乐！”

生日那天，除了小狼，小羊所有的朋友都来了。朋友们送给他很多礼物，大家一起吃蛋糕，唱生日快乐歌。小羊很快乐，可是一想起小狼，他的快乐就少了一些。

“叮咚！”门铃响了，是邮递员先生，他给小羊送来了一封信。“谁会写信给我？”小羊疑惑地拆开信。

学习笔记

练一练

请用相同的语气语调说两次“我不知道”这四个字。一次深深地低下头，一次高高地昂起头。体会即使不改变说话的语气和语调，仅依靠身姿语言就能改变表达含义。

信纸上一个字也没有写，只画了一幅画：一只小羊和一只小狼在一起，脑袋靠着脑袋。

小羊马上猜到了是谁画的，他的妈妈也一样。羊妈妈抚摸着小羊的脑袋说：“我记得你说过要请你的朋友小狼来做客的。”

“哦，妈妈，我是这样说过的。”小羊兴奋极了，一头冲了出去。不久，小羊的家里又多了一个朋友，不用说，你肯定已经猜到他是谁了。

“我可不想演什么戏。”小狼掉头走了。走出去很远很远，他回过头来大声喊道：“祝你生日快乐！”这一段，“小狼”一定要在场地上走出一段距离再回头。因为走的动作能够让之前因为对话而变快的故事节奏忽然慢下来，突出故事的戏剧效果。小狼的步子要沉重而缓慢，突出他内心的复杂情绪。回过头来大喊的时候，身体姿态要由松弛变为紧绷，情绪要由低沉变为昂扬。再配合上台词，一气呵成，很容易就能塑造出一个丰满的“小狼”的形象。

【讲故事视频】南瓜里的老鼠

4. 灵活控场

控场即控制场面，指故事讲述者采用一定的办法对现场进行有效的控制。当我们讲述故事时能够做到内容讲述流畅、态势语言合适、角色特征分明之后，为了让幼儿的情绪紧跟讲述者，可以在故事结构上进行一些巧妙的设计，辅助使用一些有效的教学具，以提升现场效果。

（1）设计一些有趣的环节。

在故事的开头和结尾，可以设计问答环节，让幼儿参与进来。在故事讲述的中间可以设计一些悬念，或者增添几句幼儿能够一起合唱的歌曲，这些都是吸引幼儿注意力的有效手段。

【讲故事视频】好饿的小蛇

（2）适当使用一些教学具。

常用的教学具包括多媒体课件、服装头饰、木偶手偶、剧场纸箱和故事围裙等。为了烘托氛围，增强故事讲述效果，故事讲述者可以根据需要选择不同的教学具配合自己的讲述（图 6–2、图 6–3）。

图6–2　故事讲述1

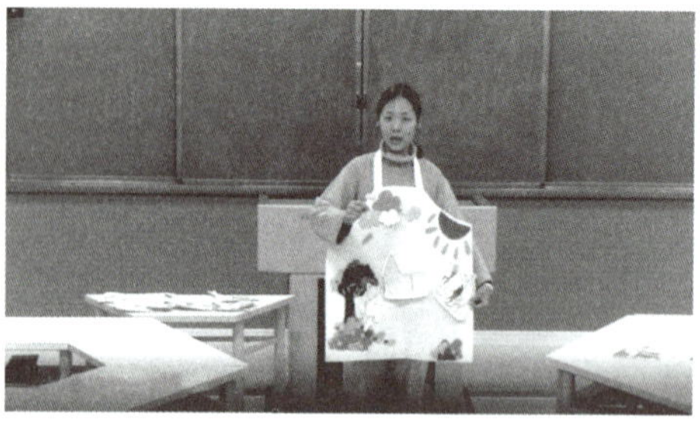
图6–3　故事讲述2

【讲故事视频】贪吃的变色龙

以上准备流程并不是直线型的，也不是一次性的，而是一个需要循环反复的过程。

需要强调的是，无论是设计态势语，还是使用一些控场技巧，都一定要在能够熟练讲述故事、精准表现角色的基础上进行。先要“讲出来”，再去考虑“讲得有趣”。所有的设计都是为了强化角色形象，突出关键情节，为了让最终的故事讲述更加生动形象，切不可本末倒置，仅仅是为了体现自己动作好看，或者歌声好听，而生硬地添加动作或歌曲。另外，和幼儿的互动也要适度、适量，不要把以“听”为主的故事讲述变成以“玩”为主的游戏活动。

（三）提升讲故事能力的方法 >>>>>>>>>>>>>>>>>>>>>>>>>>>>>>>>

1. 多观察优秀的故事讲述者

故事讲述的方法并不是固定的，在讲述同一个故事时，每个人都会有自己的处理方法，多观察优秀的故事讲述者会让你的故事讲述技巧得到提升。这里提到的优秀的故事讲述者可能是一位深受幼儿喜爱的幼儿教师，也可能是一位优秀的主持人，还可能是一位技艺精湛的评书演员。只要是一个人的故事讲述能让你觉得扣人心弦、引人入胜，就应该思考他使用了怎样的方法。比如，对节奏的精准把控、停连的巧妙设计，随时学习，并尝试将这些方法应用到自己的故事讲述中。

2. 从让听众觉得有趣开始

当我们认为自己的故事讲述缺乏吸引力时，可以从尝试分享一个身边的真实有趣的事件开始。真实的故事有丰满的细节和真实的感情，讲述起来往往比完全虚构的故事更容易“声情并茂”。可以挑选一件真实而有趣的事情讲给自己的老师、同伴听，如果内容适合幼儿，也可以讲给幼儿听。讲完之后，可以和他们交流一下对你的讲述的意见和看法，对比自己在讲述虚构的故事时存在的问题，从中找到提升自己故事讲述能力的途径。

3. 做好随时讲故事的准备

我们在讲故事时，常会出现这样一种现象：一开始讲述的时候容易紧张，表现出来的就是磕磕绊绊、干干巴巴，讲了一段时间以后，渐入佳境，故事开始讲得生动起来。这就要求我们要在平时多注意训练自己迅速进入讲故事的状态：在“请讲一个故事”的指令下达后，能够迅速进入故事角色，控制自己的情绪不受外来因素干扰，状态活泼，态度严肃。

4. 反复尝试，不怕失败

要做一个优秀的故事讲述者，一定要先迈出“讲”的第一步，信任自己在故事中塑造的每个角色，不纠结于一个动作、一个词语的得失。只有反复地尝试，才能不断进步。

相关链接

如何挑选故事

挑选故事和挑选书一样重要，因为故事也具有其自身的特点，我们需要花时间去寻找一个能吸引故事讲述者并且能让儿童热切分享的故事。一些精选和精心准备的故事几乎能保证故事讲述的成功。下面是一些通用的挑选标准。

年龄水平的适宜性：故事是否用词简单、易懂？儿童是否熟悉？故事中是否有儿童恐惧的内容？儿童能否从角色的品质中获益？

情节：情节是否为接下来发生的事做好了铺垫？有动作吗？有需要解决的有趣事情吗？是否以某一活动或事件开头？是否要让某种悬念达到高潮？是否有及时、令人满意的结尾？角色出现时是否有介绍？你要找的故事应该有中心情节，过多的情节线索可能会让儿童糊涂。一个事件成功地发展到另一个事件的故事能抓住听众的注意力。

风格：故事是否运用了重复、押韵和幽默的词语？结尾是否让人感到意外？是否包含了直接对话、是否有儿童以言语或动作参与其中的内容？氛围是否有利于情节的发展？

价值观：故事所呈现的价值观和榜样对今天的儿童来说是否适宜？甄别其中的种族、文化和性别成见会让你拒绝接受这个故事或是同儿童一起讨论这些问题。

难忘的角色：找几个多姿多彩的角色与主角互相比较，儿童应该能够认识和找到这些角色的品质。

直觉和视觉形象：故事唤起的视觉和知觉形象能增加兴趣。例如，“姜黄色的圆面包，热热的，金黄的”而非“圆面包”，“光滑柔软的皮毛”而非“皮毛”之类的短语会触发不同的心理意象。味觉、嗅觉、视觉、听觉和触觉描写都能让故事内容更丰富和深刻。

另外的挑选标准：让故事更有竞争力的要素包括简练的词语、普遍的真实性、悬念和惊奇。

主题和故事结构：许多受人喜爱的著名故事中涉及的问题，都会由主角成功地解决。故事一开始介绍了背景和角色，用一系列事件将故事快速推向令人满意的结尾，故事主线稳定、清晰、合乎逻辑。警示类故事通过事实或道德帮助儿童做出明智的决定，保证儿童的安全。

故事讲述者的热情：讲故事的人非常喜欢这个故事吗？讲故事时是否感到舒服？他渴望与他人分享这个故事吗？找一个你喜欢的故事会使儿童更容易喜欢上你所讲述的故事。

（参见 Jeanne M. Machado：《幼儿语言教育》第 7 版，王懿颖、张诞、罗晶等译，北京，北京师范大学出版社，2012）

相关链接

讲述故事的提问运用技巧

在讲述故事的过程中或讲述故事后，教师可以运用提问的技巧组织幼儿讨论，帮助幼儿理解故事，加深对故事的印象、拓展故事相关经验。设计的问题可以根据故事的内容，可以根据故事情节的发展，可以根据故事中的好词好句，也可以根据故事的主题情感等。提问设计应注重启发性特点，引导并增强幼儿积极参与故事活动的兴趣，通过提问能激发幼儿感知、理解和想象，培养幼儿完整讲述故事的能力，帮助幼儿理解故事中语句的构造、丰富并积累优美词句，养成全神贯注倾听故事的好习惯等。

为幼儿设计的提问应具有启发性，可以根据故事情节发展提前设计，预测讲故事过程中可能出现的问题，或根据讲述故事时幼儿的现场反应，围绕幼儿的“经验点”或“兴趣点”设计问题。教师运用启发性提问、机智的点拨和激发幼儿联想的讲述，诱导幼儿积极、主动、大胆地探索，建构自己的知识框架，促进幼儿思维和想象力的发展。

启发性提问的语言尽量带有开放性，给幼儿留下思考与感受的空间；提问的语气是充满柔情和期待的，让幼儿有参与的愿望；提问的节奏要快慢有致、疏密有节，给幼儿提供充足的思考时间等。

启发性提问要根据故事设计问题，要根据年龄班设计问题。常见的设计有描述性问题、思考性问题和假设性问题三个层面。

一、设计描述性问题

根据故事讲述对象的特点，教师可以在讲述前或讲述后，设计一些描述性提问，加深幼儿对故事的印象，帮助幼儿了解故事的大致内容。例如，讲述故事《会打喷嚏的帽子》时，教师可提一些描述性提问，如“故事的名字叫什么？”“故事中有谁？”“帽子会打喷嚏吗？”等，引导幼儿带着问题听故事或回忆故事的内容，通过思考、回答，加深对故事的印象。又如，讲述故事《谁的本领大》时，教师可设计描述性提问，如“到底谁的本领大呢？”“故事里谁和谁比本领大呢？”等，通过引导幼儿有重点地听故事，最后使幼儿在问题中明白：“梅花鹿能过河，可是不会爬树，猴子能爬树，可是过不了河，它们各有各的本领，只有互相帮助，才能摘到果子，本领也就更大了。”在描述中，幼儿的语言运用能力得到了提升。

二、设计思考性问题

有些故事篇幅较长，教师可根据故事情节变化，采用分段讲述、进行思考性问题讨论的方式。思考性的问题能培养幼儿的思辨和表达能力，可以帮助幼儿更好地了解故事内容、记住故事情节、理解相关词汇。小组讨论、展开辩论等形式，给予幼儿充分回答问题的机会，要肯定幼儿不同的答案，鼓励幼儿说出“为什么”，培养幼儿积极思考的好习惯。

例如，讲述故事《小公鸡吹喇叭》时，教师可设计思考性问题，如“小公鸡为什么要学习吹喇叭？”“小公鸡学会吹喇叭了吗？”“这是一只什么样的小公鸡？你喜欢它吗？为什么？”，引导幼儿理解故事的主题、角色性格和心理特征，学会一些好的句段或对话。

给幼儿讲故事是一个相互交流与分享的过程，讲到故事关键的地方，可以停顿下来，提个思考性的问题，让幼儿猜想接下来的情节发展或结局。例如故事《猜猜我有多爱你》，大兔子和小兔子之间关于爱的表达方式各不相同，他们之间的对话模式相似，便于幼儿动脑筋思考接下来发生的情节与他们之间爱的对话，进行合理推理和猜测。通过故事中重复性的对话特点，提醒和点拨幼儿对情节进行进一步猜测，有效启发幼儿自己动脑筋推进故事情节、猜想与验证，调动幼儿和教师积极互动的愿望和兴趣。

三、设计假设性问题

有些故事不适合中断插问，否则会影响幼儿听故事时情节的连贯性，这时教师可以准备一些假设性问题在讲述后提问或追问。结合故事，教师可以运用假设性问题组织幼儿讨论，帮助幼儿理解故事中的语言、情节、人物形象和情感表达。

例如，讲述故事《桃树下的小白兔》时，教师可提假设性问题，引起幼儿想象、讨论，如“故事中的桃花还可以做成什么？”“假如你是小白兔，你还会把桃花寄给谁呢？”鼓励幼儿大胆想象，引导幼儿将故事主题与现实生活巧妙地结合起来，从而让幼儿体会到大自然的神奇美妙和生活的美好。这里需要强调的是教师一定要给予幼儿及时的互动反馈和鼓励性的话语。

例如，讲述故事《月亮姑娘做衣裳》时，在活动的最后，教师可以提出一个问题：“月亮姑娘到底为什么做不出合身的衣裳呢？她该怎么办呢？请在活动结束以后，和你的好朋友想想办法。”发散幼儿思维，留下思考空间，关注幼儿问题解决能力的培养。

（参见王丽娜：《幼儿教师讲故事技巧》，上海，复旦大学出版社，2019）

幼儿园教师资格考试要点

幼儿园教师资格考试讲故事的要求：

1. 讲故事时，可以对故事中的具体语句加以改动，以适于与幼儿互动；但主题、总体结构和主要角色的名称如果偏离原故事过远，"内容"部分应扣分。

2. 讲故事的时间原则上不作为评分标准，但如果用 2 分钟以内的时间匆匆背完故事，并无使用态势语言的意识和塑造角色的意识，则不能被评为"良"以上的等级。

相关链接

表 6-2　故事讲述评分标准

项序	评价项目及权重	评价要点	评价等级				得分
			优	良	中	差	
一	普通话（30 分）	发音准确，口齿清晰，合乎语法规范	27 ～ 30	22 ～ 26	17 ～ 21	0 ～ 16	
二	内容（10 分）	大意不变，结构完整，可适当改动，可与幼儿互动	8 ～ 10	6 ～ 7	4 ～ 5	0 ～ 3	
三	讲述（25 分）	自然流畅，有角色塑造意识，节奏合适，富有童趣	22 ～ 25	18 ～ 21	14 ～ 17	0 ～ 13	
四	态势语（25 分）	富有表情和动作，善于运用态势语渲染环境气氛、塑造人物、表达内容	22 ～ 25	18 ～ 21	15 ～ 17	0 ～ 13	
五	效果（10 分）	仪表自然，有表现力，有感染力，能吸引打动听众	8 ～ 10	6 ～ 7	4 ～ 5	0 ～ 3	

做一做

请扫描二维码，依照幼儿园教师资格考试要求进行故事讲述练习。

【文本】会叫的大皮鞋

【文本】瓜瓜吃瓜

【音频】瓜瓜吃瓜

【文本】没有牙齿的大老虎

【视频】没有牙齿的大老虎

【文本】乡下老鼠和城市老鼠

【文本】骑摩托车的小熊

【视频】骑摩托车的小熊

【文本】三只想生病的小狗

【视频】三只想生病的小狗

【文本】猴吃西瓜
【视频】猴吃西瓜
【文本】小白兔照镜子
【视频】小白兔照镜子
【文本】阳光编织口袋
【文本】快乐新村
【视频】快乐新村
【文本】天蓝色的种子
【文本】三只小狼和一头大坏猪
【视频】三只小狼和一头大坏猪
【文本】青蛙卖泥塘
【视频】青蛙卖泥塘
【文本】"咕嘟咕嘟"的时光
【视频】"咕嘟咕嘟"的时光
【文本】狐假虎威
【文本】我变成了一棵树
【文本】骄傲的小兔半半
【视频】骄傲的小兔半半

二、看图讲述

看图讲述在训练幼儿的综合能力中发挥着重要作用，其中包括观察事物能力、想象和联想能力、推理判断能力、语言表达能力等。为了更好地指导幼儿进行看图讲述，通过适当的练习来提升自己的看图讲述能力是十分必要的。另外，在幼儿园教师资格考试的面试环节中，利用看图讲述来考查故事讲述能力的题目也很常见，这也要求同学们要提高自己的看图讲述能力。

【微课视频】看图讲述

（一）什么是看图讲述 >>>>>>>>>>>>>>>>>>>>>>>>>>>>>>>>>>

看图讲述是指在观察图画、理解图意的基础上，根据图画提供的线索，将

学习笔记

一张或几张图的主要内容，运用恰当的语言，完整、连贯、有条理地表达出来。对于学前教育专业的同学来说，看图讲述不仅要完整、连贯、恰当，而且要能够形成一个既符合图意又生动有趣的故事。

根据图画数量的多少，看图讲述可以分为单图讲述和多图讲述两种类型。

（二）单图讲述的方法

一幅图画，只能描绘故事里的一个场景，表现人物的一种表情、一个动作。因此，相比多图讲述来说，单一图画能够提供的信息量较少，这就需要我们在尽可能细致观察图画的基础上，充分展开想象，将故事的前因后果补充叙述完整。

1. 细致观察图片，尽可能多地收集信息

（1）依次观察，不遗漏细节。

要根据由上到下、由左到右、由中心到两边、由整体到部分再到整体的顺序观察图画，不遗漏任何细节。

（2）了解构图，抓住中心。

要根据构图，抓住图画的中心，推测图画中的主要矛盾是什么。构图是造型艺术的术语，简单来说，可以理解为创作者的画面布局，即把所有想表现的形象按照一定的主次关系排列的方式，包括人物与各种事物在画面中的位置关系、大小比例等。分析图画的构图方式，有助于我们了解图画中角色与角色之间，以及其他事物与角色之间的关系，抓住图画的核心。

①找准故事的中心。

在画面中心或者视觉中心点的人物往往是故事的中心，相较于图 6–5 的处在画面边缘的圆形，图 6–4 处在画面中心的圆形更像是故事的主角。

想一想

请仔细观察图6-6，想一想，以小朋友为核心讲述的故事和以大人为核心讲述的故事会有怎样的不同?

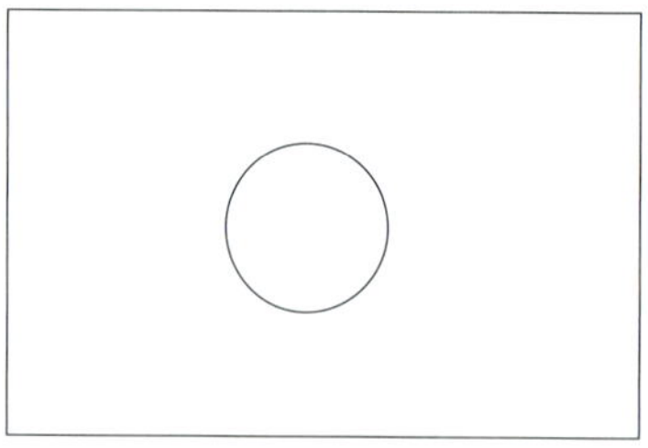

图6–4　人物位置1

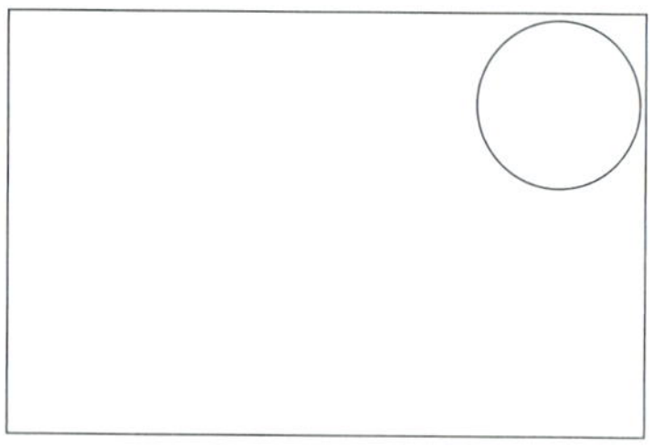

图6–5　人物位置2

图6–6　不要摘花

如图 6–6 所示，画面上有一个大人和一个小朋友，虽然从人物形象的大小来说，大人占的画面空间比小朋友多，但是小朋友处在画面中心的位置。因此，在组织整个故事时，应该围绕小朋友来讲述，而不能以大人的故事为叙述的核心。

②分析角色之间的关系。

当存在多个角色时，角色之间的位置会影响他们之间的关系。如果图 6–7、图 6–8 中的菱形图案代表人物的话，请你猜一猜他们之间的关系可能是怎样的。

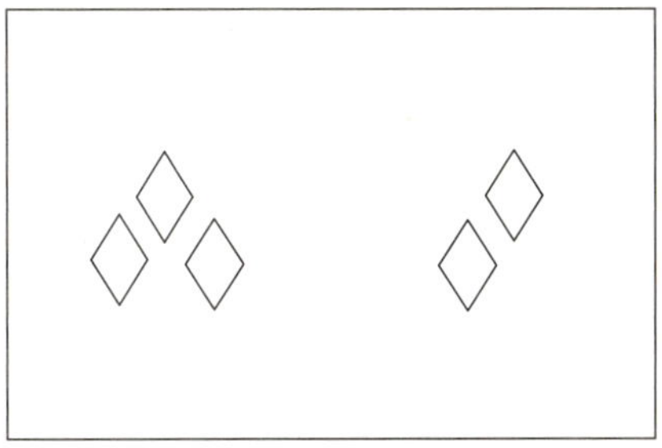

图6-7　人物关系1

图6-8　人物关系2

一般来说，距离较近的角色之间的关系会更紧密，而距离较远的角色之间的关系会更疏远。位置高的角色相对于位置低的角色来说会有一种居高临下或者“高人一等”的感觉。

例如，图6-9是安东尼·布朗的图画书《穿过隧道》中的一幅图。即使没有故事的前后内容做参考，我们也能很容易根据两个人的距离推断出，他们目前的关系并不好。画面里的男孩儿是站着的，位置更高；女孩儿是坐着的，位置较低。通过这样的相对位置，我们可以判断：在目前的情形下，男孩儿应该更占据故事的主动的、有利的位置，而女孩儿更有可能处在听从的或者被动的情况。明白了这样的关系，对于我们组织故事是非常有帮助的。

图6-9　穿过隧道

③注意大小比例。

注意图画中角色与角色，或者角色与环境之间的大小比例，也是找到图画中心的重要方法。占画面比例较大的人、物或者景一般都传递着“我更重要”的信息。

图6-10　历代帝王图（吴主孙权）

例如，《历代帝王图》（吴主孙权）（图6-10）的构图就采用了非常明显的“主大从小”的方式，用以突出帝王的尊贵身份。

“大”和“小”往往还会与“大气”和“小气”这样的词语联系在一起，因此画面中人物所占比例的大小能够体现出人物所处的是优势地位还是劣势地位，人物形象是高大的还是卑微的等。图6-11、图6-12两幅图中的两个圆大小完全相同，位置基本一致，改变的仅仅是一旁三角形的大小。如果圆形代表的是一个人物形象，那么你觉得他所处的情形是怎样的？

图6-11　角色关系实例图1

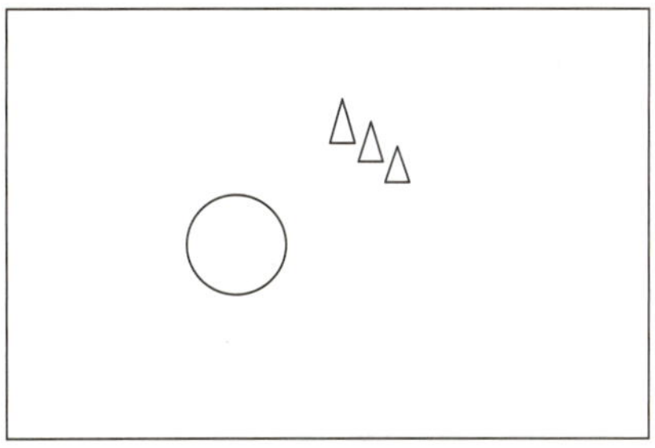

图6-12　角色关系实例图2

练一练

请充分发挥想象力，如果将图6-11、图6-12中的图形想象成人物或者事物，你能讲出怎样的一段故事情节来呢？

构图的方式十分复杂，以上仅仅是简单举例。在大多数情况下，即使没有足够的构图知识，日常生活的经验也能帮我们在图画中迅速地分辨出中心形象和主要矛盾。关键是在讲述时要始终围绕中心人物和由中心人物引发的中心事件来进行，不要跑题、偏题。

2. 积极展开联想，将故事补充完整

经由看图收集了足够多的材料之后，要积极运用自己的想象力和联想能力，将图画中的故事叙述出来。这一环节需要想象和联想人物的动作对故事情节发展的作用，想象和联想图画中景物或事物对情节发展的作用，想象和联想图画中人物的表情所表现出的心理活动对情节发展的影响。

图6–13　大卫上学去

例如，图 6–13 是大卫·香农的图画书作品《大卫上学去》中的一幅图。从图中，我们可以看出男孩用铅笔敲书的动作引发了身旁女孩的不满。女孩撇嘴、瞪眼睛、拧眉毛的表情表达了她的不高兴。女孩不高兴不仅仅是因为男孩用铅笔敲书的动作，还因为他敲铅笔发出的声音。从周围的环境可以看出他们在图书馆里，图书馆禁止大声喧哗。把这样几个相关因素连接起来，这幅图的讲述就不困难了。

图6–14　盲人摸象

需要强调的是，单图讲述并不是只讲述图中的内容就可以了，还要补充清楚故事的前因后果，形成一个完整的故事。例如，图 6–14 很容易让人联想到盲人摸象的故事，并花大量的时间来讲故事中的盲人摸到了大象的哪些部位，他们各自认为大象是什么样子的。但作为一个故事，我们还需要交代盲人为什么要去摸这头大象，在摸完大象以后又发生了什么事件。

当你在讲述故事时，如果发现缺少了某些环节，除了展开积极的联想，还要注意反复读图，寻找可能被遗漏的部分。图画中没有无用的细节，只有被忽视了的细节。

3. 讲述要有顺序有重点，注意语言优美

故事的讲述一般要按照时间、地点、人物、事件，故事的起因、发展、高潮、结局的顺序来进行。单图讲述时尽可能不使用倒叙、插叙等复杂的、难以驾驭的叙述手法。重点部分的讲述要尽可能做到人物形象鲜明，多用人物的对话和动作来代替第三人称的叙述语言。

在讲述时，我们还要尽可能注意语言的优美。例如，图画表现的是一个关于大海的故事，同学们很有可能习惯性地将故事开篇第一句话表述为：“在大海的深处有……”而如果读过安徒生的《海的女儿》，你就会知道《海的女儿》开篇的第一句话是：“在海的远处，水是那么蓝，像最美丽的矢车菊花瓣，同时又是那么清，就像最明亮的玻璃。”如果能将这样的句子用在自己的故事当中，将会为故事讲述增添不少色彩。因此，多读经典故事，多收集素材，对于图画讲述非常有帮助。

在讲述时，我们还要注意灵活运用所学过的各种口语表达技巧，做到声情并茂。也可以设计一些与幼儿互动的环节，增强故事的趣味性。

练一练

请仔细观察一下图 6-14 画面的中心部位，有一位盲人的后脑勺上有一个包扎过的伤口，这可能代表了什么呢？这个伤口的形成与大象有关系吗？请根据你的联想将这个故事讲述完整。

（三）多图讲述的方法

相较单图讲述，多图讲述通过图画给出的人物表情和动作更多，人物之间的关系更复杂，故事情节也更完整。因此，在多图讲述中我们需要补充的情节一般并不多，但需要更加细致地处理图画中给出的信息，让故事讲述更加丰满。

1. 关注画面顺序，理时间

时间是多图讲述中连贯前后图最常用的法则，图画依照时间顺序排列，故事按照开端、发展、高潮、结局的顺序直线行进。因此，在多图讲述中，弄清楚画面的顺序非常重要。虽然大多数情况下，给定的图画都有序号，但是仍然需要仔细比较每幅图，找出其中能表示时间推移、场景转换或者故事推进的元素，找到故事的前因后果。

例如，下面四幅图的顺序被打乱了（图 6–15）。

图6–15　气球又回来了

仔细观察可以发现，能够表现时间推移的元素是气球。气球出现或者气球消失应该是画面排列的时间线索。所以正确的故事顺序应该是：

小兔拿着气球—气球飞了—气球跑远了—气球回来了。

2. 给每幅图一个动词，不漏讲

图画是用人物的动作和表情来表现故事情节的。尝试抓住每幅图中核心人物的核心动作，把每幅图画都浓缩为一个动词，这将有助于我们抓住每幅图的中心，不漏讲、不少讲。

图 6–16 为粗心的狮子，根据图中小狮子的动作，我们可以将这四幅图浓缩

图6–16　粗心的小狮子

学习笔记

为“拿”“包”“送”“惊”四个动词。在明确了这四个动作以后，我们就可以围绕着这四个动词来组织故事了。

想一想

你还会用哪些动词来描述这四幅图（图 6-16）？如果替换了动词，讲出的故事会有什么不同吗？

3. 避免简单乏味，多替换

在多图讲述的时候，同学们为了不遗漏细节，经常会细致地描述图画而不是讲述故事。虽然听起来情节完整，也不缺少人物形象，但是往往显得枯燥乏味。这就需要我们有意识地进行词句的替换。

我们可以运用加入动作、对话、形容词、拟声词等方法，替换简单的描述。仍以图 6–16 为例，第三幅图的内容是小狮子去小狗家把礼物送给了她。

我们可以进行下面的替换。

加动作。“小狮子抱着礼物蹦蹦跳跳地去小狗家，把礼物送给了她。”

加动作和对话。“小狮子抱着礼物蹦蹦跳跳地去找小狗。小狮子敲了敲小狗家的门：‘小狗小狗，我是小狮子，你在家吗？’‘我在家呢！’小狗打开了门。小狮子把礼物往小狗怀里一塞：‘小狗，这是我送给你的礼物，快看看喜欢吗？’”

加动作、对话、形容词和拟声词。“小狮子抱着礼物蹦蹦跳跳地去找小狗。咚咚咚，小狮子敲了敲小狗家的门：‘小狗小狗，我是小狮子，你在家吗？’‘我在家呢！’门吱呀一声开了，露出了小狗红扑扑的笑脸。小狮子把礼物往小狗怀里一塞，眼睛亮闪闪地说：‘小狗，这是我送给你的礼物，快看看喜欢吗？’”

学习笔记

在很多情况下，即使不进行这样复杂的替换，只是简单地替换一些重复的词语，也会让故事显得生动起来。

例如，“小狗特别高兴，她特别喜欢小狮子送她的礼物。”这里两个“特别”重复了，还用了两次“她”，所以只要稍加改动，变成“小狗高兴极了，她特别喜欢小狮子送给自己的礼物”，句子就明显活泼了许多。

4. 图与图之间的连接要自然，忌生硬

在多图讲述中，我们要注意图画之间的连接，用自己的想象力将图片之间没有呈现出来的场景填补上，这样整个故事听起来就会更加流畅、自然了。仍以图 6–16 为例，第一幅图的内容是小狮子在拿礼物，第二幅图的内容是小狮子将礼物包装好了。两幅图之间没有表现出来的内容应该是小狮子在翻找自己喜欢的包装纸，并且最终挑选了有心形图案的。这部分内容，就是需要我们自己依靠观察和联想补充完整的内容。

图画之间也适宜设置一些悬念，引起幼儿的兴趣。仍以图 6–16 为例，第三、第四幅图，在连接时可以进行如下设计。“小狮子哼着歌开开心心地回家了。可是，当他回到家，推门一看：‘哎呀，糟了！’小朋友，你们猜小狮子看到了什么？”

需要强调的是，无论是单图讲述还是多图讲述，在开口讲之前都应该动笔写一写。不一定要写出一个完整的故事，但至少要搭建出基本的故事框架，保证故事的逻辑关系清晰。搭建框架可以用思维导图法，或者用任何一种自己熟悉的方法。

最后，无论之前做了多么细致的准备，如果不能将所学的口语技巧表现出来，就不能达到看图讲述的良好效果。总之，“细致看，积极想，下笔写，大胆讲”，

前面所有的分析准备都要落实到最后的“讲”上。只有反复练习，才能提高看图讲述的能力。

相关链接

五指复述法

看图说话需要的不仅仅是口头表达能力，逻辑思维也很重要。小朋友看着图，脑海里是一个个情节片段，如何才能将这些片段有逻辑地表达出来呢？

这就需要学会抓重点了，记住构成故事最重要的五大要素：主角、地点、问题、情节、结果/解决办法。一个一个要素讲下来，就会有逻辑、有条理。

“五指复述法”就是把五大要素和五根手指联系在一起，方便孩子记忆，如图 6-17 所示。①

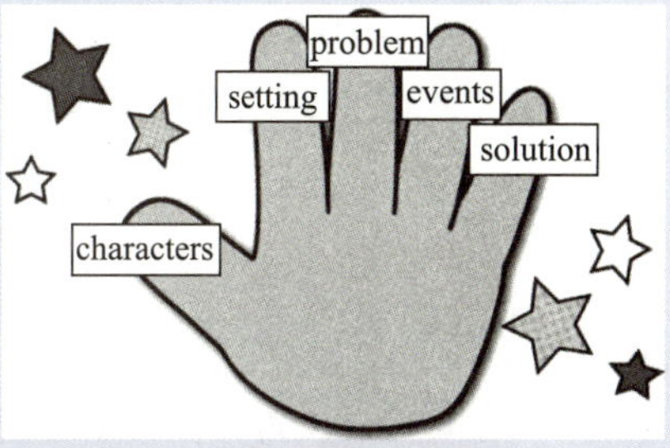

图6-17　五指复述法

大拇指：故事主角（characters）。

食指：故事发生的地点和环境（setting）。

中指：故事里出现的问题（problem）。

无名指：故事的情节（events）。

小拇指：结果/解决办法（solution）。

如何运用五指复述法

知道“五指复述法”是什么，只是练习的第一步。接下来，我们还需要在运用中为孩子做好引导。

在没有使用五指复述法时，我常常问千寻：“这个故事讲的是什么呢？”想以此诱发她看图讲话。

但其实，这种开放式的问题，孩子很难回答。

因为孩子的记忆是分段式的，当你这么去问时，他只能回忆出故事里的只言片语，不知该从何说起。

如果我们用五指复述法来问，就清晰多了：

“故事主角是谁？”

“故事发生在哪里？”

“故事里的主角遇到了什么问题？”

“然后发生了什么？”

“问题是怎么解决的，故事结局是什么呢？”

每问一个问题，可以拉拉孩子对应的那个手指，帮孩子把手指和手指代表的关键词联系起来。

这样反复练习一段时间，孩子熟练后，就可以独立地借助五指复述法看图说话了。

如果孩子在讲的过程中不小心卡壳了，我们还可以提醒他：“好像还有小拇指没有出场哦。”或者直接拉拉孩子的小拇指：“想想看，小拇指是什么呢？”

（参见“东西儿童教育”微信公众号：《用这个简单的“五指复述法”，帮孩子搞定头疼的“看图说话”》）

---

① 编辑注：图 6-17 在原文的图中小拇指代表 ending，在这里为了保持图文统一，将其改为了 solution。

思考与练习

1. 单图讲述练习。

（1）请根据图 6–18 讲述一个故事。

要求：①故事符合图意，语言生动有趣。②给故事取名，名字有一定概括性，符合图意。③普通话标准，口齿清楚，语速适宜，有感染力。

（2）请根据图 6–19 讲述一个故事。

要求：①故事符合图意，语言生动有趣。②给故事取名，名字有一定概括性，符合图意。③普通话标准，口齿清楚，语速适宜，有感染力。④请在故事讲述中设计一个与幼儿互动的问题。

（3）请根据图 6–20 讲述一个故事。

要求：①故事符合图意，语言生动有趣，要蕴含一定的科学道理。②普通话标准，口齿清楚，语速适宜，有感染力。③请在故事讲述中设计一个或两个与幼儿互动的问题。

图6–18　故事场景1

图6–19　故事场景2

图6–20　故事场景3

（4）请根据图 6–21 讲述一个故事。

要求：①故事符合图意，语言生动有趣。②给故事取名，名字有一定概括性，符合图意。③普通话标准，口齿清楚，语速适宜，有感染力。④请在故事讲述中设计一个或两个与幼儿互动的问题。

2. 多图讲述练习。

（1）请根据图 6–22 讲述一个故事。

要求：①故事符合图意，语言生动有趣。②给故事取名，名字有一定概括性，符合图意。③普通话标准，口齿清楚，语速适宜，有感染力。

图6–21　故事场景4

图6–22　故事场景5

（2）图 6–23 的四幅图是《父与子》中的作品——《一张成人票》，请根据画面讲述一个故事。

要求：①故事符合图意，语言生动有趣。②普通话标准，口齿清楚，语速适宜，有感染力。③请在故事讲述中设计一个或两个与幼儿互动的问题。

（3）请根据图 6–24 讲述一个故事。

要求：①故事符合图意，语言生动有趣。②给故事取名，名字有一定概括性，符合图意。③普通话标准，口齿清楚，语速适宜，有感染力。④请在故事讲述中设计一个或两个与幼儿互动的问题。

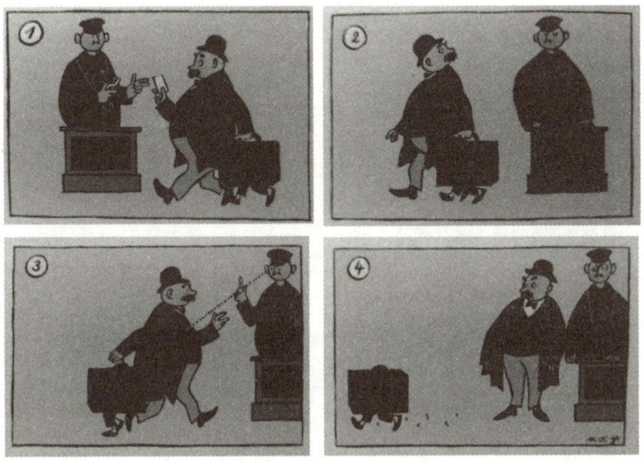

图6–23　故事场景6

图6–24　故事场景7

学习主题 5
演讲

演讲是人们在特定的环境中，借助有声语言和态势语言，面对广大听众发表意见，说明事理，抒发情感，从而达到感召听众并促使其行动的一种信息交流活动。演讲的作用很大，无论是对于国家事务，还是人的情感以及社会思想的影响都很强烈，因此也被誉为“艺术之女王”。

情景再现

古希腊演说家德摩西尼的《论王权》被誉为“最伟大的雄辩家的最伟大的演说词”。据历史记载，当古希腊面临马其顿王国军队入侵的时候，德摩西尼当众做过一次著名演说，现场的人被感动得群情激愤、热血沸腾，他们纷纷要求直接从广场奔赴战场，连向家人道别都觉得耗费了时间。

一、认识演讲

（一）演讲的分类 >>

演讲根据其形式、内容进行具体分类（表 6–3）。

表 6-3 演讲的分类

分类		演讲特点	示例
按内容分	政治演讲	为了一定政治目的，就某个政治问题发表演讲；态度严肃，论证缜密。	毛泽东《星星之火，可以燎原》
	生活演讲	对生活中存在的社会问题、现象、风俗发表的演讲；题材广泛，形式多样。	《年轻人应该为社会做些什么》
	竞选演讲	在一定组织形式中，自荐、竞争某一职务或者岗位的演讲；唯真唯实，动情入心。	《竞选学生会主席的演讲》
	学术演讲	把专业的、系统的学术观点科学准确地表达出来，如论文答辩、学术讲座、经验报告。	《“一带一路”两种建设方案的模拟分析》
	法庭演讲	指公诉人、辩护人、诉讼代理人在法庭上发表的演讲；具有公正性、针对性、准确性。	千古雄辩——苏格拉底在雅典法庭上的辩论
按形式分	命题演讲	由别人拟定题目或者范围，演讲者事先经过准备的演讲；主题鲜明，结构完整，针对性强。	以“我们都是中国人”为主题的演讲
	即兴演讲	演讲者事先无准备，就眼前的场面、情境、人或物，临时发表的演讲；有感而发、言简意赅。	祝酒词、答谢词
	论辩演讲	由两方或两方以上的人员，就某一相互矛盾和冲突的观点展开的面对面言语交锋，针锋相对，应对及时巧妙。	国际大专辩论赛“人性本善”“人性本恶”

学习笔记

（二）演讲的特点

1. 有讲有演，声形兼备

讲，就是陈述，是把经过组织的语言说出来，表达清楚；演，包含“演绎”和“表演”两层含义。演绎是指讲话的内容有一定的逻辑推演过程，必须运用逻辑方式或事实依据把道理讲得清楚、明白；而表演是指讲话者要调动一定的辅助语言（姿态、手势、表情、仪表仪态等），为所讲的内容服务。讲是通过有声语言传达给听众的听觉，是“声”；演是借助态势语言、辅助语言作用于人们的视觉，是“形”。演与讲之间，要以讲为主，以演为辅，演服从于讲，为讲服务。

2. 说服听众，激发精神

演讲在古希腊被称为“诱动术”，其含义是劝说、鼓动听众。激励和说服是演讲的重要特征，也是演讲的目的。刘勰在《文心雕龙》中说过：“一人之辩，重于九鼎之宝；三寸之舌，强于百万之师。”这充分说明了演讲的巨大感染力。

1775 年，美国政治活动家、演说家帕特里克·亨利发表了为独立而战的《在弗吉尼亚州议会上的演说》。据历史记载，他的这个演说给人的影响是如此之强烈，当他讲完后，整个会议厅寂静得鸦雀无声，直到几分钟后，议会的一部分成员才从座位上跳起来，兴奋地喊出：“拿起武器！”接着，大厅像刮起旋风一般，“拿起武器”的吼声此起彼伏，人们眼里闪烁着爱国的火花。他的演讲很快传遍全美各英属殖民地，成为美国人民反击英殖民主义的战斗动员令和争取独立自由的宣言书，使千百万人觉醒起来，掀起了一场为独立与自由而战的伟大战争。

3. 紧扣时代，艺术性强

演讲是人们为满足精神需求，唤起民众，推动社会发展，加强思想修养，传播文明的一种社会实践活动。它直接诉诸人们的视听感觉，这就决定了演讲具有明显的时代特征。又因为演讲的话语是有声语言艺术，内容波澜起伏，具有戏剧特点，演讲者或幽默机智，或睿智沉稳，再加上舞台背景和音乐的配合，整个演讲给人的感觉就是一场视听盛宴，所以它又具有观赏性和艺术性。

例如，近年来的《超级演说家》和《我是演说家》等真人秀节目，形式新颖，很有时尚感，涌现出了一批优秀演讲者，选手们激情飞扬、妙语连珠以及紧扣时代、具有巨大教育意义的演讲，使听众既受到了教育和启发，又感受到了演讲艺术的极大魅力。

（三）演讲者需要具备的素质 >>>>>>>>>>>>>>>>>>>>>>>>>>>>>>

卡耐基说：“演讲应该是一段有目的的旅程，必须事先绘好行程图。”演讲不是信口开河，要使演讲获得成功，演讲者必须具备良好的素养。

1. 要有丰富的学识

这是演讲成功的基本条件。演讲是传授新知识、新观念的活动。古今中外的演讲家无一不是博览群书、学富五车的，他们之所以论述深刻、入木三分，之所以能旁征博引、出口成章，之所以能信手拈来生动、具体、精彩的事例，就是因为他们博闻强记、学贯中西。

2. 要有先进的、科学的思想

演讲的目的是教育人、启迪人，提高听众的思想认识、文化水平。这就要求演讲者本身必须具备先进的、科学的思想，这样才能高瞻远瞩，识前人所未识，讲前人所未讲。历史上许多著名演讲家的演讲无时不在闪烁着真理、科学、智慧的光芒。

3. 要有高尚的道德品质

“其身正，不令而行；其身不正，虽令不从。”这从某个侧面说明了演讲者道德品质的重要性。在生活中，任何一种行为都会直接或间接地与他人或社会发生关系，并受到一定社会规范的约束和协调，演讲也是如此。作为演讲主体的演讲者，更应以一个具有高尚道德水准的形象出现在公众面前，带头恪守社会道德规范。

4. 要有良好的心理素质

演讲者的良好心理素质包括巨大的心理承受力，能不受外界干扰；超强的心理包容力，善于“化敌为友”；超常的心理亲和力，使各种听众都喜欢他；顽强的心理调和力，保持积极的心理状态，做自己情绪的主人，不做自己情绪的俘虏。

5. 要有较强的口语表达能力

演讲和口语表达能力是密不可分的，从事演讲活动的人必须具备较强的口语表达能力。有些人认为有口才、能演讲是天生的，这种观念是片面的。任何

学习笔记

一个人的演讲才能，都不是天生就有的。哪怕是笨嘴拙舌，甚至有口吃的毛病，只要我们不怕困难，有德摩西尼那种口含石子朗读、攀登高山吟诗、迎着狂风练讲的刻苦精神，有林肯先生那样旁听完法庭辩论，就对着玉米地进行刻苦训练的精神，就一定能提高自己的演讲水平。

演讲是一个人综合素养的集中体现，它需要演讲者多方面能力的完美融合，如思维、判断、应变、记忆等。只有全面训练，整体完善提高，才能成为一个优秀的演讲者。

【微课视频】
演讲技巧

二、演讲的技巧

（一）内容技巧 >>>>>>>>>>>>>>>>>>>>>>>>>>>>>>>>>>>>>>>

1. 设计一个匠心独运的开场白

任何形式的演讲，开头是关键，想让听众在开始的几分钟甚至十几秒钟内，决定是否听下去、接受你，取决于你的开场白是否精彩，是否有吸引力。

学习笔记

第一，讲述一个短小有趣的故事。《我是演说家》第三季第1期中许吉如演讲《国强则少年强》，她十分巧妙地以恋爱中男女的小插曲为引子，一句“宝宝心里苦，但是宝宝不说”便将男朋友给女朋友的安全感与国家给公民的安全感巧妙地联系起来，再通过一系列真实经历的叙述和精彩议论让观众深切地感受到安全感是国家赋予年轻人的最好礼物，只有国家富强，人民才能有更强大的安全感。

第二，设置提问，引人思考。演讲开始时，演讲者就提出一个或者几个问题，激发听众兴趣，引发他们思考，能有效拉近与听众的距离。例如，梁植在《我的偶像》的演讲开头就连用了三个设问，表达了对邓稼先不慕名利、为了祖国的核事业奉献一生的崇敬之情。设置提问，要注意问题一定要提得巧妙，要与对象、场合尤其是演讲主题紧密贴合，注意内容的新颖性，使听众感到新鲜、出乎意料，又能激发他们思考，并自然而然引出演讲的主题内容。

第三，自我嘲弄，幽默诙谐。用幽默的语言进行自我介绍，会使听众倍感亲切，拉近双方的心理距离。例如，胡适在一场演讲中这样开头：“我今天不是来向诸君做报告的，我是来胡说的，因为我姓胡。”话音一落，引来观众大笑。这样既巧妙地介绍了自己，体现了他的谦逊，又活跃了现场气氛，拉近了双方距离。

第四，逆向思维，出奇制胜。当人们听惯了平庸普通的论调，习惯了按部就班的顺向思维，如果有人逆推出一个新的观点，就能达到一语惊人的艺术效果。例如，陈莘惠的演讲《我不祝你们一帆风顺》开头：“我不祝你们一帆风顺，在这最后一堂语文课上，在我们即将分手道别的时刻。这样看来，我好像是一个不近人情的老师了。但是，英雄临行，我们岂能不以掷地有声的铿锵言语相赠？而对于你们，未来人生战场上的英雄，面对你们出发前的踌躇满志，面对你们21岁年轻生命的纯洁、灿烂与飞扬，作为一个在课堂上与你们共处了两年的教师，我又如何能以‘一帆风顺’如此平淡、软性且曾被无数人使用过的无关痛痒的陈词，来作为分手前这临别一握的祝福呢？”这种反弹琵琶的开头，无异于平地惊雷，又如奇峰突起，扣人心弦，具有强大的吸引力和震撼力。

第五，制造悬念，引发兴趣。在开场白中制造悬念，往往会收到奇效。但制造悬念不是故作高深，既不能频频使用，也不能悬而不解。在适当的时候应解开悬念，使听众的好奇心得到满足，而且也能使前后内容互相照应，结构浑然一体。比如，有位教师举办讲座，这时会场秩序比较混乱，学生对讲座不感兴趣，教师转身在黑板上写了一首诗：“月黑雁飞高，单于夜遁逃。欲将轻骑逐，大雪满弓刀。”写完后他说：“这是一首有名的唐诗，广为流传，又被选进了课本。大家都说写得好，我却认为它有点问题，问题在哪里呢？等会儿我们再谈。今天，我要讲的题目是‘读书与质疑’……”这时全场鸦雀无声，学生的胃口被吊了起来。演讲即将结束，教师说：“这首诗的问题在哪里呢？不合常理。既是月黑之夜，怎么看得见雁飞？既是严寒季节，北方哪有大雁？……”这样首尾呼应，能加深听众的印象，强化演讲内容，令人回味无穷。

2. 有一个精彩绝伦的片段

第一，一件难忘而激动人心的事情。这是论证、说明中心的事实材料。许多成功的演讲证明：一件催人泪下的往事追述，常常胜过精彩的论证，因为“事实胜于雄辩”。一件饱含真情娓娓道来的事情，由于它的生动具体，不但能像磁石般吸引听众，而且能长期地保存在听众的记忆中。例如，梁植的演讲《约定》向大家讲述了一个动人的故事：抗战时期淮北中学的9名中学生，面对日军的烧杀抢掠，毅然投笔从戎，奔向了杀敌的战场。战后，他们中的唯一幸存者欧兴田老人，遵守着和同学的生死约定，用了几十年的时间，终于把其他8位烈士的遗骸找回并葬在一起，并一生守候。他的演讲描述了9名热血少年在民族危难时期义无反顾、大忠大勇的事迹，谱写了一曲忠诚爱国、守信重诺的赞歌。

第二，一段精辟而深入浅出的议论。不论是何种功能、内容、类型的演讲，议论都是不可少的，尤其是“使人信”的演讲，能否成功，关键就在于是否有深刻的论证、严密的推理，能否将一个抽象、深奥的道理深入浅出地表达出来。只有做到这些，听众才能心悦诚服，懂得你阐述的道理，相信你阐述的观点，接受你阐述的理论。美国作家海明威被授予1954年度诺贝尔文学奖，他在授奖仪式上的书面发言给人们留下了深刻印象的不是独特的“海明威式”的写作风格，也不是真诚的谦虚和谢意，而是石破天惊般的见解：“写作，在最成功的时候，是一种孤寂的生涯。”在一次演讲、一次发言中，人们不可能字字珠玑、字字传神。但如果有一段或者几句体现说话者思想、精神、情感或主张的名言隽语，就可以震撼心灵、发人深省、令人回味，给人们留下深刻印象。有人说，发令枪一响，你是没时间看你的对手是怎么跑的。只有明天是我们的竞争对手。拿破仑说：“从伟大到可笑，只有一步之遥。”这种警策之语一出口，出人意料，又在情理之中。

学习笔记

第三，有几处简洁精当的引用。引用，包括别人的语录、名言、诗歌或者一段故事，使论据确凿充分，增强说服力，富有启发性，而且语言精练，含蓄典雅。习近平总书记在演讲中就多次引用古今中外的名人名言以及诗词、典籍、俗语等。如“海纳百川，有容乃大”（清·林则徐），“等闲识得东风面，万紫千红总是春”（宋·朱熹），“夫物之不齐，物之情也”（《孟子·滕文公上》），“世界上最宽阔的是大海，比大海更宽阔的是天空，比天空更宽阔的是人的胸怀”（法国·雨果）。恰当的引用，不但有力地表现了演讲的中心，揭示了事物内在的规律，而且由于生动、具体、准确，开阔了听众的视野，丰富了听众的知识，给人留下了深刻的印象。并且这些不断出现的引用形成了一次演讲过程中引人注目、使人兴奋的聚焦点，犹如一段风景中的若干景点。

（二）语言技巧

1. 使用气势磅礴的排比句和排比段

从组句成段上看，排比句是常见的演讲精彩段落的构成方式之一，这种修辞手法，可以集中而完整地反映事物，严密而有力地阐明观点，加强语言的旋律感、节奏感，从而使演讲者气势充沛且流畅地抒发情感。美国著名的黑人运动领袖马丁·路德·金 1963 年在林肯纪念堂前发表的演讲《我有一个梦想》，开篇以“一百年后的今天”为首句的排比，淋漓尽致地揭露了黑人的生活现实，是对黑人奴隶制的抨击。第 5 段连用 4 个“现在是……的时候”的排比句，突出了为自由平等而战的重要性。在阐述梦想时，一连用了 8 个由“我有一个梦想”开头的段落，充分展示了作者对斗争胜利后美好前景的憧憬。

2. 多种表达方式综合运用

演讲是阐述观点、表达思想的语言活动，不仅要运用议论，还要运用叙事、抒情、描写等表达方式。例如，《我是演说家》许吉如的演讲《国强则少年强》，擅长叙述和议论的巧妙结合，通过她在以色列和美国经历的几件事，告诉大家她对“安全感”的感悟。一边叙事一边议论，把自身的见解和感受融合于行云流水般的表述中，最后水到渠成，归纳总结：“强大的国家能赋予一个少年强大的安全感，今日之中国固然强，但今日之中国少年，唯有更强，才能骄傲地回应，一百多年前梁启超先生的期盼，告诉他少年强则国强，中国强则中国少年更强。中国强，就是因为——少年强！”将抒情和议论组成的段落用在叙事后，完成由感性到理性的升华，用具有普遍性的总结，将一件也许是平凡、普通的事件渲染得情意真切，意义深远，使听众明白其中的道理和饱含的感情，从而激起听众的共鸣。

（三）演的技巧

演讲是用“演”来修饰“讲”，也就是需要态势语进行辅助表达，主要包括手势、仪表、体态、眼神等，它能有效地补充、强化口语信息，沟通交流情感，吸引听众产生共鸣。

学习笔记

第一，仪表整洁，气质脱俗。演讲者出现在讲台上，是听众的审美对象。演讲者的衣着、发型、姿态、风度、表情等都能从各自的角度显示其精神风貌乃至性格气质、文化教养以及与演讲内容的联系。一个有修养的演讲者，总要在演讲之前根据演讲的思想内容，根据听众对象，对自己的仪表适当修饰一下。

第二，眼神交流，达到共鸣。在演讲时，虽然演讲者是主动的一方，听众是被动的一方，但演讲者与听众之间仍然需要交流。在演讲的时候，演讲者要时时注意现场的气氛，学会用眼睛与听众交流。用眼睛表达你的善意、你的智慧，用眼睛了解他们的情绪、他们的疑问。这样一种无声的交流对于营造现场的气氛很有效，同样，将眼神运用得恰到好处也可以大大增加演讲者的个人魅力。

第三，手势动作，和谐适度。手势的运用不但可以体现演讲者的情绪，而且可以缓解紧张情绪，化解手"无家可归"的尴尬。但要注意动作不要太单调，也不要太花哨。因为太单调或者太花哨都容易分散听众太多的注意力，影响演讲效果。只要深刻理解自己演讲的内容，放松，自然，投入，随着演讲的进行、情绪的波动，你的手在需要的时候就会不由自主地挥出，也会在该休息的时候回到身侧。还要注意动作干脆有力，这个要求与演讲语言的清晰是一样的。

（四）克服不良表达的技巧 >>>>>>>>>>>>>>>>>>>>>>>>>>>>>>>>

有些人平时说话不太注意，形成一些不良习惯；有的人因为受到家庭、社会或者地域影响，会在语言表达上出现一些问题。演讲中，演讲者一定要注意克服这些不良表达习惯。

第一，语音标准，克服读音错误、语义含糊的问题。要认真练习发音吐字的基本功，注意发音部位和发音方法，纠正方音中的系统性错误和缺陷，掌握普通话标准读音。另外，要克服紧张心理和怯场心理。如果讲话时语速太快，一带而过，就会产生吐字模糊、含混不清的现象。

第二，语调丰富，克服干巴枯燥、平淡无味的问题。如果说话时停顿太少、太短，则会讲得上气不接下气，说者无法表达出思想感情，听者没有思考回味的余地，令人厌烦。停顿太多、太长，则会讲得支离破碎，说者不能完整地表达意思，听者感到莫名其妙。轻重音不分，缺少高低变化，讲起话来像和尚念经，使听众难以把握关键词语和讲说者的立场、态度。节奏快慢失当也会让人觉得讲话干巴枯燥、平淡无味，前后使用一个语速，缺乏节奏感，会使人感到听演讲是一种听觉上的折磨，而不是美的享受。纠正时，关键是要真正对听众、对自己所讲的内容有真情实感，这样才会在语气上自然地流露感情，并恰当地运用语调。

第三，语气得当，克服故弄玄虚、怪腔怪调的问题。语气分为表意、表情、表态三种，各有各的特点，如果区分运用得不好，该用感叹语气时，却用了惊讶语气，则会叫人觉得怪声怪气。声音下滑，任意拖长会带有一种"官腔"，造成某种命令、指示的意味，令人觉得故弄玄虚，装腔作势。有人喜欢在句尾几个字音上加重，因语气过于强硬，给人一种强迫感、武断感，使人听得不舒适。

学习笔记

还有人误以为抑扬顿挫就是忽高忽低，听起来好像很花哨、很热闹，其实是该高不高、该低不低。纠正的方法就是认真领会演讲内容，根据内容的需要恰到好处地运用不同语气进行演讲。

第四，语义准确，克服华而不实、文不对题的问题。有的人在讲话时，不注意通俗易懂，用一些别人难以听懂的术语，用陈词滥调来生搬硬套，甚至故作高深，文白夹杂。例如，抗日战争前，广东军阀李福林不学无术。他在中山大学讲演时说："诸位大学生，校长阁下敬请我光临贵校，本人深感侥幸，犹似鹤立鸡群，不由得使我飘飘然……"学生们听了哄堂大笑。因此，要纠正这种毛病，必须加强遣词造句能力的培养，多读多看，提高语言表达能力和文字修养。

三、命题演讲练习

命题演讲，一般是指出题者给出一个既定的题目，要求演讲者根据这个给定题目进行的演讲。一般分为专题演讲和赛场演讲两种，专题演讲是就某一事件或某一问题发表演讲，如林肯的《在葛底斯堡国家烈士公墓落成典礼上的演说》。赛场演讲一般是指选手们在赛场比赛中的演讲，如《超级演说家》和《我是演说家》节目中的演讲。有时，人们也把报告、讲话、发言、学术讲座列入命题演讲的范畴。命题演讲具有准备充分、主题鲜明、内容稳定、结构完整等特点。

演讲稿写好之后，在走上舞台之前，必须进行演练。演讲是用来说的，如果只看不练，往往不容易发现问题。演讲者必须通过演练，大声朗读，才能发现语句是否通畅，是否便于表达；抒情是否充分，是否顺理成章；议论是否严谨，是否水到渠成；用词是否晦涩，是否需要改为更通俗的口头语等。在演练过程中，演讲者可以随时修改和润色内容，使演讲更加完美。

学习笔记

（一）钻研讲稿，熟读成诵

在进行演讲前，演讲者必须钻研演讲稿，熟读成诵。美国口才训练专家桑迪·林弗曾说，凡演讲，99%都无须拿稿。一个人拿起讲稿来读"话"时，人们相信的程度也随之降低了。听众越是感到你在与他们交谈，你演讲的效果就越好。钻研讲稿，熟读成诵，并不是说要死记硬背讲稿，而是要求演讲者对讲稿的内容十分熟悉，搞清演讲题目的真实含义，中心论点是什么，论据有哪些，层次怎么安排，开头和结尾的方式怎么样，甚至连字的读音、词的含义都要十分清楚。在此基础上，深刻体会和理解演讲稿的内容，使每句话都成为自己心声的自然流露，真正做到言为心声。

（二）调适心理，从容不迫

在练习演讲时，要有毅力，要有信心和勇气。在登台演讲之前，要镇定自若，悠然自得，要给自己留下时间，既可以松弛，又可以考虑演讲，不仅从心理上做好准备，而且要从生理上做好准备。职业演讲家在离开他们的住处前要做各种运动，如挺胸深呼吸、动动双膝等，准备两三个开场白，到时候选择最合适的一个。

（三）设计语言，训练声音 >>>>>>>>>>>>>>>>>>>>>>>>>>>>>>

设计演讲的语言，就是要仔细推敲，反复琢磨，使得语言的传达最贴合演讲内容，也最适合自己表达的风格。演讲者主要考虑语言是否简洁明快、通俗易懂，是否生动形象、幽默诙谐，是否言之有物、言之成理，是否朗朗上口、入耳动听。同时，还要注意练习发声技巧，注意语速、语气、节奏，要吐字清晰，声音洪亮，音色优美，重音停连得当，抑扬顿挫，张弛有度。高亢时，声震长空，激起听众感情的波澜；低沉时，娓娓道来，如泣如诉，引起听众的强烈共鸣。

（四）风度优雅，富有魅力 >>>>>>>>>>>>>>>>>>>>>>>>>>>>>>

演讲者所表现出来的言行举止，是演讲者思想道德、文化修养的外化，是其言谈举止的综合展现。演讲者一上场，就会把自己的风度和气质全部展现给观众，直接影响听众的评价和审美。在演讲中，演讲者的姿态、手势、面部表情等非语言的表达方式，都会对观众产生影响。

学习笔记

四、即兴演讲练习

情景再现

在班级举行的迎新联欢晚会上，主持人请一名同学上台发表一下感想。这名同学寻找各种理由推托，在大家的热烈掌声中，她忸怩地站起来，说：“我什么也没准备……没啥可说的……”如果你遇到现场请你演讲的场合，你会怎么说呢？

即兴演讲，也就是即席演讲或者即时演讲，是指演讲者在某种特定情况下产生的一种临时性演讲。“即”本是指“接近、靠近”，这里可理解为“根据”；“兴”是指“兴致（兴趣点）”。“即兴”，就是“根据某种具体的兴致（兴趣点）”，“即兴演讲”强调的是“有感而发”。“即席”有“当场”的意思，“即席演讲”强调的是“临时发表”。

（一）即兴演讲的特点 >>>>>>>>>>>>>>>>>>>>>>>>>>>>>>

一是事先未做准备，处于一定情境中，演讲者往往是当即打腹稿，临场发挥，内容可长可短，有感而发；二是具有敏捷性，演讲者必须在很短的时间内，迅速选择话题，进行构思，组织材料，针对具体的对象和环境发表演讲；三是就语言的运用来说，具有简练性，演讲者要用简洁、生动、形象的语言去征服听众。语言的准确运用是即兴演讲的基础，用最通俗易懂、生动形象的语言来表达自己的思想，听众会觉得很亲切，对讲话的内容也就更容易理解和接受。因为即兴演讲是演讲活动中一个较高的层次，它要求演讲者在没有任何准备或极少准备的情况下发表演讲，所以很少有人会选择即兴演讲。但即兴演讲恰恰是能体现演讲者口才与睿智的表现方式，有意识地练习即兴演讲，对演讲者来说是一种有益的锻炼。

（二）即兴演讲的类型

根据演讲的场景，即兴演讲可以分为生活式即兴演讲和赛场式即兴演讲。

生活式即兴演讲是演讲者针对日常生活中的场景（身边的人、事或物），即兴发表的演讲。它是人们在各种社交活动中最常见、最普遍的一种演讲形式，如竞选演讲、就职演讲、欢迎致辞、送别致辞、哀悼致辞、寿庆致辞、答谢致辞、婚礼致辞等。

赛场式即兴演讲是演讲者在比赛过程中，根据抽签选题，即兴发表的演讲。由于题目对演讲的范围或主题做出了明确的限制，演讲者对所选的题目可能不太熟悉，甚至很陌生，因此，赛场式即兴演讲的难度比生活式即兴演讲更大，更具有挑战性，需要演讲者具有较强的应变和表达能力。在这种即兴演讲比赛中，演讲者必须准确审题，快速取材，在规定的时间内完成即兴演讲。

学习笔记

（三）即兴演讲的技巧

1. 两准备

第一，平时准备。俗话说，“巧妇难为无米之炊”，即兴演讲是临时性的，要想取得较好的演讲效果，演讲者需要平时在知识素养上有所准备。这就要求我们平时做有心人，“家事、国事、天下事，事事关心”，广泛地阅读、收集和积累材料，同时加强自身思想、道德、情感等各方面的修养。

第二，心理准备。战胜恐惧，放平心态。做好心理准备，就可以避免突然被“点将”后那种惊慌和恐惧的心理，也可以避免因为没有心理准备而使自己陷入尴尬的境地。有了这种心理准备，演讲者可以轻松地实现角色转换：由配角转向主角，由听者转向说者，从而快速进入演讲状态。

2. 三“定”法使思路清晰

第一，定话题。话题不对，说话气氛就会很尴尬。话题要定什么，要满足第一点，听众想听的；第二点，自己想说的、好说的；第三点，场合所需要的话题。

第二，定观点。演讲要把想法传达给别人，就是观点。观点一定要明确精练，能被听众接受，无须特意地创新，也不用刻意地离经叛道，只要言之有理即可。

第三，定框架。较为常见的有两种模式：一是开门见山式，也叫金字塔式，其方法为先亮出主题，然后对主题做较详细的论证和分析说明；二是曲径通幽式，也称为卡耐基的“魔术公式”，其方法为先举例，接着叙述主旨要点，再说理由，进行论证分析。

3. 散点连缀法

散点连缀法，也叫联想法。在即兴演讲前紧张的选材构思时，人的头脑中会出现很多散乱的思维点，演讲时要捕捉住这些思维点，从这些思维点的关系中确定一个中心，并用它连缀这些思维点，将与主题无关的全部舍去，当表达网络形成后，就可以开始讲话了。也可以将现场看到的几个表面上看似没有关联的，甚至毫不相干的景物、词语，通过一定的语言表达方式，巧妙地连缀起来，组合成一段话，表达一个完整的意思。准备方法是“点的分布法”，即当演讲者拿到题目或被点名讲话时，在短暂的临场准备时间里，应该围绕着题目进行“点”的分布。“点”可以是一个很有感情色彩的事例，一句幽默风趣的话，一位伟人或者哲人的警句，所要阐述观点的核心词语等。

例如，校友、咖啡、遭遇。这三个词语，看似毫不相干，但通过散点连缀法，可以即兴组成如下一段话：

在一次校友会上，我们几个老同学聚在一起聊天，主人问我喝什么饮料，我说来杯咖啡吧，咖啡加点糖，甜中有苦，苦中有甜，二者混在一起有股令人回味无穷的滋味，我想这正好与我们这代人的经历相似，分别几年了，我们都已经走向了不同的岗位，回想起来，真是有苦有甜啊！

4. 四部曲练习法

美国公共演讲专家理查德总结了一个结构精选模式，认为即兴演讲者应该用四句话来提醒自己，这被称为即兴演讲的“四部曲”。

第一，“喂喂！”提示演讲者必须用精彩的开头来吸引听众。

第二，“为什么要费这个口舌？”接下来的演讲应该使听众明白，为什么应当听这个演讲。

第三，举例说明。用活生生的事例来说明，从而使听众内心产生强烈的共鸣。

第四，“怎么办？”告诉听众，在日常生活中应该怎么做。

5. 三注意

（1）慎选话题。

对于自己不清楚的事情，不要冒充内行；不要向陌生人夸耀自己的成绩或财富状况；不要谈论那些尚无定论、容易引起争议的话题；不要随意诉苦和发牢骚。

（2）精彩的开场白和耐人寻味的结束语。

当确定了演讲的主要结构之后，就可以再花一点儿时间考虑开场白怎么说。开场白可用引言、故事、描写、设问等。结束语要概括一下全篇所讲的内容，需要注意的是，一定要将命题的原话结合到结束语中去，或者就说那一句原话。

（3）评述或演讲的关键——不能停下来。

一旦开始讲起来，就千万不要停下来，换句话说，就是要不停地讲下去，直到说完结束语。脑子里不要评价刚刚所讲的话，没说好的地方已经过去了，也不要总考虑怎样说得更好，更不必再和自己讨论是这样讲还是那样讲。

学习笔记

相关链接

幼儿园教师资格结构化面试小技巧

结构化面试是根据职业的特征要求，遵循固定的程序，采用专门的题库、评价标准和评价方法，通过考官小组与考生面对面的言语交流等方式，评价考生是否符合岗位要求的人才测评方法。幼儿园教师资格考试中的结构化面试，是在5分钟内回答两道题目，旨在测查考生是否具备相应的教学观念、教学能力以及个人的综合素质。其实这种面试和即兴评述有共通之处。下面我们就来看看需要哪些技巧。

第一，了解题型，有备而战。考前先了解一下考题类型是非常有必要的。在幼儿园教师资格考试中大致有“职业认知”“保教实践”“综合分析”三类题型。在这三类题型中，“保教实践”最贴近幼儿园一日生活，所以出题率最高，几乎每个考生都会遇到这类题目。除此之外，其他题型大部分也来自生活实际，所以回答问题时也要注意内容切合生活实际，要有细节和具体的可操作性的东西，不要说一些不着边际的虚幻的内容。

第二，听清题目，快速思考。当考官问完问题后，考生可以略加思考再作回答。根据考题内容，迅速确定重点，调动脑子里所有相关知识点，厘清主次。在回答时，要注意不可语速太快，太快了容易使思维与表达脱节，也容易表述不清。

第三，定好框架，条理作答。可以参考即兴评述技巧中的三种结构方式。一是开门见山式，也叫金字塔式。其方法为先亮出主题或者观点，然后对主题进行较详细的论证和分析说明。二是并列式，分层说明理由和观点，每一层最好使用引领词，如首先、其次、再次、最后，或者第一、第二、第三等。三是总—分—总式的结构，先总说观点，然后分析问题，说明为什么这样想或者这样做，最后回归观点。这三种方式的共同点就是条理性强，让听者迅速清楚地明了你的观点，对你有一个很好的直观印象。

第四，出现问题，灵活处理。考试时，考生难免紧张慌乱，这时就会出现一些状况。如果因为紧张出现一些磕巴或者个别用词不够准确等问题，考生完全可以直接忽略，当作没有发生，继续沿着自己的答题思路，从容作答。倘若在答题中，说错的话涉及政治问题、价值取向等，就一定要引起重视，及时郑重地道歉，并做出解释，重新完整、清晰地表达自己的本意，不要引起误会以致得分偏低。

第五，流畅自如，一气呵成。经过短暂思考后，一旦开始回答问题，最好不要停下来，也就是要一直说下去，用第一、第二这样的词语进行分层引领，把自己的观点完整、流畅地表达出来。这时候不要纠结自己的语言是否具有逻辑性，是否用词严谨恰当，是否有点重复啰唆等。要知道，没有人能在这么短的时间内做到完美无缺、无懈可击。回答问题后，可以向考官提示：“第一（二）题回答完毕，考官辛苦了。”这样既显得自信镇定，又恭敬有礼。

思考与练习

1. 谈谈你印象最深刻的一次演讲。
2. 演讲的特点是什么？
3. 结合历史上的著名演讲，谈谈命题演讲的技巧。
4. 说说命题演讲演练过程中应注意的问题。
5. 即兴演讲有什么魅力？

扫码

查看参考答案

6. 设想你自己要竞选学校戏剧社团的团长，做一个即兴演说。

7. 党的二十大报告提出“办好人民满意的教育”，作为一名未来的幼儿教师，你将如何努力成为一名“四有”好老师，为办好人民满意的学前教育做出自己的贡献。请谈一谈你的想法。

8. 以班级为单位，以“感念父母恩，回报父母情”为演讲的内容。要求学生在课堂内准备，规定准备时间过后，教师指定学生即兴演讲。一人讲完，可再指定另一人继续演讲。以此类推。

9. 中秋佳节之夜，不能回家团圆的同学们相约在操场上赏月。这时要求你以“明月、亲情、思念”为题即兴演讲，你会怎样准备你的演讲呢？来说一下吧。

10. 请为下面句段设计语言，注意语速、语气、节奏、重音的表达，吐字清晰，声音洪亮。

（1）我们必须坚持解放思想、实事求是、与时俱进、求真务实，一切从实际出发，着眼解决新时代改革开放和社会主义现代化建设的实际问题，不断回答中国之问、世界之问、人民之问、时代之问，作出符合中国实际和时代要求的正确回答，得出符合客观规律的科学认识，形成与时俱进的理论成果，更好指导中国实践。

（2）全面建设社会主义现代化国家，必须坚持中国特色社会主义文化发展道路，增强文化自信，围绕举旗帜、聚民心、育新人、兴文化、展形象建设社会主义文化强国，发展面向现代化、面向世界、面向未来的，民族的科学的大众的社会主义文化，激发全民族文化创新创造活力，增强实现中华民族伟大复兴的精神力量。

学习主题 6 表演

戏剧是一门以舞台表演为中心，融合了文学、音乐、舞蹈、绘画、雕塑等多种艺术元素的综合性艺术（图 6–25）。其中，内容符合儿童经验，且受到儿童喜爱的戏剧作品被称为儿童剧。优秀的儿童剧作品能通过具体、鲜明的形象与活泼明快的情节对幼儿进行美的熏陶，培养幼儿良好的道德品质和情操。组织和指导幼儿表演儿童剧，是一种卓有成效地提高幼儿语言表达能力的教学方法。排演儿童剧对于同学们提升自己语言表达的表现力和感染力也很有帮助。

图6–25　戏剧表演实例图

一、儿童剧表演方法

【微课视频】
神奇糖果屋

表演是演员依靠平时对生活的观察和体验，把属于角色的情感精准地用外在的语言、形体动作体现出来。在开展戏剧活动时，要注意将学习过的口语表达知识综合运用到舞台表现上，在理解角色的基础上体验角色，进而表演角色。

学习笔记

（一）通读剧本，“演读”所有角色台词 >>>>>>>>>>>>>>>>>>>>>>>>

在开始表演之前，无论出演剧中的哪一个角色，表演者都要先通读剧本，熟悉完整的故事情节，了解出现在剧中的所有角色。“演读”是指在有感情朗读的基础上，将态势语言融入其中，在“演”的情境中读台词，说台词。演读台词能够帮助表演者借由态势语言调动再造想象，从而带动情感，产生丰富的内心视象，达到体验角色的目的。在通读剧本这一环节时，我们需要综合运用前面所学的知识，将规范的普通话发音、朗读的技巧、态势语言的使用技巧等，统一到“演读”的过程当中来（图 6–26）。

（二）联系生活，塑造个性鲜明的角色 >>>>>>>>>>>>>>>>>>>>>>>>

为了适应幼儿的接受能力和欣赏趣味，儿童剧的角色以扁平人物居多：性格单一，特色鲜明。因此，我们可以在通读剧本、深入分析的基础上，尝试用一个词语来概括角色的特征。例如，顽皮的小猴、憨厚的小熊、狡猾的狐狸、威严的狮子等。要想塑造出个性鲜明的角色形象，所有的角色语言、态势语言，甚至服装道具的设计都应围绕这个角色的核心特征来完成。

戏剧是依靠台词来塑造角色、推动故事情节发展的，儿童剧也不例外。为了配合幼儿好奇、好动、好模仿的特点，儿童剧强调台词的设计要生动有趣，态势语言要丰富夸张，在适合幼儿观看的同时，能够引起他们表演的欲望。因此，表演者要在理解角色的基础上，联系生活，将自己对生活的观察和体会融入表演中，为角色设计一些有代表性的动作和独特的台词表达方式。例如，表演一只活泼的小蜜蜂，台词语速要快而轻巧，不时发出“嗡嗡”声并配合快速扇动翅膀的动作，以增强表现力（图 6–27）；而表演一位温柔的鸟妈妈，则可以将语速放缓，声音下沉，动作设计要优雅而舒展（图 6–28）。

图6–26　儿童剧表演示例1

图6–27　儿童剧表演示例2

图6–28　儿童剧表演示例3

（三）注重交流，精准表达台词和潜台词 >>>>>>>>>>>>>>>>>>>>>>>

【儿童剧视频】
咕咚来了

戏剧是一种集体艺术。演出独角戏的情况是少见的，尤其是在儿童剧当中，多个角色之间必然存在交流。“舞台交流的重要特征，就是交流双方都力图通过交流这种手段把自己的意图告诉对方，并以此来说服对方、改变对方。”因此，表演不是一个人的自说自话，而要有倾听和反应。

表演者要仔细推敲自己的台词，把多余的含糊其辞的与主题无关的内容都删改掉，让每一句台词都能准确地反映角色当时的意图。除了台词，我们也不能忽视潜台词的存在。所谓潜台词，是指潜藏在语言下面的人物真实的意图和心理动机。潜台词也许和表面语言并不一致，但它准确地揭示了人物的思想和动机。如果遇到有潜台词的段落，一定要注意精准处理，不要把一段别有深意的话处理成没有意义的寒暄。

如果是在幼儿园内以幼儿为主开展戏剧活动，教师很难要求幼儿自主完成角色的塑造和台词的推敲。教师作为表演活动的指导者，需要在表演活动开始前仔细研读剧本，厘清所有细节，在表演活动开展中给幼儿充分讨论和发表自己意见的机会，在尊重幼儿想法的基础上给予其一定的角色塑造方面的指导。

【微课视频】

儿童剧表演训练

二、儿童剧表演练习

表演是一种综合性的艺术，对表演者的观察力、理解力、想象力、感受力、形体与语言的表现力等都有非常高的要求。在这里，我们无意讨论专业的系统的表演训练，仅仅为大家举例介绍一些简单易学的练习方法，帮助大家进行正式排演前的训练。以下方法也可以作为表演游戏应用于幼儿园的相关场景中。

学习笔记

（一）“我是大明星” >>>>>>>>>>>>>>>>>>>>>>>>>>>>>>>>>>>

这是一个单人的形象塑造练习。

选择一位自己喜爱的明星，模仿该明星的走路方式走上讲台，用该明星的身份向在场的同学进行自我介绍，注意自己的语气语调、动作神态，尽可能接近自己心目中的明星形象。该练习方法也经常在儿童剧排演时使用，将明星替换成剧本中的角色，通过介绍角色，帮助表演者快速熟悉自己将要饰演的角色。

（二）“你好吗？”“我很好。” >>>>>>>>>>>>>>>>>>>>>>>>>>>>

这是一个简单的双人台词练习。

一人问：“你好吗？”另一人回答：“我很好。”可以搭配态势语言，但不可以附加其他的词语或句子。其余同学要通过语气、语调和他们的态势语言，猜测两人设定的角色之间的关系。这个练习的作用是强化语气、语调、重音、节奏等对角色的塑造作用。

这个练习也可以换成其余任何两句紧密相关，但角色身份并不明显的台词，尝试用不同的声音、语气、语调，甚至可以用不同的位置和距离来展现台词背后的人物关系。

（三）“幸运与不幸” >>>>>>>>>>>>>>>>>>>>>>>>>>>>>>>>>>>

这是一个关于想象力、台词和面部表情的小组练习。每组参与人数不少于四人。

由第一个同学设计故事的第一个场景，并以“幸运的是……”完成这个场景的描述。如第一个同学可以这样描述：“我是一只小羊，我正在河边喝水，幸运的是，今天我并没有遇到大灰狼。”第二个同学要续编第一个同学的故事，并且以“不幸的是……”完成自己的描述。第三个同学续编时再以“幸运的是……”开始，以此类推，直到最后一个同学完成练习。

训练进行时要求大家尽可能展开自己的想象，时间和场景只要在符合故事内在逻辑的前提下都可以自由组合。要注意的是，练习者要注意台词与面部表情的对应。说到“幸运的是”应该配合喜悦的语气、语调和开心的表情，尽可能做到声情并茂。

（四）“照镜子”

这是一个关于肢体动作和配合能力的双人练习。

两人一组，面对面站立，一人扮演镜子，另一人做照镜子的人。照镜子的人要对着“镜子”做动作，“镜子”需要尽可能一模一样地模仿出照镜人的动作和表情。注意两人不可以提前约定动作内容，也不可以长时间做一种简单的重复性动作（如跳绳）。“镜子”要尽可能快速地观察并模仿照镜人的动作，不要主观猜测对方下一步的动作。照镜子的人则要注意控制自己做动作的速度和动作改变的节奏，动作要清晰明确，重在练习配合的默契程度而不是展示自己。

学习笔记

（五）“不期而遇”

这是一个小组综合练习。对台词、表演、形体动作和空间想象力都能起到一定的练习作用。每组参与训练的人数不少于四人。

这一练习的主要任务是小组合作完成一场特定场景下以“偶遇”为主题的即兴表演。要求表演中呈现的任何一个事物或者人物都是由“人”扮演的。如一组有四个同学，其中两个负责表演在公园中遇到多年未见的同学的情景，另外两个同学则需要扮演公园中的事物，如树木、长椅、路灯等。需要注意的是，演“道具”的同学要有所取舍，只选择与故事情节紧密相关的来扮演，不需要面面俱到。

（六）“天使与魔鬼”

这是一个小组练习，是一个理解人物形象和分析人物“潜台词”的练习。每个练习组的人数以不少于五人的单数为宜。

小组中由一人负责表演角色的行为，另外的同学分为两组，站在表演者的两侧，扮演“天使”或“魔鬼”，劝说或者阻碍表演者完成后面的情节。

例如，一个同学扮演《海的女儿》中的“小美人鱼”，她手上拿着姐姐们送来的匕首，正在往王子的寝宫走去，是杀死王子让自己的双腿变回鱼尾回到大海，还是用自己的生命来换王子的生命，她犹豫不决。善良的“天使”会劝说美人鱼不要杀死王子，而邪恶的“魔鬼”则会怂恿她快去杀死王子。“天使”们和“魔鬼”们分别站在“小美人鱼”的两侧，形成一个狭窄的廊道，“小美人鱼”会依次走近他们身边，轮流倾听两方的观点，对他们的陈述做出相应的动作和表情上的反应，但不要和他们有语言交流。在听完所有“天使”和“魔鬼”的陈述后，“小美人鱼”将独立完成最后的表演：杀死王子或者转身离去。

这组练习重在对角色的深入分析和塑造，表演者要充分倾听“天使”与“魔鬼”的声音，并尽量通过表情和动作表达自己的理解。

【童话剧视频】
小美人鱼

三、儿童剧的排练

同学们无论是在校内排练儿童剧，还是在幼儿园为幼儿排演儿童剧，都不同于职业演员的演出，即不必追求艺术上的完美，而是要更看重参与过程中的收获。下面将以同学们在校内排练儿童剧为例，讲解儿童剧的排演流程和方法。

（一）组建剧组，分析角色 >>>>>>>>>>>>>>>>>>>>>>>>>>>>>>>>

组建剧组的过程，同时也是选择剧本的过程。对于非专业的表演者来说，是否喜爱一个作品，往往会决定这个作品演出的成败。所以，尽可能由喜爱同一个剧本的同学们来完成剧组的组建，而不要在成立剧组后再去挑选剧本。一般来说，一个剧组需要有导演、演员、灯光师、道具师等角色分工。不过除导演需要相对固定以外，其余的人都可以身兼数职。

分析角色的过程应该是一次所有剧组成员的讨论会。每个人都要说出自己对故事中出现的各个角色的看法，并且要注意认真听别人的意见。使用之前介绍过的“我是大明星”的方法，可以提高分析角色活动的效率和质量。

想一想

如果你在幼儿园以老师的身份与幼儿一起排演儿童剧，这里的排演流程和方法是否合适？在使用上需要注意什么呢？

（二）分配角色，划分演出段落 >>>>>>>>>>>>>>>>>>>>>>>>>>>>>

分配角色的任务，有可能在分析角色的时候就已经完成了，那些对于某个角色分析最透彻、最令其他人信服的同学，一般是最适合演出该角色的。分配角色时经常出现的问题是几个人争抢一个角色。比如，很有可能两个女生都希望演“白雪公主”，而没有人愿意演恶毒的“王后”。如果出现了这种情况，“导演”可以要求两人依次演读一段相同的“王后”的台词，让剧组其余同学来投票选择谁更适合这个角色。如果依然无法统一意见，可以使用 AB 角的方法，同时排练，择优录取。

戏剧中一般用“幕”和“场”来划分演出段落。“幕”是指情节发展的一个大段落，“一幕”中又可以分为多个小段落，这些小段落就称为“场”。儿童剧多为独幕剧，有些剧本进行了场次的划分，有些没有进行场次的划分。对于没有进行场次划分的剧本，需要按照情节的开端、发展、高潮、结局划分演出段落，方便之后的排练。

（三）组织排练，设计服化道具 >>>>>>>>>>>>>>>>>>>>>>>>>>>>>

为了节省时间、提高效率，导演在组织排练时，应该分组进行，最好多组并行。“导演”应该按照之前划分好的演出段落，一次只召集一部分同学排练一个部分，不要出现几个人演一堆人等待的情况。如果有两场戏的角色没有交叉，那么这两场戏就可以同时排练。

在排练时，“导演”需要了解简单的舞台调度知识，根据规定情境、人物

做一做

儿童剧排演是一项非常烦琐的工作，如果你是导演，你会怎样安排整个排练计划呢？请在不占用正常学习时间的前提下，设计出一份详尽的、在 30 天内可以完成的剧目排演计划表。

相关链接

舞台调度

舞台调度是导演揭示矛盾冲突性质、人物精神世界、人物关系、规定情境的有力手段。

舞台区域的基本划分：

舞台可以分为几个区位，从观众面对舞台来说，左边习惯被称为“上场口”或“上场门”，右边习惯被称为“下场口”或“下场门”。

舞台场景或舞台调度给观众的印象是左强，右弱；前强，后弱。在剧场观看演出时，观众的眼光一般习惯于注意左边，总是把上场门一边的出场人物当作重要人物。

（左上区）次弱	（中上区）弱	（右上区）最弱
（左下区）强	（中下区）最强	（右下区）次强

一般来说，根据观众对舞台空间强弱的感觉可以将舞台分为几个区域，如果以观众面对舞台，我们可以将舞台的表演区分为六个区域：中下区由于距离观众最近，对观众的冲击力也最强；左下区同样距离观众很近，但由于它不处在舞台的中心点，因此不如中下区强；右下区距离观众很近，但由于它靠近下场门，观众对它的感觉不如左下区，因此它的强度比左下区弱一些；中上区虽然占据了舞台的中心位置，但由于它距离观众稍远，因此它比右下区的吸引力稍弱；左上区虽然是我们经常使用的上场口，但它距离观众较远，因此又显得弱了一些；右上区是最弱的，一是因为距离观众较远，二是因为观众的视线不容易注意到那个区域。在戏曲舞台上，那个区域是“入相”和反面角色经常出现的地方，过去的一些戏剧也将那里作为阴谋、死亡或者妖魔鬼怪出没的地方。

（参见李建平：《导演戏剧本科教程》，169～170 页，北京，中国戏剧出版社，2006）

心理状态、人物行动目的，帮助表演者设计舞台调度。

服化道的设计应该遵循简单有效的原则，服装化妆只要能够突出角色的特征，道具布景只要能够有效推动情节发展即可，服化道中各个元素的搭配应该协调统一。所有剧组成员都应当参与到服化道的设计制作中来。道具的制作不一定要求一次完成，可以边排练、边使用、边调整。

（四）公演前彩排，及时交流反馈 >>>>>>>>>>>>>>>>>>>>>>>>>>>>

彩排是指在正式公演前具备全部演出合成条件的总排演。彩排时最需要关注的是配合，即角色之间的配合、场次转换的配合、灯光音效的配合等。彩排完之后，剧组成员要及时在一起交流、反馈彩排过程中遇到的问题，提升演出的质量。

幼儿热爱游戏，儿童剧对于他们来说更像是一种经过组织的、具有戏剧艺术特点的游戏。因此，无论观剧还是演剧，现场往往都是热闹非凡、笑声不断的。希望同学们也能在校内尝试排演一部儿童剧作品，体验在舞台上的乐趣。

思考与练习

1. 尝试排演儿童剧《小熊拔牙》。

排演提示：这部作品的前半部分写小熊在家的样子，犹如幼儿自娱自乐地表演独角戏；后半部分请医生拔牙的段落，很像孩子们玩儿“拔萝卜”的游戏。本剧极少有舞台提示，全凭动作化、形象化、韵文化的台词突出角色的个性。动作设计要紧贴台词，夸张幽默。该作品非常适于幼儿表演。

【文本】小熊拔牙

2. 请将安徒生《海的女儿》改编成一个儿童剧作品，并排演。注意发挥自己的想象力，充分表达自己对作品的理解。

3. 实践练习。

练习一：综合运用所学用气发声、态势语和朗读技巧朗读朱自清的散文《春》。

练习二：综合运用所学用气发声、态势语和朗读技巧朗读儿童诗《摇篮》。

摇篮

蓝天是摇篮，
摇着星宝宝，
白云轻轻飘，
星宝宝睡着了。

大海是摇篮，
摇着鱼宝宝，
浪花轻轻翻，
鱼宝宝睡着了。

花园是摇篮，
摇着花宝宝，
风儿轻轻吹，
花宝宝睡着了。

练习三：做一个演讲练习里最困难的益智游戏：“站着思考”。要求每人在一张小纸条上写下一个题目，并立刻站起来就那个题目说上60秒钟。或者一个人随意选择一个话题，比如现在我们必须说“火锅”，每个人都要就这个题目进行即兴发言，无论角度，不分主题。

练习四：用即兴演讲五步训练法进行实训。

即兴演讲可采用“准备”“自试”“演讲”“评议”“再演讲”的五步训练法。“准备”是接到演讲题目，打腹稿，列出演讲提纲后，讲述自己的创作意图；“自试”是根据“准备”的结果，确立中心、层次间的逻辑关系，使用生动、形象的语言进行口头试说；“演讲”是使用较大的音量、较高的音调，让“自试”情况与听众“见面”的过程；“评议”是根据同学的演讲，从内容、形式两方面进行的评析，是信息的反馈，是实践以后的再认识；这时，思维最活跃，“再演讲”就是即兴演讲比赛。任选一个话题进行训练。

练习五：请在以下四个故事（扫描二维码查看故事原文）中任意选择一个作品，将它改编成儿童剧，并排演。

练习提示：可以先分配角色再进行剧本的改编，不需要统一的编剧，由演员完成自己的台词。可以多使用几次“我是大明星”的方法，来帮助完成剧本的创作。

【文本】
小青虫的梦

【视频】
小青虫的梦

【文本】
城里来了大恐龙

【视频】
城里来了大恐龙

【文本】
笨狼把家弄丢了

【视频】
笨狼把家弄丢了

【文本】
小蝌蚪找妈妈

【视频】
小蝌蚪找妈妈

专题检测题

扫码
查看参考答案

一、判断题。

1. 态势语是无声的语言，是口语交际中传递信息的重要手段。（　　）

2. 文字语言的标点符号就是有声语言的标点符号，有标点符号的地方都应该停顿。（　　）

3. 朗读中重音位置不同对于语意的表达没有影响。（　　）

4. 即兴演讲技巧的“两准备”包括平时准备和心理准备。（　　）

5. 朗读儿童文学作品时，为了体现儿童化，可以模仿儿童说话的语气。（　　）

6. 因为故事讲述的对象是幼儿，故事内容也比较简单，所以不需要提前准备。（　　）

7. 看图讲述在经由看图收集了足够多的材料后，要积极运用自己的想象和联想，将画面中的故事叙述出来。（　　）

8. 排练、表演儿童剧时，只需要熟悉自己扮演角色的台词就可以了。（　　）

二、朗读下列材料。

1. 儿童诗《彩色的梦》。

彩色的梦

高洪波

我有一大把彩色的梦，
有的长，有的圆，有的硬。
他们躺在铅笔盒里聊天，
一打开，就在白纸上跳蹦。

脚尖滑过的地方，
大块的草坪，绿了；
大朵的野花，红了；
大片的天空，蓝了，
蓝——得——透——明！

在葱郁的森林里，
雪松们拉着手，
请小鸟留下歌声。
小屋的烟囱上，
结一个苹果般的太阳，
又大——又红！

我的彩色铅笔，
是大森林的精灵。
我的彩色梦境，
有水果香，有季节风，
还有紫葡萄的叮咛，
在溪水里流动……

2. 故事《捉星星》。

捉星星

有一天，青蛙哥哥坐在荷叶上乘凉。他看见，满天都是亮闪闪的星星。

“呱呱呱，呱呱呱。”青蛙哥哥唱起歌来。

这时候，小松鼠、小兔子，还有小鸡，他们都到池塘边来了。

他们看见，就在池塘的水里，可以看见很多的小星星。

“青蛙哥哥，我们都不会游水，请你帮我们捉几颗小星星上来吧。”

青蛙哥哥一看，是呀，水里是有很多的小星星，以前怎么没发现呢？

“好吧，我来捉星星吧，你们等着啊，每人一颗，谁都会有。”青蛙哥哥说着，扑通，就跳进水里去了。

青蛙哥哥在水里摸呀，捞呀，一颗星星也没有找到。小松鼠他们也发现，青蛙哥哥一跳进水里，星星就都不见了。

等到青蛙哥哥爬到荷叶上一看，水里又有星星了。

这是怎么回事呢？

青蛙哥哥只好再一次扑通一声跳进水里。

星星又没了。

“扑通，扑通，扑通！”

青蛙哥哥爬上来，跳下去，再爬上来，又再跳下去。他忙乎了一个晚上。

等他跳得很累很累的时候，爬上岸，喘着气，发现小松鼠他们早就走了，可青蛙哥哥还在找星星。

后来，青蛙哥哥在跳水比赛的时候，得了第一名。他自己也不知道，他怎么跳水跳得那么好呢？

学习评价与反思

评价要点：掌握并能在朗读中熟练运用朗读的内部和外部技巧，较好地运用讲述故事的技巧讲述文字故事、图画故事，运用即兴演讲技巧较好完成幼儿园教师资格面试答辩题目；掌握儿童剧表演技巧与排练方法，在朗读、讲述故事、演讲、儿童剧表演中正确运用科学发声方法、恰当运用态势语辅助有声语言表达。

专题七
幼儿教师职业口语

>> 学习目标

1. 了解幼儿教师职业口语的要求和主要类型。
2. 掌握幼儿教师职业口语的运用技巧。
3. 明确幼儿教师集体教学活动用语、教育活动用语和社交活动用语的主要类型和基本要求。
4. 能够运用所学的幼儿教师职业口语的相关知识进行幼儿园保教工作和社交活动。

>> 思维导图

- 幼儿教师职业口语
  - 认识幼儿教师职业口语
    - 幼儿教师职业口语的内涵
    - 幼儿教师职业口语的特点
    - 幼儿教师职业口语的技巧
  - 幼儿教师集体教学活动口语
    - 认识幼儿教师集体教学活动口语
    - 幼儿教师集体教学活动口语的作用
    - 幼儿教师集体教学活动口语的特点
    - 幼儿教师集体教学活动环节的用语技巧
  - 幼儿教师教育口语
    - 幼儿教师教育口语的原则和要求
    - 幼儿教师教育口语的分类
  - 幼儿园其他工作用语
    - 与家长沟通语言
    - 与同事交际语言
    - 与其他相关人员交流语言

>> 专题导入

亲爱的同学们，本专题将和大家一起走进幼儿教师职业口语，了解幼儿教师职业口语的含义、特点、要求以及主要类型，掌握幼儿教师职业口语的运用技巧，能够运用所学的幼儿教师职业口语的相关知识进行幼儿园保教工作和与工作相关的社交活动。你们准备好了吗？让我们一起开始学习之旅吧！

学习主题 1
认识幼儿教师职业口语

幼儿教师在日常教育教学工作中扮演着重要的角色，是幼儿学习的支持者、合作者和引导者。学前期的幼儿智力和非智力因素处于关键的初步形成时期，幼儿教师行为的示范性和口头语言表达水平对幼儿的发展起到较大的作用。尤其是教师的职业口语表达能力，直接关系到幼儿的生活、游戏、学习等活动以及幼儿的情绪、情感、语言和思维能力的发展，能够最大限度地促进幼儿知识、能力以及个性品质和行为习惯的养成，同时影响着幼儿与教师的关系等。在幼儿教师弹唱、绘画、舞蹈等诸多的职业技能中，职业口语表达能力是最基本、最核心的能力。

【微课视频】
认识幼儿教师职业口语

想一想

幼儿职业口语的内涵是什么?

一、幼儿教师职业口语的内涵

幼儿教师职业口语是幼儿教师在教育教学中所运用的工作语言，是幼儿教师最基本、最直接的交流工具，是幼儿教师教育原则和教学策略的最基本的体现。幼儿教师职业口语包括教育口语、集体教学活动口语以及与教育教学相关的其他工作用语，如与家长沟通、与同事交际、与其他相关人员交流等使用的语言。

学习笔记

幼儿教师职业口语是经过长期的教育教学及工作实践总结出来的，不仅要符合一般语言规律，要求用标准的普通话进行表达，而且要符合幼儿教育教学的一般规律和幼儿个性心理特征与认知发展规律，符合幼儿教育教学工作的特殊要求。幼儿教师学好职业口语，不仅能提高保教质量，而且能建立良好的人际关系，更能提升个人的综合素养。

二、幼儿教师职业口语的特点

（一）规范化 >>

规范化是指幼儿教师要用标准的普通话进行保教活动。普通话是教师的职业语言，幼儿教师作为幼儿园教育的实施者，说一口标准、流利的普通话不仅是其职业基本功，而且是其从事保教工作的基础能力，更是其完成保教任务和进行人际交往的保证。幼儿教师不但要用标准的普通话开展保教工作，而且要以自己准确、规范、优美、生动的职业口语影响幼儿的语言发展，给幼儿做出良好的示范。幼儿教师职业口语的规范体现在语音、词汇和语法三个方面。

1. 语音规范

语音规范要求幼儿教师使用比较标准的普通话，能够掌握普通话语音的声母、韵母、声调和语流音变，做到发音准确、吐字清楚，不使用方言。3～6岁的幼儿正处在学习语言的黄金期，主要靠观察和模仿来学习语言，幼儿教师是幼儿最主要的模仿对象，其普通话的标准程度直接影响了幼儿的语言发展。

情景再现

幼儿："老师，看我嘟嘟给我买的新裙子。"师："真漂亮！你姑姑对你真好！再叫一声'姑姑'"。幼儿："嘟嘟"。师："'姑姑'，看老师的嘴巴，叫'姑姑'！"幼儿："嘟嘟（幼儿露出了着急的表情）。"师："不着急，慢一点，'姑——姑'！"幼儿："姑（幼儿犹豫、不自信似的）。"师："真棒，说得真好！姑姑！"幼儿："姑姑！"

【评析】幼儿的发音器官尚未发育完全，有些字词在模仿初期会反复出现错误，在情景再现中，幼儿总是把"姑姑"读成"嘟嘟"，教师能够不厌其烦地做好发音示范，用正确的发音对幼儿的语音起到示范和强化作用，促进了幼儿语言的规范发展。

【视频】
幼儿园数学活动
"逛公园"

2. 词汇规范

普通话的词汇界定是"以北方话为基础方言"，也就是说北方话是普通话词汇规范的基础。幼儿时期是掌握词汇和语法最迅速的时期，幼儿教师作为幼儿语言学习的榜样，要十分重视词语运用的规范，不使用方言，不使用不规范的生造词语，不使用夹杂外语、网络词汇以及尚不稳定的新词。比如，手捏子（手帕）、瓜瓜蜓（蜻蜓）、哈喽、好酷、真 good、小盆友（小朋友）、不要借酱紫嘛（不要这样子嘛）等。

情景再现

师A和幼儿一起在土坡沙池边玩游戏，忽然一阵狂风袭来，卷起阵阵沙尘，幼儿和老师连连遮挡鼻子。师A喊道："孩子们，bàng死了！ bàng死了！赶紧回教室。"边喊边组织幼儿回教室。幼儿们一脸疑惑。"老师，尘土这么脏，我的脸上都是灰，哪里棒啊！

【评析】在情景再现中，"bàng死了！"是方言，意思是灰尘太多了。生活中怎样表达是自己的语言习惯，使用方言无可厚非，但是作为幼儿教师要分清生活语言和职业语言，当以幼儿教师身份出现的时候，教师一定要有角色感，要有职业规范的意识，要使用规范的词汇，这样才能起到言传身教的作用，才能树立良好的教师形象。

3. 语法规范

随着社会的发展，幼儿学习语言的途径越来越多，除了家长、幼儿教师的言传身教，还有来自广播、电视、网络等的影响。"我好好想你""吃饭了哈""你听不懂人话吗""没长耳朵啊"等一些社会语言铺天盖地，被逻辑思维尚处在初级发展阶段、没有任何辨别和筛选能力的幼儿全盘接受。幼儿教师不仅要引导幼儿说好语法规范的普通话，而且要及时纠正幼儿不规范的语法。

情景再现

开学第一天，朵朵和涛涛一起走到了教室门口。朵朵说："涛涛，你进先。"涛涛似乎没有听懂，站在那儿没有动，自言自语地说："我进先。"韩老师看到走过来，亲切地抚摸着朵朵的头对涛涛说："涛涛，朵朵让你先进。"涛涛："老师，应该是你先进。"刘老师肯定了涛涛的话，蹲下来亲切地对朵朵说："朵朵，你再给涛涛说一遍'你先进'。""涛涛，你先进！""谢谢！"朵朵、涛涛都开心地笑了。

【评析】"你进先"属于方言，"你先进"符合普通话语法规范。在情景再现中，教师能够密切关注幼儿生活中语言的规范表达，当幼儿的表达不符合普通话语法规范时能够及时纠正，保证了幼儿普通话的规范性。

（二）儿童化

对于幼儿教师来说，职业口语表达仅仅做到规范是不够的，还必须实现语言的"儿童化"。因为幼儿教师工作的对象是学龄前幼儿，学龄前幼儿处在直观形象思维发展阶段，幼儿容易理解直观性比较强的概念，不容易理解比较抽象的概念性语言。因此，儿童化的口语应该贴近幼儿的生活，基于幼儿的年龄特点、心理特征、接受水平，教师在保教活动中，应该多一些口头语言，少一些书面语言；多一些具体形象的语言，少一些抽象的语言；多一些单句、短句，少一些复句、长句；多一些幼儿熟悉的富有表现力且具体形象的词语与句式，如象声词、语气词，少一些过于生僻的附加成分。

想一想

幼儿职业口语如何体现儿童化呢？

1. 意象具体，简短浅显，易于接受

在保教活动中，幼儿教师主要通过语言进行知识的传递和情感的交流。根据语言发展的规律，幼儿掌握的实词比虚词多，口语词汇比书面词汇多，语句运用时单句比复句多，所以幼儿教师的语言要简短精练、通俗易懂，易于幼儿理解和接受。先要让幼儿听懂，然后再增加词汇量，练习语言表达能力，并且用幼儿已知的知识和感兴趣的话题来学习新的知识，认识新的事物，最终达到促进幼儿语言发展的目的。

练一练

同学们，我们也来讲讲《没有牙齿的大老虎》这个故事吧，一定要注意口语表达时意象具体，形象生动，简短浅显，易于幼儿接受。

这里要强调的是，幼儿教师语言的简短浅显不是指模仿幼儿的表达方式，如在跟幼儿表达时用奶声奶气的"娃娃腔"或喜欢用"桌桌""板板""饭饭"等不规范的叠音词来表述，这样容易对幼儿的语言学习产生误导，不利于幼儿语言的积累，而是要根据幼儿不同年龄阶段的特点说简单明了、句式短小、准确规范的幼儿喜欢听且能听得懂的话。

情景再现

小班徐老师在讲《没有牙齿的大老虎》的故事："森林里住着长着铜铃般眼睛的大老虎，这只老虎的牙齿可厉害了。无论多么粗壮的树，大老虎只要用锋利的牙齿一啃，树就立即折断，可真是恐怖啊！"

【评析】徐老师在讲故事的时候，运用了"铜铃般""粗壮""锋利""折断""恐怖"这些抽象的形容词，虽然形象生动但是没有考虑到幼儿的接受能力。小班的幼儿，其思维水平处于具体形象的初期，对于抽象的词语还不容易理解，教师讲故事最好用日常生活中小班幼儿容易接触到的易理解的简单词、简单句。比如，徐老师可以这样表达："森

林里住着一只大老虎，长着大大的眼睛，有铜铃那么大。它的牙齿可厉害了。看，比我们教室的柱子还粗的树，大老虎只要用尖尖的牙齿一啃，树就断了，这可真吓人啊！”

2. 感情丰富，形象生动，具有启发性

幼儿教师语言的情感丰富、形象生动是由教育对象的特殊性决定的。幼儿的年龄特点决定了他们的思维方式以形象思维为主，他们的注意以无意注意为主，他们的观察能力、想象能力水平都不高。他们更容易理解和接受直观、生动、形象、具体的事物，喜欢生动的、有趣的、形象的、活泼的语言。因此，幼儿教师的语言不仅用词要浅显，而且在表述时还要加上丰富的表情和适当的手势，让表达有声有色、形神兼备，多用一些象声词、语气词、叹词和比喻、拟人、夸张等修辞手法，多借助一些儿歌、故事、游戏作为语言表达的辅助手段，把抽象的概念形象化，让幼儿如闻其声，如临其境，以此来打动幼儿的心灵，调动幼儿听的积极性，延长幼儿注意力集中的时间，让幼儿通过多种感官感受语言的魅力，激发他们学习的兴趣，拓展他们认知和思维的空间，使他们愉快地接受新的知识，提高其主观能动性。

【视频】
幼儿园中班游戏
“好玩的纸牌”

情景再现

玩具宝宝也会疼

区域游戏活动音乐声响起，小朋友们忙碌地收拾起玩具。他们有的将积木搬到小车里，有的将平衡车推到车架上……“哗啦啦！”琪琪等几个小朋友将一车积木直接粗鲁地倒在积木架旁，“砰！”亮亮直接将平衡车扔到了车架边，“砰砰砰！” 收纳箱的盖关不上，鹏鹏直接用小皮锤砸……

“哎呀，我们的玩具宝宝好可怜啊！我们讨论游戏规则时，不是说好使用、收拾玩具宝宝的时候，要爱惜它们吗？”乐乐老师满脸疼惜的表情，“积木宝宝刚才都哭了，说有小朋友摔它，它身上青一块紫一块的；平衡车宝宝们对我说，它们一会儿被小朋友摔，一会儿被小朋友拖着走，身上都快要疼死了；收纳箱宝宝说有小朋友总是用拳头砸它，头都要被砸破了，可疼了。”

听了乐乐老师的话，收拾玩具时动作粗鲁的小朋友们都不好意思了。“老师，箱子宝宝也会疼，我不会再砸它了。”“小车弟弟是我们的好朋友，我不会再摔它了。”“积木宝宝也会疼，我搬它一定小心，不弄疼它。”

【评析】乐乐老师对于幼儿的错误不是直接批评，横加指责，而是采用了拟人化的手法，赋予玩具生命，让玩具宝宝的疼痛深深打动了幼儿的心灵，让幼儿发现自己的错误，及时改正，并视玩具宝宝为朋友，学会保护玩具、爱护玩具。

3. 感情真挚，亲切自然，礼貌得体

幼儿教师职业口语要真挚，语调要舒缓柔和。感情真挚、亲切自然、礼貌得体表现在两个方面，一是有声语言，无论面对家长还是幼儿，都要用“你（您）好！”“请！”“谢谢！”等礼貌用语，无论何时何地何事，都要保持语言的纯洁性，戒除污言秽语，不讽刺挖苦，不出口伤人，当有必要向家长、幼儿说明事理时，多用协商的语气，多用讨论的方式，要心平气和地向其明示。尤其

是与幼儿交谈时不用反语或讽刺语言，保持良好的幼儿教师职业形象。二是态势语，即无声语言。真诚、柔和的目光是教师与家长、幼儿交流的第一大法宝，微笑是教师最好看的表情，手势得体、表情丰富、意思鲜明、形象感强、动作幅度大的手势语更具吸引力、说服力，更具气势，是被幼儿喜爱的无声语言。要平等对待幼儿并尊重他们，要用温柔、亲切、自然、纯真的表情、声调，让幼儿感受到真挚的慈母般的爱。对待家长既不能过于冷淡，面无表情，不理不睬；也不可过于热情，勾肩搭背，点头哈腰。

【文本】
"个性化"情景再现

情景再现

大三班乐乐小朋友是新转来的，性格有点内向，不爱与其他小朋友交往，也不主动参与游戏，总是默默地在教室的一角独自发呆。

师：乐乐，你今天最想玩什么呀？老师陪你一起玩，好不好？（温柔、亲切）

师：乐乐，房子倒塌了没关系，我们一起来想一想怎样搭建房子才稳固，不容易倒塌。（自然、纯真、轻松、安慰）

师：乐乐真能干，这栋房子搭建得真好，我们叫上其他小伙伴一起搭建更多漂亮的房子，好不好？（愉悦、真诚、表扬、鼓励）

【评析】面对性格内向、自主游戏能力和交往能力比较弱的乐乐，该教师运用温柔、亲切的话语引导乐乐玩游戏；在乐乐遇到困难时，教师能够及时指导、安慰，鼓励乐乐主动思考解决问题的办法；在乐乐完成搭建工作时，教师能够真诚地表扬，并且鼓励乐乐与其他幼儿一起游戏。在情景再现中，教师运用亲切自然、礼貌得体的职业口语培养了幼儿的自主探究能力、独立思考能力、问题解决能力以及主动交往能力。

（三）个性化

每个幼儿都是独立的个体，都有自己的个性，切忌用一把“尺子”衡量所有幼儿。在幼儿心理学和幼儿教育学相关理论指导下，幼儿教师不仅要了解每个年龄段幼儿的共同特点，而且要了解每一个幼儿的性格、爱好、个性等，了解每一个幼儿的“最近发展区”，充分理解和尊重幼儿发展进程中的个性差异，用欣赏的眼光看待每一个幼儿，这样在保教工作中才能因材施教、因人而异地支持、引导幼儿从原有的水平向更高水平发展，按照幼儿自身的发展速度和方式达到《3—6岁儿童学习与发展指南》所呈现的发展“阶梯”。

幼儿园教师资格考试要点

职业理念：关爱幼儿，尊重每个幼儿的人格尊严与基本权利。理解幼儿教育在人一生发展中的重要性，能认识到幼儿教育必须以每一个幼儿的全面发展为本。理解教师职业的光荣与责任，具有从事幼儿教育工作的热情。了解幼儿教师专业发展的要求，具有终身学习与自主发展的意识。

情景再现

在户外活动时，孩子们在操场上进行“勇敢小兵穿越障碍”游戏。孩子们沿途要跨越障碍物，踩过高低不平的木桩，走过搭在小河上的绳索吊桥，攀爬山坡上的绳网，最后到达山顶。在游戏中，孩子们一个个顺利地完成了探险任务。轮到默默时，无论小朋友们怎样给默默加油，默默依然身体向后撤，“太高了，我不敢。”默默涨红的脸上露出胆怯的表情。中中老师走到默默身边，抚摸着默默的肩膀笑着说：“默默最勇敢了，老师和你一起走可以吗？”默默胆怯地看着中中老师说：“太高了。”“那我们换一座矮点的木桩，把吊桥放低点。”在中中老师的支持下，默默顺利地穿越了障碍。

【评析】在情景再现中，中中老师能站在幼儿的角度，遵循幼儿身心发展的规律，尊重幼儿的个体差异，根据默默的发展水平和需要实施有差异的教育，利用降低活动难度这一适合默默的教育策略，为默默提供难度较低的活动材料，使默默克服了胆怯，有效地促进了默默在原有水平上富有个性的发展。

幼儿园教师资格考试要点

生活指导：熟悉幼儿园一日生活的主要环节，具有将教育融入一日生活的意识。了解幼儿生活常规教育的内容和要求以及培养幼儿良好生活、卫生习惯的方法。了解幼儿保健、安全方面的基本知识和处理常见问题与突发事件的基本方法。

三、幼儿教师职业口语的技巧

幼儿教师职业口语是用标准或较为标准的普通话表达的，符合学前教育教学要求的专业口语。下面从语音运用和口语修辞两个方面讲述幼儿教师职业口语常用技巧。

（一）语音运用技巧 >>>>>>>>>>>>>>>>>>>>>>>>>>>>>>>>>>>>>>

停连、重音、节奏、句调、语气、语速，以及轻重缓急、抑扬顿挫等语音运用技巧都是为表情达意服务的。幼儿教师恰当运用语音技巧，旨在清晰明了地表达思想情感，易于幼儿理解和接受，从而实现教育教学目标，同时对幼儿起到言语技巧运用的示范和引领作用，利于幼儿的语言习得。

1. 音量调节的技巧

音量，即声音的大小。幼儿教师职业口语对音量的基本要求是：不宜过大过高，过高的音量会使幼儿感到急躁、恐慌；不宜过小过低，过低的音量会让幼儿听不清楚；应该以中音区发音为主，音量适当，清晰柔和，让每一个幼儿都听得清楚、舒服。在实际教学中，教师还应该根据现实情境的需要，调节音量的轻重强弱，做到高而不噪，低而不虚，收放自如，恰到好处。

情景再现

小班王老师正在给孩子们讲《松鼠先生和月亮》的故事，孩子们个个情绪高涨，专心致志地听故事。这时，方方小朋友忽然叫起来：“蚂蚁！蚂蚁！”这一叫不要紧，孩子们激动起来了，“哪儿？”“这里！这里！”孩子们有的说，有的叫，还有的干脆跑过去观看，教室里乱糟糟的。只见王老师走到孩子围观处，竖起食指在嘴边“嘘”了一声，轻轻地说：“孩子们，小蚂蚁和小朋友们一样也是个故事迷，这不，它也来听老师讲故事了。咱们赶快坐好，和小蚂蚁比一比，看谁听故事听得最入迷。”只见，孩子们迅速回到自己的座位上，专心地听起故事来……

【评析】在情景再现中，王老师在幼儿注意力被分散的时候，运用较低的音量吸引幼儿的注意力，使幼儿波动的情绪迅速稳定下来，重新投入倾听故事的活动中。

2. 语速适度的技巧

语速是指语言流速的快慢，是指口语表达时在一定的时间内容纳一定数量的词语。口语表达时要正确地表现，必须采取与之相应的不同的速度。幼儿教师职业口语语速的适切程度往往与沟通和教育效果有着密切的关系，语速应根据所要表现的不同生活现象和不同的思想感情以及所面对的不同交际对象适时调整，以利于对方理解和接受。比如，表达欢快、热烈、兴奋、紧张的内容时语速需要快一点，表达平静、悲伤、庄严、沉重的内容时语速需要慢一点。另外，在保教活动中，幼儿教师采用何种语速，应照顾到幼儿现有的心智水平，同时顾及幼儿未来的发展，根据表情达意的需要做到语速适当、缓急适度。

情景再现

绘本故事《吉吉和磨磨》

吉吉是小兔子，磨磨是小乌龟。吉吉说话好快好快：“从前，有一只小乌龟住在小溪旁，有一只小兔子住在大树下，他们是好朋友。”磨磨说话，好——慢，好——慢：“吉——吉，你——是——我——的——好——朋——友。”磨磨说一句话的时间，吉吉可以讲完一个故事。但是，他们说话都很清楚。

吉吉喜欢种长得很快很快的花，磨磨喜欢种长得很慢很慢的花。吉吉种的花开了又谢了，磨磨种的花才刚刚要开呢！但是，他们种的花都非常好看。吉吉看书好快好快，磨磨看书，好——慢，好——慢。吉吉一本接一本地看了好多书，磨磨才仔仔细细地看完一本书。但是，他们都学到了许多东西。吉吉打鼓，咚咚咚咚，磨磨打鼓，咚——咚——咚——咚。吉吉敲三角铁，叮叮叮叮，磨磨敲三角铁，叮——叮——叮——叮。这样的音乐不合拍，吉吉和磨磨都不喜欢听。怎么办呢？他们想了一个办法：叮叮咚！叮叮咚！叮叮咚！叮叮叮咚！叮叮叮咚！叮叮叮咚！吉吉和磨磨知道了，这样合奏起来真好听。从此以后，吉吉和磨磨学会了同心协力做一件事情。他们一起参加“两人三脚”的赛跑。一、二，一、二，吉吉跑得稍微慢一点，磨磨跑得稍微快一点，他们还得了第一名。

吉吉很快，磨磨很慢，可是，吉吉和磨磨是很好的朋友。

【评析】绘本故事《吉吉和磨磨》描写了吉吉和磨磨两个小动物不同的性格特征，一个说话做事快，一个说话做事慢，幼儿教师在给幼儿讲述这个故事时，需要用轻快的语速来表现吉吉说话做事快的样子，用缓慢的语速来表现磨磨说话做事慢的样子，使幼儿形象地感受到快与慢这一对反义词的不同特点，帮助幼儿更好地理解故事内容。同时，教师用恰当的语速来表达对故事内容的理解，这一语速技巧也会在潜移默化中对幼儿的言语发展起到示范引领作用。

3. 语调恰当的技巧

语调是句子的语音标志，是说话时语音高低升降的变化。一般来说，句子都应有一定的语调，表示一定的语气和情感。比如，同样一个“啊”字，采用不同的语调可表达不同的情感，“啊！这事你是怎么知道的？”句首语调上扬，句尾稍抑，语调曲折，表示惊讶；“你这孩子啊，真调皮！”语调降得既快又低，表示无可奈何。可见只有借助语调，有声语言才会有较强的表现力。

练一练

同学们，讲讲《吉吉和磨磨》的故事吧，注意音量适当，语速适度，语调适宜。

4. 节奏变化的技巧

节奏是指在口语表达中根据情感表达的需要所表现出来的交替出现的有规律的强弱、长短的语音变化形式。节奏要以感情变化为基础，跟所要表达的意思相一致，做到快慢得当、高低适宜。一般来说，高兴时节奏就加快，悲伤时节奏就放慢。幼儿教师口语节奏的快慢，直接影响着幼儿的思维活动，灵活地掌握口语的节奏，使表达更清楚，易于幼儿接受。

5. 音色调节的技巧

在幼儿园教育教学中，幼儿教师在口语表达时常常需要模拟自然界中的许多声响，模拟不同年龄、不同性别、不同性格的人和动物的声音，表现人和动物的不同个性特征及他们的喜怒哀乐。这种模仿和表现主要靠调节音色来完成。

练一练

同学们，我们也来讲讲《三脚猫》这个故事，注意音色的调节。

情景再现

故事时间到了，瞧，朱老师在给小朋友们讲《三脚猫》的故事。“有一只漂亮的波斯猫，……日子一长，波斯猫也学会了许多医学的名词，它觉得自己了不起啦！……”“走开，你这小黑炭！”三脚猫挺了挺胸，说：“我是城里医生……”“哇，哇，城里来了医生啦！哇，哇，城里来了医生啦……”这只多嘴的乌鸦话也没听完，就在森林里大叫大嚷……第一个病人是小白兔：“请问，我怎么老是红眼睛？”三脚猫学着它主人的模样，翻了翻兔子的眼皮：“啊，这是结膜炎。你一定常用脏手揉眼睛吧。手上有……有细菌。”“可我生下来就是红眼睛呀！”小白兔不服气地说。“那……那你一定在妈妈肚子里就揉眼睛了。”三脚猫尴尬地抓了抓胡子，说得大伙儿哈哈大笑……

【评析】朱老师在讲故事的时候，为了达到生动活泼、儿童化的效果，她以生动的语音表现形式，通过音色的变化再现小动物的形象，烘托故事的气氛。讲到“它觉得自己了不起啦！”“走开，你这小黑炭！”“啊，这是结膜炎。你一定常用脏手揉眼睛吧。”时，朱老师表情夸张，声音上扬，拉长放慢，显示了三脚猫的自命不凡、自以为是、傲慢；为了和三脚猫形成鲜明的对比，朱老师用不同的音色把嗓子粗哑的乌鸦、温柔可爱的小白兔、机灵调皮的小猴、憨厚可爱的乌龟等小动物形象刻画得惟妙惟肖。

幼儿教师在口语表达时，对音色的调节要以自己的真实声音为主，发音要自然、得体，略加夸张，不要过分改变音色，装腔作势反而会弄巧成拙。

【文本】
“比喻”情景再现

【文本】
“拟人”情景再现

（二）口语修辞技巧 >>>>>>>>>>>>>>>>>>>>>>>>>>>>>>>>>>>>

教育心理学对心理发展的研究成果表明：3～6岁的幼儿多依靠具体事物的表象以及对具体形象的联想进行思维。这种思维具有形象化、拟人化以及自身经验性等特点。针对幼儿的这种心理发展特点，幼儿教师应运用比喻、拟人、夸张、对比、反复等修辞手法使语言更加具体、形象、生动，使深奥的道理更加浅显易懂，便于幼儿理解、接受。

1. 比喻

比喻是幼儿教师职业口语中最常用的修辞手法之一。比喻也叫“譬喻”“打比方”，中国古代称为“比”“譬（辟）”，就是根据联想，抓住不同事物的相似之处，用浅显、具体、生动的事物来代替抽象、难理解的事物。

因此，幼儿教师要尽可能恰当地使用比喻，使幼儿容易理解教师所讲解的内容，并启发幼儿主动思考，培养幼儿的想象力。

情景再现

户外体育活动时，老师和小朋友玩猜谜语模仿做动作的游戏。师：“耳朵像蒲扇，身子像小山，鼻子长又长，帮人把活干。”（大象）师：“穿件硬壳袍，缩头又缩脑，水面四脚划，岸上慢慢跑。”（乌龟）师：“头上两根须，身穿花大衣，飞进花朵里，传粉又吃蜜。”（蝴蝶）师：“小小游泳家，说话呱呱呱，小时有尾没有脚，大时有脚没尾巴。”（青蛙）……

【评析】猜谜语是幼儿喜欢的活动之一。在活动中，教师用形象化的比喻表现动物的特征，启发幼儿联想和想象，运用耳朵、嘴巴、身体动作等表现不同的动物形象。整个活动在轻松、愉悦的氛围中进行，幼儿兴趣十足。

2. 拟人

拟人也是常见的修辞手法之一。幼儿的思维方式有其独特的特点，在幼儿的世界里，自然界的一切都是有生命的，动植物都是拟人化的，都像自己一样能说话，会做游戏。所以，幼儿教师在保教语言中常常运用拟人的修辞手法，使幼儿对所表达的事物产生鲜明的印象，从而引起共鸣。

情景再现

情景一： 种植区，小朋友们在移栽豆角苗。不一会儿，一行行豆角苗整齐地出现在地面上。豆角苗种好了，小朋友们陆续开心地离开种植区。只见，亮亮和齐齐在田垄里大闹起来，奔跑中踩倒了好几棵豆角苗。魏老师连忙走过来，一边扶起被踩倒的豆角苗一边对亮亮和齐齐说："亮亮、齐齐，别在地里奔跑玩耍了，豆角苗被你们踩倒了，你们听，她们都疼哭了呢！"

情景二： 开学季到了，小班的陌陌老师发现班里的小朋友不知道爱护玩具，娃娃家里的芭比娃娃的手臂被小朋友弄断了，阅读区的布制手偶被小朋友撕破了，科学区的量杯也被小朋友打破了。为了教育幼儿爱护玩具，在讲绘本故事环节，陌陌老师巧妙地给小朋友讲《玩具娃娃的伤心事》这个故事，故事中陌陌老师设计了芭比娃娃、布制手偶、量杯等角色，采用与同伴对话的形式，互谈他们的伤心事，巧妙地实现了教育目标。

【评析】 以上两例，教师都抓住了幼儿认为世界万物都有生命的认知特点，把豆角苗、芭比娃娃、布制手偶、量杯等物拟人化，从而巧妙地引导幼儿养成良好的行为习惯。这样的交流方式比起直接讲道理，教育幼儿要爱护动植物、爱护玩具的做法更为巧妙，效果也会更好。

3. 对比

对比是把对立的意思和事物或把事物的两个方面放在一起做比较，在比较中分清好坏、辨别是非。对比是一种把抽象的道理讲得浅显，把复杂的问题讲得更简单的方法。运用这种手法，有利于充分显示事物的矛盾，突出被表现事

情景再现

11 只猫进袋子

这一天，天气晴朗，11 只猫出门郊游啦！瞧，它们排成一队，每只猫都背着一个背包，喜笑颜开，精神抖擞。走着走着，看见路边有一片花田，姹紫嫣红，它们对花儿一见钟情，可路边竖着一块"禁止摘花"的牌子。经过热烈的讨论，11 只猫决定只摘一朵！于是它们扑进花田，出来时每只猫的头上都插了一朵花，美滋滋地继续前进。

后来，11 只猫又陆续通过了不允许通过的桥，爬上了不允许爬的树。突然，它们看见树下有个大袋子，上面写着"禁止钻进袋子"，可它们顽皮地立马钻了进去。这一次不那么好玩了，"呜嘿嘿，啊哈哈……"大怪物呜嘿啊哈跑了出来，把 11 只猫扎在了袋子里，扛起来就跑！呜嘿啊哈把 11 只猫捉来当奴隶，让它们给它的城堡建运动场。于是，11 只猫白天拉石磙，晚上睡笼子，呜嘿啊哈还不时拿着鞭子威胁它们。

最终，它们凭借智慧成功逃出了呜嘿啊哈的魔掌，也学会了遵守规则。回家的路上，11 只猫又看见一块牌子——"禁止横穿马路"，于是它们便有秩序地从天桥通过了。

【评析】 11 只猫身上的特点，给我们一种非常熟悉的感觉，我们越是禁止幼儿去做某些事情，幼儿就越是要去做。11 只猫做了禁止做的事情，吃到了苦头，后来它们凭借智慧逃了出来，并学会了遵守规则。通过 11 只猫前后行为的对比，幼儿收获了"要遵守规则，遇到危险要积极想办法解决"的认知。这也告诫教师，在教育教学中如果只是一味地命令幼儿禁止做某件事情，幼儿可能会越叛逆。

物的本质特征，加强表达的艺术效果和感染力。

4. 夸张

夸张，也叫夸饰或铺张，是为了达到某种表达效果的需要，运用丰富的想象力，在客观现实的基础上有目的地对事物的形象、特征、作用、程度等方面着意夸大或缩小，以增强表达效果的修辞方式。夸张改变了现实事物的原有形象，会使幼儿感到新奇有趣。因此，在幼儿教育教学活动中，幼儿教师要善用这种修辞手法渲染气氛，引起幼儿的关注。运用夸张时，还要注意以事实为依据，不能漫无边际地夸张。

情景再现

《变大的老鼠》节选

这一天晚上，掉进发面碗里的那只小老鼠的肚子咕噜咕噜地叫个不停。原来呀，它掉进发面碗里的时候吃了一肚子发面。等到第二天早上，咦，怎么有这么大的脚和尾巴？啊！这只小老鼠变成了一只超级大老鼠！把床都压塌啦！耳朵像蒲扇一样，腿像烟囱一样，要是不把墙板拆掉它就出不去了。

【评析】故事运用了夸张的修辞手法，向幼儿叙述了小老鼠充满夸张情趣的变形过程。在日常生活中，吃下面团后本应出现的消化过程在故事中消失不见了，取而代之的是吃下发面的老鼠因为接触到糅合了酵母的发面，也会像面团一样自然而然地发酵变大。这个充满戏剧性的夸张情节，激发了幼儿的好奇心，也为幼儿创造性的想象开拓出了天马行空的幻想空间。

5. 反复

反复，是根据表达需要，有意让某个词语、某个句子或某个段落重复出现的修辞方法，或是强调某种意思，或是突出某种思想，抑或突出某种情调、某种情感，加深听者的印象。反复可分为连续反复和间断反复。在幼儿集体教学活动中，教师经常会采用反复的修辞手法引导幼儿进行句式模仿、故事创编。

情景再现

师：小朋友们，这几天，老师让大家到大自然中去寻找风，你们找到了吗？风在哪儿？

幼儿 1：风在树枝上。

幼儿 2：风在花朵上。

幼儿 3：雨里有风。

幼儿 4：风车上有风……

幼儿 5：风从风筝身边吹过了……

师：风吹过的时候，树枝、花朵、雨、风车都会发生怎样的变化？

幼儿：风吹过树枝，树枝被吹歪了；风吹过花朵，花朵低头了；风吹过小雨，小雨被吹跑了……

师：小朋友们都找到了风，用眼睛看，用耳朵听，用手摸，用鼻子嗅……风到底在哪里？下面我们用小耳朵仔细听小草、花朵、小树它们是怎样说的。风在哪里？树儿说，当我的枝叶翩翩起舞，那是风在吹过。风在哪里？花儿说，当我的花朵频频点头，那是风在吹过。风在哪里？ 草儿说，当我的身体轻轻晃动，那是风在吹过。

师：风在哪里？小草、花朵、小树是怎样说的 ？（幼儿互动交流）

师：刚才还有小朋友说风在风车里、在雨里、在风筝里……它们又会怎么说呢？

幼儿创编：雨说，当我在天空中跳舞的时候，风从我身边吹过；风筝说，当我在天空中飞舞的时候，风从我身边吹过……

【评析】在情景再现中，教师先让幼儿到大自然中用自己的感官去感觉风的存在，去发现风吹过时周围事物所发生的变化，然后让幼儿欣赏《风在哪里》这首儿童散文诗，并巧妙地运用“风在哪里？小草、花朵、小树是怎样说的？”这一启发语引导幼儿模仿诗歌的表达方式创编诗句。幼儿在欣赏与创编中潜移默化地感受到了诗歌的特点。

相关链接

儿童语言发育的六个阶段

预备期（0～1 岁）：这一阶段是咿呀学语和初步理解阶段，故又称“先声期”，到孩子 8 个月时发声练习达到高峰，并会改变音量和音调以模仿真正的语言。

语言发育第一期（1～1.5 岁）：这时期的语言特色是说单字句，能用手势、表情辅助语言来表达需要，能以动物的声音来代替其名，会模仿自己听到的声音，如问：“你几岁？”他会鹦鹉式复述：“几岁。”这就如同回音般，故医学上称为“回音语”（编者注：“回音语”出现在这个阶段，并持续到 2 岁左右消失，为正常）。

语言发育第二期（1.5～2 岁）：又称“称呼期”，这个时期的幼儿开始知道“物各有名”，喜欢问其名称，字句迅速增加。

语言发育第三期（2～2.5 岁）：能说短句，会用代词你、我、他，开始接受母语所表现的独特的语法习惯，如用感叹句来表示感情，用疑问句来表示询问等。

语言发育第四期（2.5～3 岁）：这个阶段的幼儿会使用复杂句，喜欢提问，故又称“好问期”。

完备期（3～6 岁）：说话流利，会用一切词类，并能从成人的言谈中发现语法关系，修正自己错误的、暂时性的语法，逐渐形成真正的语言。

《3—6 岁儿童学习与发展指南》节选

语言是交流和思维的工具。幼儿期是语言发展，特别是口语发展的重要时期。幼儿语言的发展贯穿于各个领域，也对其它领域的学习与发展有着重要的影响：幼儿在运用语言进行交流的同时，也在发展着人际交往能力、理解他人和判断交往情境的能力、组织自己思想的能力。通过语言获取信息，幼儿的学习逐步超越个体的直接感知。

幼儿的语言能力是在交流和运用的过程中发展起来的。应为幼儿创设自由、宽松的语言交往环境，鼓励和支持幼儿与成人、同伴交流，让幼儿想说、敢说、喜欢说并能得到积极回应。为幼儿提供丰富、适宜的低幼读物，经常和幼儿一起看图书、讲故事，丰富其语言表达能力，培养阅读兴趣和良好的阅读习惯，进一步拓展学习经验。

幼儿的语言学习需要相应的社会经验支持，应通过多种活动扩展幼儿的生活经验，丰富语言的内容，增强理解和表达能力。应在生活情境和阅读活动中引导幼儿自然而然地产生对文字的兴趣，用机械记忆和强化训练的方式让幼儿过早识字不符合其学习特点和接受能力。

思考与练习

扫码
查看参考答案

1. 根据本部分学习的内容简述幼儿教师职业口语的特点。

2. 欣赏下面的情景再现，说一说它体现了幼儿教师职业口语的哪些特点。

吃完中饭，就是孩子们各自的餐后安静活动时间。我注意到华建、天乐、照统的餐后活动是玩火车的游戏。可无论他们怎样拔开小火车的开关，小火车就是不动。这时，华建走过来对我说："老师，小火车坏了。""是吗？哪里出毛病了呀？"我说。"我也不知道，反正它就是不会走了。"他说。我用和蔼的眼神看了看他："我们一起来当医生吧，找一找它哪里生病了。"他看了看小火车说："我找不到它哪儿生病了！"我用鼓励的口气对他说："慢慢来，我们一起来找找！""我不找，我就是不找，找不到！"他急躁地说。面对他的急躁，我没有把结果告诉他，而是期待他能自己找到问题。"我就是不找，找不到！"他说。而我还是继鼓励他。"不好玩，我不找了。"当他要放弃时，我拿来两节5号电池给他，"看陈老师这里有什么？""电池！哦，是不是小火车没有电了？"他好像发现什么似的，有些欣喜地说。"你去试一试吧！"我鼓励他自己装上去，但当他把电池装上去后，打开开关，小火车还是一动不动，这是什么原因呢？原来，他没有弄清楚电池是有正极和负极之分。接着，我就提议道："你和其他小朋友一起研究研究吧！"他请天乐、照统一起来解决问题。通过多次的摆弄、尝试，他们似乎明白了其中的奥秘，原来在安装电池时，必须看清楚"+"和"－"，电池上有"+"和"－"的标记，小火车的电池盖上也有"+"和"－"的标记，只要按电池盖上的标记相应地放好电池，小火车就会动了。

（参见杨爱绿：《教育随笔》，83～84页，杭州，浙江工商大学出版社，2008）

3. 设计一段第一次给幼儿上课时的自我介绍，再开展微课堂模拟，注意幼儿教师职业口语技巧，体现幼儿教师职业口语的特点。

4. 假如你是幼儿教师，你如何回答以下小朋友提出的问题？要求你的回答要体现幼儿教师职业口语的特点与技巧。

（1）红红问：老师，我不想玩滑梯，可以吗？

（2）强强问：老师，我喜欢和毛毛在一起，我能跟毛毛一起画画吗？

（3）咪咪问：老师，我喜欢豆豆，我可以和豆豆结婚吗？

（4）宇宇问：老师，这些花的颜色怎么不同呢？

5. 根据下面的情景想一想：假如你是幼儿教师，你会怎么说？

情景再现一：乐乐老师和萌萌老师在幼儿园的草地上看到喵喵小朋友正用小铲子挖草地上的草。乐乐老师说："喵喵，不许破坏草木！保护环境，从我们做起！"萌萌老师觉得乐乐老师与幼儿说话太成人化了，应该用儿童化的语言。如果是你，你该如何用儿童化的口语教育喵喵小朋友呢？

情景再现二：午睡的音乐已经响起了，但是有的幼儿仍旧摆弄着区域里的玩具，有的幼儿还在磨磨蹭蹭地脱衣服。面对这种情景，你怎么说才会让孩子们乐于接受，并很快地进入午睡状态呢？

6. 阅读儿歌，注意控制音量的大小来表现儿歌内容的变化。

星星眨眼眯眯笑，宝宝天黑要睡觉。小猫看见喵喵叫，要和宝宝睡觉觉。呼噜呼噜睡着了。大公鸡，喔喔叫，宝宝起床真叫早。小花猫，快起床，早睡早起身体好。

7. 朗读下面的诗歌，注意运用儿童化的口语和态势语。

月亮

天上月亮圆又圆，照在海里像玉盘，一群鱼儿游过来，玉盘碎成两三片。

鱼儿吓得快逃开，一直逃到岩石边。回过头来看一看，月亮还是圆又圆。

8. 运用所学的语音、语调、语气、修辞等技巧，重新表述下列语句的意思，使语言易于幼儿理解，并引起其学习兴趣。

原句：春天来了，花园里的花开了，有玉兰花、茉莉花、石榴花、桃花。

重新表述句：______________________________

学习主题 2 幼儿教师集体教学活动口语

本主题的学习内容主要是了解幼儿教师集体教学活动口语的概念和作用，熟悉幼儿教师集体教学活动口语的基本特点，正确设计和使用集体教学活动口语，掌握导入语、提问语、过渡语、阐释语、评价语、结束语等活动环节的用语技巧。

【微课视频】
幼儿教师集体教学活动口语

一、认识幼儿教师集体教学活动口语

《幼儿园教师专业标准（试行）》对幼儿教师的语言能力提出了明确的要求："使用符合幼儿年龄特点的语言进行保教工作。"作为幼儿教师职业口语的重要组成部分，幼儿教师集体教学活动口语是幼儿教师从事保教活动、完成保教任务、达到保教目标而使用的口头语言，是幼儿教师最基本、最重要的工作语言，包括在组织幼儿集体教学活动过程中对幼儿进行的所有活动组织语言和活动互动语言。例如，导入语、提示语、提问语、指导语、过渡语、结束语、表扬语、激励语等。

学习笔记

二、幼儿教师集体教学活动口语的作用

幼儿教师集体教学活动口语能力的强弱决定了活动效果的好坏。优美动听的口语能够吸引幼儿的注意力、增强活动感染力，能够激发幼儿主动参与、主动探究、主动发现和表达的兴趣，能够促进幼儿的学习与发展向更高水平迈进。

学习笔记

三、幼儿教师集体教学活动口语的特点

（一）规范性

规范性是幼儿教师集体教学活动口语最基本的特点。幼儿教师面对的是3～6岁的幼儿，他们好模仿，可塑性强，言行举止容易受周围人的影响，尤其是教师。因此，幼儿教师的集体教学活动口语一定要标准规范，使用的口语必须正确、适宜，必须使用标准的普通话，必须与集体教学活动的语境相吻合、与幼儿的理解能力相匹配。

（二）教育性

教育性是幼儿教师集体教学活动口语的第二大特点。集体教学活动口语是幼儿教师与幼儿交流的工具，幼儿教师通过口语引导和帮助幼儿基于已有的生活经验，通过自主探究、合作交流等方式获得新的经验，构建新的知识结构。

（三）儿童化

儿童化是幼儿教师集体教学活动口语独有的特征。儿童化的幼儿教师口语关注两个方面：一是直观形象性，二是浅显且富有针对性。3～6岁的幼儿需要借助具体形象来认识事物，需要用形状、颜色、声音、感觉来思维。因此，幼儿教师集体教学活动口语必须符合幼儿的年龄特征，要善于运用语言创造直观形象，要凸显形象性，这样才易于幼儿理解和接受。如在认识菊花这一活动中，幼儿教师带领幼儿到种植园，引导幼儿通过亲身观察，运用每一种菊花的典型特征描述不同色彩、不同形状的菊花。

四、幼儿教师集体教学活动环节的用语技巧

（一）导入语

1. 导入语的含义

导入语又叫导语、开讲语，是集体教学活动开始时，教师为了激发幼儿的学习兴趣，吸引幼儿的注意力，使幼儿的兴奋中心转移到活动中来的第一个重要的环节，是教师引出活动新内容而使用的口语。

2. 导入语的作用

（1）吸引幼儿，集中注意力。

3～6岁幼儿无意注意占主导，注意力持续时间短，枯燥乏味的说教式语言很难吸引幼儿，使幼儿注意力集中。因此，幼儿教师在组织活动开始时就应当运用生动简洁、富有感染力的导入语创设新颖有趣的活动情境，吸引幼儿的注意力，引导幼儿尽快进入学习状态，指向新的活动任务。

（2）激发兴趣，主动学习。

美国心理学家布鲁纳曾说，学习最好的动机是对所学学科的兴趣。幼儿是

想一想

集体教学活动导入环节怎样才能吸引幼儿，集中幼儿注意力，激发幼儿学习兴趣，引导幼儿主动学习、用心思考？

否对活动内容感兴趣，是否愿意与教师一起研究和游戏，导入语非常关键。因此，在每一次活动开始时，幼儿教师需要运用简洁明了、妙趣横生的导入语，这样可以激发幼儿的求知欲，促进幼儿主动参与学习。

（3）明确目标，启发思考。

在活动开始环节，幼儿教师紧扣活动主题，聚焦问题，设置悬念，不仅能够激发幼儿探索和发现的欲望，而且能帮助幼儿明确学习任务和目的。例如，在科学探究活动“好玩的泡泡”的导入环节，教师说：“小朋友们平时都喜欢吹泡泡，今天老师为每组小朋友准备了不同的吹泡泡工具，你们试试看，不同的工具能够吹出什么样的泡泡？”教师简短的导入语使幼儿明确了活动目标，将幼儿引入探究性活动中，使幼儿能够在探究中思考。

情景再现

师：小朋友们听（播放风呼啸的声音），这是什么声音？

幼儿：风的声音。

师：（边播放视频边叙述）冬天到了，西北风呼呼地吹着，吹到大树上，树叶一片片从树枝上飘落下来；吹到花朵上，花朵收起了漂亮的花瓣。西北风还会吹到哪里呢？

幼儿：（幼儿根据生活经验回答）……

师：我们一起到校园里找一找，看看它们又有什么变化。（幼儿兴高采烈地投入运用身体各感官感受风来了给自然带来变化的活动中。）

【评析】在上述活动中，该教师运用幼儿喜欢的音频、视频以及具有感染力的导入语激发幼儿探究风的兴趣，引导幼儿主动参与到活动中，启发幼儿运用耳朵、眼睛等身体感官感受风的存在，感受冬天这个季节自然界的变化。

3. 导入语的要求

（1）目的明确，直观生动。

导入语的目的是激发幼儿的学习兴趣，集中幼儿的注意力，激发幼儿的求知欲，为活动的开展打好基础，因此，导入语一定要从活动主题及内容出发，要与幼儿学习活动密切相关，要直接切入活动主题，切忌偏离主题。另外，教师使用导入语还需借助直观形象的玩具或实物，运用生动形象的语言直观地呈现活动内容，注重通过幼儿的多种感官参与来激发他们的学习兴趣。

学习笔记

情景再现

综合活动“好饿的小蛇”

师：今天老师带来了一位朋友和小朋友们一起做游戏。（教师边模仿小蛇爬行时发出的声音边出示直观教具小蛇）“嘶嘶嘶，嘶嘶嘶”，看看，它是谁？

幼儿：是小蛇。

师：听一听是什么声音？（师模仿小蛇肚子咕咕叫的声音）谁的肚子饿了？

幼儿：小蛇的肚子饿了。

师：小蛇的肚子饿了，它到森林里找吃的，我们一起来看看图画书中的小蛇是怎样

学习笔记

找吃的的，找到了什么？（师幼阅读绘本，交流）

——徐州开发区东环中心幼儿园　阙道宏

【评析】在小班综合活动“好饿的小蛇”导入环节中，教师出示直观形象的小蛇教具，模仿小蛇爬行时发出的声音以引起幼儿的兴趣，并聚焦“看看图画书中的小蛇是怎样找吃的的，找到了什么？”这一阅读任务展开阅读活动，活动目的明确。

（2）源于生活，引人入胜。

“幼儿的学习是以直接经验为基础，在游戏和日常生活中进行的。要珍视游戏和生活的独特价值。”这是《3—6岁儿童学习与发展指南》明确提出的。导入环节使用的语言、表情、神态以及运用的活动一定要基于幼儿直接感知的生活经验。《3—6岁儿童学习与发展指南》还指出：“要充分尊重和保护幼儿的好奇心和学习兴趣。”可见从激发幼儿学习的兴趣出发，导入语引人入胜这一要求尤为重要。因此，幼儿教师在设计导入语时一定要关注导入方式的新颖性、趣味性、多样性，以调动起幼儿探求知识的欲望，使幼儿在兴趣盎然中欣然走进新的学习内容和探究领域。

（3）开门见山，简单明了。

虽然导入语在整个活动中非常重要，不可或缺，但是它只是个引子，并非整个活动的主要环节，幼儿教师要把握它的配角地位，不能长篇大论，而应该开门见山地导入新的学习内容，且需要简单明了，将更多的时间留给幼儿学习新内容，让幼儿有充足的自主参与、探究合作、交流互动的机会，否则就会失去导入环节的作用。一般来说，导入环节在活动中不能超过1/4，这样整个活动才不会让人有“头重脚轻”的感觉。

情景再现

数学活动“鸭宝宝排排队”

师：（出示春天的图片）瞧，春天来了，谁在池塘里游泳？

幼儿：鸭妈妈和小鸭子在池塘里游泳。

师：鸭妈妈带着几只小鸭子在游泳？

幼儿：鸭妈妈带着两只小鸭子在游泳。

师：仔细瞧一瞧，它们是怎样排队的？

幼儿：一只鸭妈妈和两只鸭宝宝。

师：又来了一群鸭宝宝和鸭妈妈，你能帮助它们像前面的鸭子们一样排排队吗？谁来试一试？

——徐州开发区东环中心幼儿园　张雨

【评析】在数学活动“鸭宝宝排排队”中，教师出示情景挂图，引领幼儿边观察情景图边发现、感受一二规律的排列形式。这种开门见山的导入方式，将幼儿自然带入了按照一二规律进行排列的操作探究活动中。

4. 导入语的类型

导入语要根据不同的活动内容、对象、氛围进行设计和处理。常见的导入语有谈话导入、教具导入、故事导入、谜语导入、歌曲导入、表演导入、游戏导入、问题导入等类型。

（1）谈话导入。

谈话导入是指教师采用与幼儿交谈的形式，在与幼儿进行平等交流和沟通的过程中引入新的内容。谈话导入的优点是平等交流，易于幼儿接受，缩短师幼间的距离，且教师有目的的谈话能够直接调动幼儿已有的知识经验，让新的学习内容与幼儿已有的认知结构建立起关系，使幼儿顺利地进入新内容的学习中。

【视频】
幼儿园语言活动
"蜘蛛先生的糖果店"

情景再现

师：小朋友见过蚂蚱吗？（见过）

师：在哪里见过？（田野里，草地里，大树上）

师：螳螂长什么样子？（穿着绿衣裳，身体很长，三角形的头，大大的眼睛，长着翅膀，腿很长）

师：看来大家都很了解螳螂。今天老师带来了几只螳螂，（出示装着螳螂的透明瓶子）我们仔细观察它们，看看它们的身体由几个部分组成。

【评析】在情景再现中，教师运用谈话法导入，使幼儿在亲切、自然的谈话中进入了观察探究的学习活动中。

（2）教具导入。

教具导入是幼儿教师运用实物、图片、模型或者标本等生动形象的教具，引导幼儿仔细观察，通过直接感知帮助幼儿获取经验的方法。

练一练

同学们，导入语的类型有许多，请在学习时行动起来，跟着案例中的老师们一起再现情景吧！

情景再现

数学活动“一把抓多少”导入环节

师（出示核桃、瓜子、花生）：瞧，今天老师带来了哪些吃的东西？

幼儿：依次说出三种食物的名称“核桃、瓜子、花生”。

师：它们一样大吗？谁最大？谁最小？

幼儿：（根据目测说出核桃最大，瓜子最小。）

师：你们想吃什么？谁愿意上来抓一把自己想吃的食物？

幼儿：（两个幼儿上来抓自己喜欢的食物。）

师：他们俩每人抓了一把花生，你们能估测一下，谁抓得多？谁抓得少？（鼓励幼儿估测，并说一说原因，发现用眼睛直接看就能估测出两盘花生谁多谁少。）

师：用眼睛直接看出谁多谁少，好像没有什么困难，你能用眼睛直接看出每盘有多少粒花生吗？（鼓励幼儿尝试，发现用眼睛目测比较困难。）

——徐州开发区东环中心幼儿园　袁雪蕾

【评析】本次数学活动的目的是让幼儿估测物体的数量，感受谁多谁少。在导入环节，教师采用直观形象的实物引导幼儿亲手触摸、用眼观察，让幼儿在仔细观察、动手参与的过程中发现食物的多少，为估测食物的数量做准备。这种导入设计增加了幼儿的感性认识经验，激发了幼儿对于估测的兴趣，为下一环节顺利开展做好了铺垫。

【视频】
幼儿园健康活动
"蛀虫和牙齿"

（3）故事导入。

故事导入是指幼儿教师通过讲述与活动内容有关的故事，激发幼儿学习兴趣，启发幼儿思维，使幼儿自觉进行新内容学习的一种导入方法。

情景再现

大班健康活动“不挑食”

师：小朋友们，今天老师给你们讲一个故事——《爱挑食的小狐狸》。狐狸妈妈做了满满一桌子的饭菜，因为今天小狐狸的朋友们要来做客。小动物们一个个坐在餐桌旁，看着狐狸妈妈做的饭菜，口水都流了下来。狐狸妈妈笑着说：“小朋友们不要客气，快吃吧！” 吃完美味的菜肴后，小朋友们高兴地说：“狐狸妈妈做的饭菜真好吃！”狐狸妈妈听到夸奖很高兴，她看到每个小朋友的碗里都吃得很干净，只有小狐狸的碗里剩下很多菜。狐狸妈妈对小狐狸说：“小狐狸，你为什么剩下这么多的青菜？”小狐狸低着头说：“我不喜欢吃青菜，我只喜欢吃肉。”狐狸妈妈说：“只有不挑食，荤素搭配才能长得高高壮壮，小伙伴们都吃得干干净净，只有你的碗里有剩菜，多丢脸啊！”小狐狸不好意思地把碗里剩下的菜吃掉了，然后对狐狸妈妈说：“以后我再也不挑食了。”

师：故事中爱挑食的小狐狸听了妈妈的话不再挑食了。小朋友知道如果长期挑食对身体有什么害处吗？（出示系列由挑食导致生病的图片）请小朋友仔细观察图片。

【评析】在情景再现中，教师采用有趣的绘本故事导入，为幼儿讲一个故事，吸引幼儿的注意力，提供一种情境，让幼儿“在故事里走了一趟”以后，幼儿自然而然地进入看图讨论的学习环节，通过客观的事实，认识到吃饭不能挑食，只有荤菜、素菜都吃才能营养均衡，才能有高高壮壮的、健康的身体。

（4）谜语导入。

猜谜语导入是幼儿园集体教学活动中常用的一种导入方法。通过谜语概括事物的主要特征，幼儿在揭晓谜底的过程中，理解新的学习内容，激发对活动内容的好奇心。

情景再现

科学活动“蚕宝宝”导入语

师：今天，老师给小朋友带来了一个谜语，竖起耳朵仔细听：小时穿黑衣，大时换白袍，造一间小屋，在里面睡觉。请小朋友想一想，这是什么动物？（蚕宝宝）

师：真是一群爱动脑筋的孩子，猜对了！我们今天就来认识蚕宝宝。

【评析】在情景再现中，教师充分利用幼儿好奇心强这一年龄特点，根据题目设计有趣的谜语作为活动导入，既形象生动又自然而然地将幼儿带入认识蚕宝宝的科学探究活动中。

（5）歌曲导入。

歌曲导入即在进入活动之前，播放一段与学习活动密切相关的音乐，创设音乐情境，激发并感染幼儿的情绪，增强活动的感染力，使幼儿快速进入学习氛围的一种导入方式。

情景再现

中班亲子美术创作活动“送给妈妈的礼物”

师：（播放歌曲《我的好妈妈》）小朋友们，我们都有一位好妈妈，我们都很爱她。歌曲中的小朋友是怎么表现对

妈妈的爱的？（让妈妈坐下、请妈妈喝茶、亲亲妈妈）

师：爱妈妈的方式有很多，今天是母亲节，老师给大家准备了很多手工材料，选择你喜欢的，亲自给妈妈做件礼物吧！（幼儿愉快地展开了自己的创作）

——苏州工业园区外国语学校徐州开发区幼儿园　马玲

【评析】《我的好妈妈》是一首深受幼儿喜欢的曲子。在亲子美术创作活动中，教师选择该曲子导入，引领幼儿再次感受妈妈的爱，通过歌曲表演这一具体、生动的亲子互动，传递幼儿对妈妈的爱，加深幼儿与妈妈的感情。在此基础上，幼儿自然愉快地加入了利用材料为妈妈制作母亲节礼物的手工创作活动中。

（6）表演导入。

表演导入指通过情境、小品、舞蹈、木偶等表演形式导入新的活动内容，即在活动开始时，先让幼儿欣赏表演。采用这种方法导入，表演性强，语言生动、有趣，特别适合小班幼儿。

情景再现

舞蹈形体活动“我的脚尖会跳舞”

因为用的是音乐，所以情境创设就用了“森林舞会”情境，以激发幼儿兴趣。

师：（《洋娃娃和小熊跳舞》音乐导入，教师 1 戴洋娃娃头饰和教师 2 戴小熊头饰随音乐舞蹈后）大家好，你们认识我们吗？我们是谁啊？（洋娃娃、小熊）

师：今天啊，森林里举行了盛大的“森林舞会”，好多朋友都来参加了，我们也要去参加，你们想和我们一起去吗？（想）

师：既然想和我们一起去参加，那就和我们一起来编排我们将在“森林舞会”上表演的舞蹈吧！（师幼创编舞蹈）

——徐州市和平东路幼儿园　经华

【评析】这是情境表演导入，在教师的引导下，幼儿分别扮演洋娃娃和小熊，在《洋娃娃与小熊跳舞》的音乐中自然进入创编舞蹈动作、合作跳舞、尽情舞蹈的活动中。幼儿表演的兴趣浓厚，表演生动。

（7）游戏导入。

游戏导入是指幼儿教师根据学习内容设计与之相关的游戏活动，吸引幼儿注意力，活跃活动气氛，激发幼儿学习的兴趣，使幼儿在游戏中不知不觉地进入学习情境。

情景再现

科学活动“旋转世界”

师：小朋友们，今天我们一起用我们的身体做游戏，看！老师的手在干什么？

幼儿：转圈圈。

师：你们会转吗？你们的身体还有哪里可以转圈圈？

幼儿：脖子。

师：我们一起来把脖子转一转。

幼儿：胳膊。

师：我们大家一起来，胳膊转一转。

【视频】
幼儿园科学活动
“旋转世界”

幼儿：脚也可以转一转……

师：听音乐和老师一起来转转手、转转脚、转转脖子、转转头、转转胳膊、转转整个身体。

幼儿：……

师：自然界中好多东西都能像我们的身体一样转圈圈，今天我们就来看看这个旋转的世界……

——徐州开发区东环中心幼儿园　谭影

【评析】在情景再现中，教师运用身体做游戏，顷刻间唤起了幼儿的注意力，激发了幼儿的学习兴趣，开启了他们思维的闸门，使幼儿迅速进入精神兴奋状态，并在好奇心的驱使下产生强烈的探究欲望，从而为新的探究活动做好心理准备，为整个学习活动打下良好的基础。

（8）问题导入。

问题导入即幼儿教师提出与活动密切相关的问题，调动幼儿学习的积极性和主动性的活动导入方式。问题中还可以设置悬念，以激发幼儿的好奇心。

情景再现

数学活动：大大小小

师（教师出示两片大小不同的树叶）：树叶宝宝来做客了，他们一样大吗？（不一样）

师：你是怎么知道的？（把他们放一起就看出来了）

师：真不简单，把两片叶子重叠在一起我们就会比较出树叶的大小。自己试试看。（幼儿操作）

师：我们来玩个“我说你举”的游戏，我说大树叶，你们举什么树叶？（大树叶）我说小树叶，你们举的是什么树叶？（小树叶）

幼儿和教师一起游戏……

【评析】教师在导入活动中提出简明的问题，以激发幼儿思考。幼儿在问题的引导下通过直接观察的方法比较树叶的大小，在问题的引导下通过重叠比较的方法发现树叶的大小。通过师问幼答的方式，幼儿进一步巩固对树叶大小的感知，为下一步区分大小做好铺垫。

（二）提问语

1. 提问语的含义

【视频】幼儿园大班数学活动“椅子游戏”

提问语是在集体教学活动中，幼儿教师依据活动内容和幼儿发展实际水平，根据活动目的和要求，提出问题，引发幼儿思考，深入了解幼儿发展现状，促进幼儿思维发展的语言。

提问贯穿于活动的始终，是幼儿园活动中运用最多的口语，善于提问是幼儿教师必备的能力。

2. 提问语的作用

掌握提问语的使用技巧是教师了解幼儿现有发展水平的重要途径，是提高集体教学活动效率，激发幼儿积极思考、独立探究、掌握知识、发展能力的有力保障，也是师幼之间沟通思想情感的主要渠道，对教师驾驭活动、调动幼儿积极性、优化活动效果均有重要的作用。

（1）吸引注意力，激发学习欲望。

吸引幼儿注意力，将幼儿注意力吸引到活动中去，使幼儿集中注意力，积极地参与到学习活动中，是活动有序进行、活动目标得以实现的有力保障。在集体教学活动中，幼儿教师常常在初始环节提出一个统领性的问题，接下来的整个活动均围绕这一问题展开，或者在活动的导入、重难点突破、过渡等环节提问，从而不断调动幼儿的积极性，激发幼儿的兴趣，保证幼儿注意力集中，使幼儿全身心地投入学习活动中去。

（2）启发思考，活跃思维。

提问是活动的关键环节，是激发幼儿积极思考的主要手段。幼儿教师在活动中适宜、恰当地提问，能够有效地调动幼儿思维的积极性，增加幼儿思维的深度与广度，让幼儿成为积极、主动的思考者、探究者，使幼儿的求知欲处在积极、活跃的状态，从而促使幼儿主动探究、自主探索。

（3）启发智力，发展能力。

幼儿园活动的主要任务是促进幼儿的学习与发展。在幼儿听问题、思考问题的过程中，幼儿教师应潜移默化地培养幼儿的思维能力，挖掘幼儿的潜能，提升幼儿的综合能力。

幼儿园教师资格考试要点

学前儿童发展：了解婴幼儿发展的基本原理。了解婴幼儿生理与心理发展的基本规律，熟悉幼儿身体发育、动作发展和认知、情绪情感、个性、社会性发展的特点。了解幼儿发展中的个体差异及其形成原因，能运用相关知识分析教育中的有关问题。了解研究幼儿的基本方法，并能据此初步了解幼儿的发展状况和教育需求。了解幼儿发展中易出现的问题或障碍。

情景再现

科学探究教学活动“沉与浮”

师：小朋友们，哪些东西可以浮在水面上，哪些东西可以沉到水下去？（幼儿交流自己的猜想并在记录单上记录猜想。）

师：自己拿东西在水中亲自试一试，验证自己的猜想是否正确。（幼儿开动脑筋认真思考之后，在亲自探究中感知物体的浮与沉。）

【评析】在情景再现中，教师用提问的方式引领幼儿展开猜想记录活动，在猜想、记录中，幼儿逻辑思维能力、语言表达能力、书写能力得以提升；在亲自试一试环节，幼儿在教师问题的指引下探究感知，自主探究能力、操作能力、思辨能力得以提升。

（4）了解发展情况，提供适宜支持。

维果茨基的最近发展区理论告诉我们，任何有效的活动都应当建立在教师对幼儿已有发展水平的了解基础之上。在具体的活动中了解幼儿已有发展水平的方法有许多，其中有针对性地恰当提问就是一种很好的方法。只有真正了解幼儿的已有发展水平，教师才能够根据幼儿的发展实际提供适宜的支持。

情景再现

建构活动“有趣的动物”

师：小朋友们，你们知道哪些动物？最喜欢哪种动物？能说说它长什么样子吗？

（幼儿交流自己喜欢的动物的样子，有的幼儿能够清楚地介绍自己喜欢的动物的外部特征，有的幼儿表述不清楚自己喜欢的动物的外部特征。对于无法清楚说出喜欢的动物外部特征的，教师出示动物模型让幼儿借助动物模型介绍。）

师：老师这里有桌面拼插积木，下面我们用它们来制作自己喜欢的动物，好吗？（幼儿用拼插积木进行创作）

【评析】在情景再现中，为了更好地开展建构活动，活动开始环节，教师运用“介绍自己喜欢的动物的样子”这一环节了解幼儿对动物外部特征掌握的现有认知水平，以便根据幼儿认知水平给予适宜的指导，对于认知模糊的幼儿，教师出示动物模型予以强化，丰富幼儿的认知经验，为下一环节拼插自己喜欢的动物打下基础。

【视频】

幼儿园小班科学活动

"有趣的溶解"

学习笔记

3. 提问语的要求

（1）目标明确，启发思考。

提问语是教师在集体教学活动过程中根据幼儿的年龄特点和实际发展水平，为顺利完成活动的目的、目标、任务，根据活动的重难点认真设计而提出的。因此，教师在提问时要准确把握目标的指向性，提出的问题要聚焦重难点的突破，激发幼儿的思维，便于幼儿主动思考，要通过问题的提出激发幼儿主动探究的兴趣，积极寻求答案。

（2）角度适宜，难易适度。

提问语使用时要注意提问的角度适宜。根据活动内容和学习的要求，注意问题的切入点，选准一个适当的角度提问，可以活跃幼儿的思维，减少其理解的障碍。例如，在讲完《小动物的旅行》这个故事后，一位教师问：“故事中哪几个小动物去旅行了？在旅行中发生了什么事？”幼儿不太感兴趣，回答问题的积极性不高。而另一位教师则在讲完故事后出示了四幅图“降落伞蛋壳图”“雨伞蛋壳图”“小船蛋壳图”“小窝蛋壳图”，并说道：“小朋友们，每一幅图画里都藏着一个有趣的故事，你能任意选一幅图画，根据图画和刚才听的故事给大家分享你听到、看到的内容吗？”该教师从观察图画、讲述图画里的故事的角度引导幼儿回顾故事情节，幼儿情绪高涨，纷纷举手讲述。

因此，提问要根据幼儿的年龄特点，从幼儿知识水平和思维水平的实际出发，由浅入深，由易到难，要保证问题有针对性。对接受能力强的幼儿，可以提高问题的难度，使其获得更多的经验；对接受能力一般的幼儿，提问要由浅入深，保证幼儿思考的积极性。

（3）层次清晰，层层递进。

关注低认知层次问题和高认知层次问题的有机融合，并做到层次清晰。在提出高认知层次的问题前，教师可通过低层次认知问题扩充知识广度，使幼儿具备解决高认知层次问题所需要的知识，使幼儿在思考每一个问题的时候知识经验都得以增长。例如，在故事《小红帽》的讲述活动中，教师运用讲故事、师幼一起交流故事的方法带领幼儿感知故事内容后提出了“故事中有谁？”“大灰狼问小红帽去哪里，小红帽告诉他了吗，小红帽是怎么说的？”“你知道为什么小红帽会上大灰狼的当吗？”“小红帽的故事让你明白了什么？”等问题，第一、第二个问题为低认知层次问题，第三、第四个问题为高认知层次问题。幼儿只有了解了故事梗概，知道了第一、第二个问题的答案，才能回答出第三、第四

学习笔记

个问题，总结出：因为没听妈妈的话，小红帽被大灰狼欺骗了，这样不但害了自己，而且连累了外婆。也才会真正明白：只有听大人的话，牢记大人的叮嘱，才能避免遇到坏人时上当；只有勇敢与坏人坏事做斗争，才有可能脱离危险。在此活动中，教师的问题由浅入深、层层递进，使幼儿的思维紧紧围绕教师的问题展开。

（4）形象有趣，吸引幼儿。

幼儿教师在提问时，要考虑幼儿的思维特点，使用的提问语尽可能形象有趣，吸引幼儿，启发其思考。例如，两位教师在引导幼儿发现雨点落在不同的地方时的样子，不同的提问方法产生了不同的效果。教师1问：雨点落在花朵上，在花朵上跳舞，雨点落在屋檐上、落在荷叶上又会怎么样呢？（幼儿：雨点落在屋檐上，在屋檐上滑滑梯；雨点落在荷叶上，在荷叶上打滚。）教师2问：雨点落在了哪里，会怎样呢？（幼儿：雨点落在小河里不见了，雨点落在屋檐上变成了小河，雨点落在荷叶上，在荷叶上滚来滚去。）在教师1生动形象的提问语指导下，幼儿的语言表达也变得形象生动。又如，在做科学活动“磁铁的秘密”时，为了激发幼儿动手操作、自主探究的欲望，一位教师这样提问：“磁铁能吸住哪些东西，不能吸住哪些东西呢？老师带来了许多物品，大家用磁铁试试看。”幼儿反应平淡，积极性不高。另一位教师这样提问：“小朋友，今天，老师为每一组小朋友准备了一个百宝箱，每个百宝箱里放着不同的宝贝，今天我们请来了一位魔法师，他没有手却能将百宝箱里的许多宝贝取出来，你们要不要试试看？”这样一问，幼儿感到新鲜有趣，纷纷积极投入操作探究的活动中。

4. 提问语的类型

提问语要根据幼儿现有的学习水平、生活经验和活动内容进行设计。常见的提问语有激趣式提问、探究式提问、引导式提问、填空式提问、过渡式提问、选择式提问等类型。

（1）激趣式提问。

激趣式提问即通过有目的、幼儿感兴趣的问题，激发幼儿的学习欲望，激

情景再现

科学活动“奇妙的颜色”

师（拿着装了半瓶水的瓶子）：小朋友们，这个瓶子有一个秘密！你们想不想知道是什么秘密啊？（想）

师：下面请一位小小魔术师将这个瓶子晃动起来，让它跳个舞，大家看看会发生什么事情。（魔术师在音乐声中摇晃瓶子里的水，幼儿个个眼睛瞪得大大的，紧盯着瓶子，叫喊着“变了，变了，水变成了蓝色”）

师：假如将黄色的颜料放入瓶子里，晃一晃会发生什么变化呢？谁来试试看。（颜色又变啦，黄色和蓝色在一起变成了绿色）

师：原来两种不同的颜色混合在一起会变成另外一种颜色。小朋友们，老师在操作桌上准备了一些颜料，各小组合作，看看不同颜色混合在一起会变成什么颜色？请将使用的颜色和变化记录在操作记录单上。（幼儿分组探究）

【评析】“兴趣是最好的老师。”恰当的提问可以激发幼儿的学习兴趣，使幼儿产生求知欲，成为“好知者”，自觉投入学习中。在情景再现中，教师运用激趣式提问，把枯燥无味的科学内容变得趣味横生，引起了幼儿的学习兴趣，激发了幼儿动手操作与思维发现的欲望，开启了幼儿思考之旅。

起幼儿思维的火花，激发幼儿探究动机的一种提问方式。

（2）探究式提问。

探究性提问是幼儿教师在集体教学活动中激发幼儿主动探究学习、积极思维的提问方式。

情景再现

数学活动“一样多”

师（出示3只小狗贴纸）：有几只小狗呢？（幼儿点数答3只）

师（再出示3只小猫贴纸）：有几只小猫呢？（幼儿点数答3只）

师（将小狗和小猫一一对应贴好）：又来了1只小狗，3只小狗加上1只小狗是几只呀？（幼儿答：3只小狗加上1只小狗是4只小狗）

师：是啊，3加上1是4。

师：小狗和小猫谁多谁少？（幼儿答小狗多，小猫少）

师：怎样才能使小狗和小猫一样多呢？（幼儿有的说加上1只小猫，有的说去掉1只小狗，在交流中大概明确了加上和去掉的办法）

——徐州市和平路幼儿园　周世碧

【评析】集体教学活动中的不少难点，要分步骤才能解答清楚，运用探究式提问可以逐步引导幼儿深入思考，使幼儿逐步理解所学习的内容。在情景再现中，教师共用了五个问题引导幼儿思考，环环相扣形成递进式排列，尤其是第五个问题“怎样能使小狗和小猫一样多呢 ”这一探究式提问，开启了幼儿探究的欲望，激发了幼儿的多角度思维，在积极的思维过程中，幼儿学会了用“加上”“去掉”的办法解决生活中的数学问题。

（3）引导式提问。

引导式提问就是幼儿教师在集体教学活动中为激发幼儿活动的兴趣，引导幼儿更好地开展活动，促进幼儿深入学习而使用的一种提问方式。

情景再现

师：医生，我来看病。

幼儿1：我给你打针吧，打了针就好了。

师：我还没挂号呢，到哪里挂号啊？

幼儿2：到我这里挂号拿病历。

（老师去挂号拿了一张纸又过来了，幼儿3呆呆地看着，没有作声。）

幼儿1：我还是给你输液吧。（幼儿喜欢操作输液的过程。）

师：你都不知道我生了什么病，你怎么知道要输什么液啊？我肚子不舒服，你给我检查一下吧！

幼儿1：让我来听听你肚子怎么了。（拿着听诊器开始听肚子……）

（幼儿4跑过来时不小心摔倒了，因为是自己不小心摔倒的，没碰到什么东西，不会伤到哪里。）

师（连忙扶起摔倒的幼儿）：医生，医生，快来看看他摔伤了没有。（幼儿1立刻进入了角色，连忙过去摸摸幼儿4的腿说：“他的腿可能摔伤了，赶紧坐到床上，我给他检查。”）

师：可是他腿疼，怎么走过去呢？（这时候医院的幼儿2和幼儿3听到后四处张望，因为医院没有床也没办法把病号弄到床上啊！）

幼儿2（跑过去推着大纸箱来了）：快把他扶到担架上，我们推着他去治疗。（这时的“病号”显然已经进入了角色，认真地配合着“医生”的行动。幼儿1、幼儿2、幼儿3一起拉着“病号”到了一张桌子旁边。）

幼儿3：快放到床上！我检查检查……

（这时候，老师早已在旁边观望“医生”和“病号”发生的故事了。）

【评析】在情景再现中，教师在看到“医院”里三个幼儿无所事事的情况下，决定以角色身份作为游戏的伙伴和游戏的发起者与指导者介入幼儿游戏。了解幼儿只喜欢给病人打针、输液，在“医院”的设施设备不齐全的情况下，通过引导性的语言让幼儿更明晰医院看病的具体流程，而不是直接告诉幼儿应该怎么做。然后结合突发事件将幼儿引入游戏情境中，这样摔倒的幼儿和“医院”的三个幼儿有了游戏的主题，在没有相关游戏道具的情况下通过有效提问使幼儿发挥创造想象，让幼儿学会有目的、有计划地玩较稳定的主题游戏，玩完整的主题游戏和逼真的角色扮演，使幼儿获得对角色的认知，促进幼儿独立性、想象能力、创造能力的发展。

（4）填空式提问。

填空式提问即把问话组织成像试题中的填空题那样，然后依次发问。这种提问的方式，多根据集体教学活动中的一些需要强调的地方，通过提出问题达到强化的目的。

情景再现

区域游戏分享活动

师：小明你在区域里玩的什么？（我在数学区里玩的占地盘的游戏）

师：玩了几局？（玩了5局）

师：谁赢了？谁输了？（亮亮赢了，我输了）

师：亮亮赢了几局，输了几局？（亮亮赢了4局，输了1局）

师：你们玩的是合作游戏，你觉得合作输和赢重要吗？（重要）

师：亮亮认为输赢重要吗？（重要）

师：亮亮在游戏中胜利了，我们给亮亮发一颗小星星。同时老师也要给小明一颗星星，他虽然输了，但和亮亮玩得很开心，在游戏里其实输赢并不是那么重要，在一起玩得开心最重要，下次要再努力，每个人都会有进步。

——徐州市和平东路幼儿园　李淑红

【评析】在情景再现中，教师运用填空式提问，引导幼儿与大家分享游戏的过程，在分享中学会思考，学会判断，明白道理。

（5）过渡式提问。

过渡环节提问，是指幼儿教师在集体教学活动中为了保证上一个活动环节向下一个活动环节顺利转换而提出的问题。过渡环节是活动中的驿站、中转、衔接，是活动中各环节之间建立积极的联系与互动的环节。因此，此环节的提问要充分发挥过渡环节独特的教育价值，既可以给幼儿一个释放能量的空间，也可以引导幼儿获得短暂的放松，使其由放松状态进入下一个环节。

情景再现

中班数学活动“好吃的糖葫芦”

师：小朋友们，你们吃过糖葫芦吗？吃过什么味道的？我给大家带来了一串“糖葫芦”，我们一起看一看老师带来

的这串“糖葫芦”是什么颜色的。它是按照什么顺序排列的呢？（两个红色、两个黄色、两个红色、两个黄色）

师：大家观察得真仔细，我们把两个两个重复交替排列的规律叫作两两排列。

师：今天，老师为小朋友们准备了三组游戏材料，第一组是什么游戏材料？（“糖葫芦”）第二组是什么游戏材料？（装饰彩带）第三组游戏是什么游戏材料？（串珠）请你们按照 AABB 的规律试一试，边说边做，完成后再说一说。（幼儿分组游戏，大胆探索）

师：谁来说一说你尝试了哪些游戏？你是用怎样的规律排列的？（幼儿交流，关注幼儿语言表述的完整性）

师：今天小朋友不仅发现了两两排列的规律，还尝试了三种游戏，为你们的大胆创新鼓掌。自然界中有许多事物是 AABB 式排列的，现在，我们就一起到校园里去寻找这种排列规律。现在我们要外出活动了，你们可以按照图片上的标记集合站队吗？（两个女孩、两个男孩，AABB 规律）谁应该站在第一呢？接着应该是谁呢？（幼儿按规律排队）

师：我们排成小火车出发了……

——徐州开发区东环中心幼儿园　闫环

【评析】在情景再现中，教师在引导幼儿去校园里发现自然界的 AABB 式排列规律这一环节前，充分发挥了过渡环节的价值，巧妙地利用外出排队这一过渡环节，引导幼儿按照 AABB 式规律排队，使幼儿在实际生活中学会使用这种规律解决生活中的问题，使过渡环节不再仅是转换链接，而是更具有独特教育价值的环节。

学习笔记

（6）选择式提问。

选择式提问，是指幼儿教师在活动中根据幼儿实际发展水平以及活动内容的要求而提出的问题。选择性提问有两种形式，一种是提出比较概括、广泛、范围较大的问题，范围大的问题对回答的内容、解决问题的方法限制不严格，答案不唯一，解决路径不唯一，给幼儿以充分自由发挥的余地；另一种是在幼儿容易弄错或者已经出错的地方，提出范围比较小的问题，对幼儿进行引导。比如，“兔子的尾巴究竟是长长的，还是短短的？”“四边形到底是三个角，还是四个角？”前一种提问方式具有开放性，能够拓展幼儿的思维，让幼儿感受到活动的自由与快乐；后一种提问能够引发幼儿更深层次的思考。

情景再现

大班数学活动“请你跟我走”

师：小朋友们，从你们的教室出发，需要通过哪些方向可以走到我们现在的位置呢？

师：我们要怎么表示直走、左转、右转呢？（请幼儿自主设计方位标记，请设计好的幼儿和同伴分享）

师：我们刚才已经知道了一些表示方向的标记，现在我们要把它们用到生活中来。（出示平面图）这是我们幼儿园一楼的平面图，你们知道我们的教室在哪里吗？（请幼儿在平面图上找出自己教室的位置）这里不光有我们的教室，还有许多功能室，你能准确地找出它们的位置吗？（和幼儿一起找一找各个功能室的位置）

师：如果我想从玻璃门出发，去纸艺坊，可以怎么走呢？（请幼儿讲述，教师在平面图上画出路线图）

师：只有这一条路线吗？（引导幼儿想出不同的路线）原来，可以有不同的路线通往同一个地方。

师：你们想不想帮助小朋友们快速地找到一楼的几个功能室的位置呀？请你找到一个同伴，两两讨论并使用方位标记一起画出从玻璃门到功能室的路线图吧。（幼儿两两分组讨论，并设计路线图，完成的幼儿将自己的设计分享给旁边的幼儿，并在班级中分享）

师：有了这些路线图，下次再玩自主游戏的时候，小朋友们就可以根据路线图的提示很快找到他想去的功能室了。

我们一起把这些路线图贴到一楼的玻璃门旁边吧。

——徐州开发区第一幼儿园　佟雪

【评析】在情景再现中，“从你们的教室出发，需要通过哪些方向可以走到我们现在的位置呢？”“如果我想从玻璃门出发，去纸艺坊，可以怎么走呢？”“请你找到一个同伴，两两讨论并使用方位标记一起画出从玻璃门到功能室的路线图吧。”这些问题均为开放性、选择性问题。开放性问题能够激发幼儿多角度思维，培养幼儿的创造性思维能力。

（三）过渡语

【视频】幼儿园小班数学活动“爆米花”

1. 过渡语的含义

过渡语是教师在集体教学活动中，为承上启下，从一个环节过渡到另一个环节、从一个知识点过渡到另一个知识点、从一个内容转向另一个内容时使用的活动组织语言。

2. 过渡语的作用

巧妙的过渡语能自然地引导幼儿从一个学习环节过渡到另一个学习环节，实现两个活动内容和两个活动环节之间的巧妙转换，使活动内容层次分明，顺序清楚，衔接自然，使整个活动安排连贯，各个环节衔接紧凑。

学习笔记

3. 过渡语的要求

（1）语言简短。

过渡语的语言简短，可以是一个词，一句话，一个要求。比如，接下来我们一起到种植园观察蚕宝宝的成长……

（2）重点明确。

幼儿教师在设计过渡语时，一定要先明确活动内容的重点和环节，根据重点使用适宜的过渡语，确保各个环节衔接自然、紧密。

（3）自然贴切。

恰当的过渡语不需要华丽的辞藻，需要的是朴实自然。幼儿教师要通过对活动前后内容的把握，采用简洁易懂的语言实现活动内容和活动环节的自然转换。

4. 过渡语的类型

过渡语有直接式过渡、承上启下式过渡、归纳式过渡、评价式过渡等，使用哪一种过渡语需要根据活动的要求、目的以及幼儿的实际情况灵活选择。

（1）直接式过渡。

直接式过渡也叫自然过渡，即上一个活动环节结束，直接介绍并进入下一个活动环节。例如，“刚才我们认识了荷花，下面请你选择自己喜欢的材料制作一朵荷花吧。”“刚才小朋友听到的歌曲名字叫《小黄鸭》，下面我们就一起来学唱这首歌。”

情景再现

大班音乐活动“小精灵的魔法汤”

师：刚刚我们已经学会了制作魔法汤的秘诀，那接下来就跟老师一起随着音乐练习一下，这样的话在正式施展魔法的时候就不会失败了，准备好了吗？我要开始啦。（师幼一起看着图谱进行游戏）

师：如果我们要变出魔法汤，就要记住动作，现在请小朋友们闭上眼睛，在脑袋里想一想这个音乐该做什么动作。（幼儿思考自主创编）

师：好了，小朋友们，魔法师变魔术可要用到魔法布哦，小朋友们要小心，制作的时候可不能让里面的魔法逃走，接下来我们就要真正地开始制作啦。（请幼儿将布盖在瓶子上，师幼和着音乐“变魔法”）

【评析】在情景再现中，教师利用“那接下来就跟老师一起随着音乐练习一下”“现在请小朋友们闭上眼睛，在脑袋里想一想这个音乐该做什么动作。”“接下来我们就要真正地开始制作啦。”这些直接式过渡语言，引导幼儿进行音乐练习，过渡自然。

（2）承上启下式过渡。

承上启下式过渡就是总结上文内容，引出或概括下文的内容，承上启下的语言在活动中起过渡作用。

情景再现

创意美术活动“奇妙的圆”

师：刚才我们认识了圆，圆的作用可大着呢，用圆还可以画画呢！我们来欣赏一幅用圆创作的画。（出示范画供幼儿欣赏）

师：想不想知道这些美丽的图案是怎么画的？掌握了圆的画法你也能画出这么美的图案了。（幼儿的学习兴趣非常浓厚，急于学习掌握圆的画法，达到了“激趣”的目的）

【评析】在情景再现中，教师充分运用过渡语的导引性和衔接性，通过“用圆还可以画画呢！我们来欣赏一幅用圆创作的画。”“想不想知道这些美丽的图案是怎么画的？掌握了圆的画法你也能画出这么美的图案了。”这些过渡语，提示和引导学生从认识圆到欣赏用圆创作的画过渡，再从欣赏用圆作的画到学习掌握用圆作画的技巧这一活动环节过渡。巧妙的承上启下式的过渡语把一节课的不同内容衔接成一个整体，层次感强。可见，在一个活动中，教师只要合理地、巧妙地运用过渡语，对开启幼儿思维、引发幼儿学习兴趣、引起幼儿深度思考、提高活动效果，都将起到重要作用。

（3）归纳式过渡。

归纳式过渡语一般用于活动环节之间或者活动环节之末。教师在上一环节活动内容结束之后，用简明扼要的语言，选择重点进行小结，然后过渡到下一个活动环节，实施下一个活动内容。

情景再现

社会活动“猜猜我是谁”

师：小朋友们好，我是孟老师，你们能猜出这是谁的声音吗？（播放几种动物的声音音频，幼儿猜）

师：其实呀，每个小动物都有自己的声音，我们通过耳朵听一听，仔细分辨就能猜出它是谁了。

师：考考你们的眼力，这里有许多小动物，它们在捉迷藏，你们能猜出它们是什么小动物吗？（出示只露出部分身体的各种动物图片，幼儿猜）

师：原来每个小动物都有自己独有的特征，我们通过眼睛看一看，仔细观察就能猜出来了。

——徐州开发区东环旺旺幼儿园　孟孟

【评析】在情景再现中，教师利用幼儿喜欢的“猜猜我是谁”的游戏，采取归纳式总结让幼儿明白分辨不同动物的方法有用耳朵听声音、用眼睛看样子等，并引导幼儿学会观察、思考、表达，使幼儿的观察能力、思辨能力以及语言表达能力得到了发展。

（4）评价式过渡。

评价式过渡是幼儿教师在活动中对上一活动环节或者以前所学过的知识进行精练的评价，从而引出新的知识点的一种过渡方式。

情景再现

科学种植探究"走进大蒜王国"

师：小朋友们桌上有许多头大蒜，请你们把一头头圆溜溜的大蒜掰成一瓣一瓣的，看看每头大蒜有几瓣？（小朋友们观察）

幼儿 1：我和他的一样多，都是 8 瓣。

幼儿 2：我的比你们的多一个，是 9 瓣。

幼儿 3：我的这个剥开皮只有一瓣。

幼儿 4：我的大蒜里有大大的蒜瓣，还有小小的蒜瓣。

幼儿 5：我的这个里面有一个坏了，烂了。

师：咱们班的小朋友都非常能干，都有一双会观察、能发现的眼睛，通过观察，发现了大蒜的秘密，虽然都是大蒜，但是每一头大蒜可能瓣数不同、大小不同、蒜瓣的质量也不同。这些蒜瓣哪些可以做种子，哪些不可以做种子?

——徐州开发区大黄山实验幼儿园　刘映彤

【评析】在情景再现中，在观察大蒜的秘密之后，教师及时评价了幼儿的学习状态及学习结果，使幼儿了解到虽都是大蒜但存在很大的差异。在评价幼儿的学习状况之后提出了"这些蒜瓣哪些可以做种子，哪些不可以做种子"这一问题，让幼儿了解下面要学习的知识内容和学习方法，便于幼儿基于原有知识经验学习新的知识。

（5）悬念式过渡。

悬念式过渡是在过渡环节，教师提出问题或者设置一个悬念，引入下一个活动环节所使用的过渡方式。

情景再现

中班数学活动"森林寻宝"

师：在一个茂密的森林里，住着许多小动物。今天呀，小动物们邀请我们和它们一起去森林里寻找宝藏！要寻宝就要会看寻宝图（出示寻宝图），寻宝图上有许多"↓↑→←"表示不同方向的箭头，你们能说说每一种箭头表示的意义吗？（幼儿交流）下面我们做个游戏，老师用食指依次指向不同的方向（上、下、左、右，重点是左右的练习），请一个小朋友随老师的指向向同一个方向跳动，其他小朋友根据老师所指的方向画路线图。（师幼游戏，巩固对方向的认识，巩固"↓↑→←"四个不同方向的箭头所表示的意义及箭头的运用）

师：小朋友们观看寻宝图的能力都比较强，森林里的宝藏可多了，下面我们分组和小动物一起去寻宝，看谁先找到宝藏所在的位置，并画出寻宝路线图，看哪组找到的寻宝路线多，并比较哪条寻宝路线能最快、最轻松地找到宝物。（幼儿探究讨论）

【评析】在情景再现中，教师设置悬念"森林里的宝藏可多了，下面我们分组和小动物一起去寻宝，看谁先找到宝藏所在的位置，并画出寻宝路线图，看哪组找到的寻宝路线多，并比较哪条寻宝路线能最快、最轻松地找到宝物"，激起幼儿探究的兴趣，使幼儿兴趣盎然地进入探究式学习中。

（四）阐释语

1. 阐释语的含义

阐释语也称讲解语，是幼儿教师在组织活动和游戏过程中，进行介绍、讲

【视频】
幼儿园大班数学活动
"请你跟我走"

【视频】
幼儿园小班语言活动
"伞儿伞儿撑起来"

【视频】
幼儿园小班美术活动
"弹珠滚画"

【文本】
幼儿园小班美术活动
"弹珠滚画"

解时所用的语言。

2. 阐释语的作用

捷克教育家夸美纽斯说过，教师的嘴就是一个源泉，从那里可以发出知识的溪流。幼儿教师在活动中的阐述语既具有自身的阐释性，又具有引导性。活动中恰当的阐释语能使幼儿更加明确活动目标、活动要求和活动内容。

3. 阐释语的要求

（1）句子完整，中心突出。

幼儿理解能力还处在初级阶段，接受能力比较弱，这就要求幼儿教师阐释语的语句表达完整、意义精确、清楚明了，且要围绕活动的中心话题展开，做到重点突出。

（2）表达生动，形式多样。

幼儿群体是特殊的交际群体，根据幼儿形象思维占主导地位这一特点，幼儿教师的阐述语在表达上应该最大限度地追求生动活泼，在形式上应该最大限度地追求多样。

4. 阐述语的类型

（1）直接阐释。

直接阐释语是幼儿教师在组织幼儿开展活动和游戏时，直接向幼儿示范讲解，或介绍活动内容，或介绍游戏规则，或介绍游戏玩法等的语言。

情景再现

情景一：小班数学活动“抢椅子”

师：小朋友们听（播放学过的儿歌《铃鼓》），这首儿歌还会唱吗？我们一起来跟着音乐唱一唱。（师幼唱儿歌）

师：今天我们跟着奇妙的铃鼓玩一个游戏，小耳朵竖起来，仔细听游戏规则。这里有 5 把椅子，请 5 个小朋友到椅子旁边，5 个小朋友和我们一起一边唱儿歌，一边围着小椅子走，儿歌唱完就找小椅子坐下。（师幼游戏）

师：每个小朋友都找到椅子了吗？（幼儿：找到了。感受人和椅子一样多）

师：这一次我们拿走 1 把椅子，还是请 5 个小朋友来做游戏，和上次一样，5 个小朋友和我们一起一边唱儿歌，一边围着小椅子走，儿歌唱完就找小椅子坐下。（师幼游戏，感受人多椅子少）

情景二：中班数学活动“好玩的纸牌”阐释语

师：接下来我们一起来玩个游戏，“纸牌找朋友”，在游戏之前我要先讲游戏规则，请你仔细观察手中纸牌的颜色、图案、数字，然后再看看你旁边小朋友的纸牌。接下来我们要帮助纸牌找到好朋友。游戏开始时，我要请一个小朋友到前面来，介绍一下他手中的纸牌。他需要什么样的纸牌做朋友。

师：谁来讲述自己纸牌上的颜色、图案、数字？（幼儿讲述）

师：有没有可以和这个小朋友的纸牌做朋友的？请起立。为什么可以做朋友，谁愿意说一说？

师：通过刚才的游戏，我们明白了图案一样、颜色一样或者数字一样的牌都能成为

学习笔记

朋友。

——徐州开发区蟠桃中心幼儿园　陈媛媛

【评析】以上两个活动源于幼儿日常游戏，落脚点是在游戏中引导幼儿运用数学知识解决生活中的问题。在游戏中，教师运用直接阐释的方式介绍游戏规则，语言通俗易懂，指令性比较强。适宜的直接阐释语，使幼儿顺利地加入游戏，感受游戏的快乐。

（2）形象化阐释。

形象化阐释是指幼儿教师在组织幼儿游戏或活动时，将要阐释的内容用拟人、比喻等形象化的语言表达，或者在阐释时加入绘画、儿歌等形式，使阐释更加形象生动，激起幼儿学习的兴趣。

情景再现

大班数学活动“小山羊吃草”

师（边讲解边在黑板上绘画）：草地上来了几只小山羊（画 10 只小山羊），每只小山羊的身边放着一个筐（在每只小山羊前画筐），我这里有好多捆青草（画一堆青草），还有两组数字卡，一组为 1 ～ 10 的数字卡，另一组为 1 ～ 20 的数字卡。下面我们给小山羊喂青草，请小朋友来抽卡，每次从两组数字中抽一张卡，抽到的第一组卡中的数字是几，就给第几只小山羊喂青草，抽到第二组卡中的数字是几就喂几捆，谁先将筐盛满，就代表小山羊吃饱了。吃饱的小山羊就可以被我们牵走。（师幼游戏）

【评析】此情景再现所涉及的幼儿数学学习与发展的核心经验是按数取物和手口一致点数。教师在介绍游戏玩法时，为了减少幼儿理解玩法的难度，运用绘画与口头阐释相结合的方法，这种运用绘画辅助表述的方法比起单纯的口语阐释的优点在于使抽象的阐述内容变得具体形象，便于幼儿理解。

（五）结束语

1. 结束语的含义

结束语是幼儿教师在活动或者游戏结束的环节，用简洁概括的语言对本次活动的内容加以总结归纳或者引导幼儿进行拓展迁移时所用的语言。

【视频】

幼儿园中班健康活动

“肚子里有个火车站”

2. 结束语的作用

（1）归纳总结。

活动结束前，教师对活动的内容进行归纳整理，能够使幼儿进一步明确本次活动的学习重点，巩固所学知识，加深记忆，帮助理解。

（2）拓展延伸。

好的结束语，能够在帮助幼儿巩固活动中习得知识与技能的同时，针对活动的主题或者所要探究的问题，给幼儿留有进一步探究和思考的空间，激发幼儿的求知欲和好奇心，激励幼儿将学习活动由粗浅向更深处延伸或者从课内向课外延伸，进一步拓宽幼儿的视野，引导幼儿从已知领域向未知领域探寻。

3. 结束语的要求

（1）简明扼要。

结束语要简单明了，时间需控制在 1 ～ 2 分钟，忌长篇大论，缺乏重点。

幼儿园教师资格考试要点

教学活动的组织与实施：能根据教育目标和幼儿的兴趣需要和年龄特点选择教育内容，确定活动目标，设计教育活动方案。掌握幼儿健康、语言、社会、科学、艺术等领域教育的基本知识和相应的教育方法。理解各领域之间的联系和开展综合教育活动的意义与方法。活动过程中关注幼儿的表现和反应，并能据此进行调整。关注个体差异，能根据幼儿的个体需要给予指导。

（2）总结到位。

归纳总结到位是结束语的另一重要要求，即要总结到点子上，要抓住活动的核心问题进行总结强化，总结的重点放在活动任务的完成、幼儿学习的情况以及知识点的归纳强化上，达到深化幼儿对知识与技能的理解和掌握的效果。

（3）生动有趣。

生动有趣的结束语能够给幼儿留下深刻的印象，激发幼儿继续探究的兴趣和动机，因此教师要重视结束语生动有趣这一要求，切忌平淡，让幼儿感到索然无味。

4. 结束语的类型

（1）归纳总结式。

归纳总结式结束语即幼儿教师对本次活动内容做出简单的概括性的总结，它是集体教学活动中最常用的结束语类型。

情景再现

小班数学“百变圆形”总结延伸活动

师：今天我们发现了太阳、瓢虫、月饼和时钟是圆形的，还用魔法把圆形变成了墨镜、冰糖葫芦、花瓣，圆形还能变成什么呢？开动你的小脑筋，发挥你的想象力，把它创造出来，可能有点难，慢慢来，千万别着急，我们的小脑袋快转起来吧（手画圈），回家以后把你看到的圆形记在脑子里，用圆形卡片变出来，明天我还会在幼儿园里等你哟。

——徐州开发区蟠桃花园中心幼儿园　杨帆

【评析】在情景再现中，教师用简洁的语言引导幼儿在回顾学习活动的同时，启发幼儿新的思考，结束语自然流畅。

【视频】幼儿园中班数学活动“小动物盖房子”

（2）延伸迁移式。

延伸迁移式结束语是幼儿教师在活动结束之前，根据活动内容以及幼儿在活动中的学习与发展水平，引导幼儿将学习活动延伸到课外或者生活中，促进幼儿运用新的知识继续探究，在继续探究中习得新经验或者巩固原有经验所使用的语言。

情景再现

大班数学“数数小本领”延伸活动——关注身边事物的数量

师（下发统计表）：小朋友，超市里很多商品上都有许多数字，放学后请爸爸或妈妈带你去探究发现，看看每一种商品包装上有数字几，代表什么。调查后请填写在统计表上，明天我们一起交流。

【评析】在情景再现中，教师根据本次活动内容延伸出引导幼儿发现生活中的数学，运用身边事物巩固对数量的认识，拓展数数的方法。

思考与练习

1. 幼儿教师集体教学活动口语的作用是什么?

2. 请简述幼儿教师集体教学活动口语的特点。

3. 欣赏下面的情景再现，说一说幼儿教师集体教学活动口语运用的精彩之处。

扫码
查看参考答案

情景再现一：中班社会活动“会说话的手——传递爱的手”导入语

师:小朋友们,我们都有一双能干的小手,知道吗?我们的小手啊,不仅能干,还会说话。不信我们来做个游戏。

师（用双手做一个“我爱你”的手势）：猜猜看我用双手做出的动作想告诉你们什么?（我爱你）

师（用一只手在胸前做“再见”的手势）：这个动作呢?（再见）

师：看，我们的小手会说话，有时候不需要用语言来表达自己的想法，我们可以用一个手势，一个动作来表达自己的想法。

师：下面我们欣赏四幅图，看看他们怎么了?他们现在最需要什么?你会用你的手做些什么?

——徐州开发区美的城幼儿园　徐峰

情景再现二：中班语言活动“悄悄话”的阐释语

师：今天，老师有一些悄悄话想告诉大家，你们想不想听啊?（想）

师：悄悄话呀，只能悄悄地讲给离我最近的一个小朋友听，后面的小朋友听不见，怎么办呢?（幼儿讨论）

师：小朋友们想了那么多好办法，老师这里也有一个好办法。仔细听啊!

师：老师先把悄悄话说给离我最近的 ××× 听，请他悄悄地说给离他最近的 ××× 听，××× 再悄悄告诉离他最近的下一个小朋友，这样一个接一个地传给后面的小朋友听。这样老师的悄悄话就能让后面的小朋友都听到了。

师：老师还有一个小小的要求，请我们的小朋友传话的时候啊，仔细听，说清楚，不要把老师的话传错了！大家能不能做到啊?

师：最后，我们让离老师最远的小朋友来说说，他听到了什么。看看他说的和你们听到的是不是一样的，好不好?

情景再现三：大班数学活动“小动物造房子”的提问语

师:小动物们觉得这栋楼房虽然很高,但是每一层就一家,找好朋友一起玩还要上上下下,真不方便。于是，小动物们决定再盖一座新房子。让我们一起来看一看。哇！小动物们这次盖的楼房每层都有两个房间。

1. 播放 PPT 出示高五层，且每层有两个房间的楼房。

师：有几层楼?（有五层楼）每层楼有几个房间?（每层楼有两个房间）

2. 认识门牌号，了解门牌号数字表示的意义。

（1）小羊家的门牌号为 201，可是不知道是哪一间，你知道吗?门牌号上的 2 表示什么? 01 表示什么?请你来找一找。

（2）小松鼠家的门牌号是多少?（102），门牌号上的 1 表示什么? 02 表示什么?请你来找一找。

小结：原来门牌号的第 1 个数字表示第几层，第 2 个和第 3 个数字表示第几间。有了这个门牌号，我们就可以很快地找到它住在哪里。

3. 播放 PPT 出示四层楼的房子和带门牌号的小动物，请幼儿根据门牌号巩固和练习说出小动物住在第几层、第几间。

小结：门牌号的第 1 个数字表示第几层，第 2 个和第 3 个数字表示第几个房间。找房间时我们先找到第几层，然后再找到第几个房间。

——徐州开发区大庙中心幼儿园　李晴晴

情景再现四：大班语言活动“苍蝇的日记”过渡语

师：小朋友们，刚才我们共读了《苍蝇的日记》这个绘本故事，通过故事我们了解了苍蝇的生活和它的特点，下面请小朋友对照资料单，看看你们对小苍蝇的了解还有什么是没有调查到的。

师：请找一个你们喜欢的位置坐下来，一边翻翻书，一边补充你们的资料单，使你们对小苍蝇的认识更多吧。

——徐州开发区第一幼儿园　佟雪

学习主题 3
幼儿教师教育口语

幼儿教师教育口语是幼儿教师根据党和国家的教育方针，对幼儿实施思想品德教育、行为规范教育的过程中所使用的工作用语。它是幼儿教师完成教育任务不可缺少的工具，也是教师和幼儿、家长沟通的桥梁。

【微课视频】
幼儿教师教育口语

一、幼儿教师教育口语的原则和要求

幼儿教师的教育对象是 3 ～ 6 岁的幼儿，教育幼儿要以幼儿教育学和心理学的理论为指导，综合幼儿的认知发展规律、幼儿的年龄特征、幼儿的个性心理特征等因素，开展适时、适当的教育，因此幼儿教师教育口语有其独特的原则和要求。

（一）热爱幼儿，尊重幼儿 >>>>>>>>>>>>>>>>>>>>>>>>>>>>>>>>

意大利教育家蒙台梭利说，生命的成长必须要“爱”的感觉，儿童的自觉性和自我认识是通过爱得来的。她认为，教师和幼儿之间的积极的关系是教育成功的基础。因此，教师必须对幼儿表现出积极热情，有吸引力，幼儿才会有信心接近他们，并接受他们的教导。

想一想

在见习或实习时，教师在指导幼儿游戏的过程中有哪些尊重幼儿的情景让你印象深刻？举例说明。

教师和幼儿之间应是相互尊重的，特别是教师，应了解幼儿的愿望，尊重幼儿的意见和想法。教师要热爱幼儿，理解幼儿，因理解而尊重，因尊重而赢得幼儿的信任。在实际工作中，教师往往过分考虑幼儿的缺点以及如何纠正他们的不良倾向和行为，而没有注意到自己在教育过程中的不足。真正优秀的教师不仅要努力成为一个有道德的人，而且要帮助幼儿消除一些不良和错误的感觉。

情景再现

大班的政道是一个执着又酷爱研究的小男生。在一次美术活动中，他画了比萨斜塔，塔的造型和细节都处理得很好，美中不足的是塔倾斜的方向反了。作品评析的时候，老师和政道聊了起来。政道问："老师，你看我画的比萨斜塔好看吗？"老师："好看，造型还有窗户画得都和真实的比萨斜塔一样，让人一眼看上去就能看出你画的是什么。"政道开心地笑着说："我长大后要去看看真正的比萨斜塔。"教师："这是个好主意，图书区有一本介绍世界各地建筑的书，你要不要看一看？"区域游戏时间，政道和几个小伙伴一起阅读《揭秘建筑》的图书，看着看着突然过来跟我说："老师，我发现我的比萨斜塔倾斜的方向反了。"老师问："哦，你怎么发现的？"政道说："书上有介绍，还有图片呢，我画的和书上的方向不一样。"老师说："你真是一个爱观察的小朋友，以后再画比萨斜塔你肯定不会画错方向了。"政道点点头，第二天的区域游戏时他选择对着图书继续研究和绘画比萨斜塔……

【评析】在观察的基础上引导大班幼儿进行美术创作活动，目的在于培养幼儿的观察力、表现力和创造力。幼儿表现美的能力各不相同，出现科学错误也是可以理解的。教师如果直接指出问题，会影响幼儿的创作兴趣。情景再现中，教师根据幼儿对活动的兴趣，有目的地提供相关主题绘本，让幼儿在阅读中自我发现和调整。

（二）实事求是，正面教育 >>>>>>>>>>>>>>>>>>>>>>>>>>>>>>>>>

教师在教育幼儿时，要从实际出发，实事求是，这是一切教育工作的前提。脱离了实际，再精辟的教育口语都会失去影响力。另外，幼儿理解他人的语言，基本上都是根据字面的本意，很难领会其中的深意，所以，教师对幼儿要多进行正面教育，工作中不要使用反语或者"言外之意"。

情景再现

午餐后，教师带着小班幼儿下楼散步，路过其他班级时，有几个幼儿停留在班级门口的角色区，好奇地摆弄着材料，不愿意离开。眼看着队伍越走越远，教师就对他们说："你们要是喜欢别人的游戏区就在那里好好地玩吧。"这几个幼儿真的就在游戏区里玩了起来，弄得老师哭笑不得。

【评析】和幼儿说话时，教师要充分考虑幼儿的理解能力，正面表达自己的意图。这个案例中教师的本意是想让幼儿赶紧回队伍，可是由于使用了一句反话，幼儿误以为真，反而无法达到教育效果。

（三）亲切自然、浅显易懂 >>>>>>>>>>>>>>>>>>>>>>>>>>>>>>>>>

教师使用教育口语时所传达出的是教师对幼儿的情感和态度，教师的态度和蔼亲切，平易近人，语调亲切自然，幼儿就容易接受。切合幼儿接受心理的语言不仅能稳定幼儿的情绪，而且能帮助幼儿建立自信，促使他们勇于表达自己的想法。

情景再现

小班开放半日活动，幼儿进餐环节，一个幼儿桌子上掉了许多米粒，家长对他说："你看你掉了多少饭粒，妈妈平时怎么跟你说的？'锄禾日当午，汗滴禾下土。'"幼儿立刻接着说："谁知盘中餐，粒粒皆辛苦。"妈妈说："你知道还浪费？"幼儿愣了一会儿，不知道该说些什么。又一个幼儿掉了饭粒，老师说："饭粒掉在地上，会招来许多小蚂蚁的。"幼儿说："那我快点吃。"紧接着老师教给幼儿不掉饭粒的办法，情况果然大有好转。

【评析】和幼儿交流，要说幼儿能听懂的语言才行，否则这种交流就没有效果。一些对于成人来说很简单的道理，幼儿理解起来可能会有难度。教师只有加强对幼儿语言和语言习得的学习和研究，才能在实际的教育工作中得心应手。

（四）结合实际，因材施教

不同的幼儿有不同的个性特征和心理特征，幼儿在兴趣、爱好、习惯等方面存在巨大的差异。在教育过程中，教师要根据不同的幼儿采取不同的教育策略，做到因材施教。

情景再现

一次春游，两个幼儿和大家走散了，老师费了很长时间来寻找他们。找到后，老师着急地说："你们以后要小心，不要和大家走散了，要是被坏人看到了，多危险啊！"一个幼儿点点头，另一个幼儿立刻哭起来了。

【评析】每个人都是不同的个体，对于同一事件，他们的理解与感受是不同的。幼儿教师要充分了解、理解教育对象，对每一个幼儿要多观察、多谈心，只有充分了解幼儿的个性特征，才能展开有针对性的教育。对于走丢的两个幼儿要分别进行教育，对于已经很害怕的幼儿要以安抚为主，不可一味批评，给他造成更大的压力；对于不能认识到错误的幼儿，要给他讲清道理，帮助他认识到一些危害，还要给两个幼儿讲一些自我保护的方法，避免再发生类似的事件。

二、幼儿教师教育口语的分类

【文本】
"交谈语"情景再现

幼儿教师教育口语可分为：交谈语、说服语、激励语、表扬语、批评语。

（一）交谈语

交谈语是教师和幼儿在交流各自思想状态的过程中所使用的语言，可以是有声语言，也可以是无声语言。无声语言即态势语，如注视、拥抱等。运用的原则是平等、互动、适时引导。

情景再现

早上入园时，小班的豪豪带着一个玩具来到教室门口，教师主动问好："早上好，豪豪，今天你带的是什么玩具呀？"豪豪笑着举起玩具说："这是变形金刚。"教师问："它有什么本领吗？"豪豪边摆弄手里的玩具边介绍说："这个头和脚都可以缩进去，它可以变成车子，还可以变成人。"教师："哇，你的玩具本领可真多，现在先把玩具送到柜子里，等到区域游戏时再拿出来和小朋友一起玩，好吗？"豪豪愉快地答应了。当天的区域游戏环节，豪豪取来了自己的变形金刚玩了起来，围观的小朋友提出要和他一起玩时，他愿意介绍并分享自己的玩具。

希希进教室时还是笑容满面，奶奶刚要离开，她就哭了起来，边哭边念叨："我想奶奶了……"教师抱起希希温柔地说："奶奶现在干吗去了？"希希说："奶奶买菜做饭去了。"教师："希希奶奶会做饭，还会干什么呀？"希希："我奶奶可厉害了，还会给我梳头……"教师："希希的辫子真的很漂亮，我们一起去照照镜子看一看。"在盥洗室里，希希照完镜子就和同伴一起洗手准备进餐了。

【评析】小班的幼儿还没完全适应幼儿园生活，所以在晨间接待时教师的交谈要简短、亲切，并能根据幼儿的晨间表现提供相应的引导和支持。

（二）说服语

说服语是幼儿教师对幼儿某些不正确的行为习惯和道德观念进行劝导并使其心悦诚服地改正的沟通用语。一般用列举事例、角色互换的方式来完成。运用的原则是尊重、耐心、言传身教。

情景再现

小班的涵涵最近爱咬指甲，教师每次看到后都提醒她。

教师微笑着说：涵涵，你在干什么呢？

涵涵笑着说：我在吃手啊。

教师：这样太不讲卫生了吧？

涵涵：没关系的，我已经把指甲里的脏东西全部抠出来了。

教师：你还记得昨天我们听的故事吗，细菌可是肉眼看不到的，而且它会繁殖得怎么样？

涵涵：会繁殖得很快。

教师：对呀，你这样就会把细菌吸到肚子里。

涵涵：那我的肚子就会和她（故事的主人公）一样疼。

教师：很有可能。

涵涵：我不想肚子疼，我也不想上医院。

教师：那就和她一样不吃手，而且还要勤洗手，你能做到吗？

涵涵：我能做到。

涵涵说完把手从嘴里拿了出来。

【评析】教师借助情景进行劝导，让涵涵认识到吃手给身体带来的坏处，萌发要改掉这个坏习惯的想法。

【文本】
“说服语”情景再现

学习笔记

（三）激励语 >>>

激励语是教师对幼儿表达带有强烈肯定或者热情希望的话语。激励语能够激发幼儿积极向上的情绪，促使幼儿自觉地调整自己的行为。激励语并非对每个幼儿都通用，运用的原则是了解幼儿，结合具体事情或事件使用，多肯定，多鼓励。

情景再现

大班户外建构活动，幼儿正在玩得热火朝天，操场上来了一群参观学习的新疆学员，洲洲小朋友放慢了手里的活，盯着一个学员老师看了起来，接着跑到自己班级老师身边问：徐老师，你快看，那里有个外国人。

徐老师：哦，她确实长得和我们不一样。

洲洲：我猜她肯定不是日本人。

徐老师：为什么呀？

洲洲：因为我去过日本，日本人长得和她不一样。

徐老师：洲洲你都会用排除法来判断问题了，你猜猜她到底是哪国人呢？

洲洲：嗯，也不是英国人，因为我的英语老师就是个英国人，她头发的颜色和我的英语老师长得不像。

整个游戏时间，洲洲对这位参观的学员老师到底是哪国人充满了好奇，马上他们就要离开了，洲洲还是无法鼓足勇气去当面向老师问清楚。

徐老师：洲洲，你观察得很仔细，分析得也很有道理，如果你能当面向那位老师求证一下就可以知道答案了。

洲洲：我很想知道答案，但是我有点害羞。

徐老师：为什么会害羞呢？

洲洲：因为我没见过她，不好意思问。

徐老师：哦，如果你很有礼貌的话，老师应该不会拒绝你的。

洲洲：我还是不敢去。

徐老师：老师马上要走了，再不问你可就真的找不到答案了。

洲洲：怎么办，我很想知道她是哪国人，老师你可以帮我问吗？

徐老师：我可以陪着你一起去。

洲洲：好吧，咱俩一起去。

在老师的陪伴下，洲洲小朋友和来自新疆哈萨克族的老师愉快地交谈起来了。

【评析】幼儿对生活中的人和事物产生了探究欲望，教师有针对性地引导和鼓励，让幼儿体验探究过程，帮助幼儿成功体验了一次独立和陌生人交流的过程。

（四）表扬语

表扬语是一种对幼儿思想和行为给予肯定评价的教育用语，是教育活动中常用的、效果良好、幼儿乐于接受的一种教育语言形式。运用形式有直接表扬、迂回表扬、间接表扬。运用的原则是实事求是，真诚热情，在公开场合进行。

情景再现

集体活动时，为了鼓励幼儿认真听讲，老师看到坐得很端正的晨晨，表扬他的腰挺得真直。晨晨就把腰杆挺得更直了，旁边的幼儿也跟着学了起来，老师表扬大家都能坐得很端正。

拼搭游戏中昊昊小朋友在专心地用磁力棒搭建房子，老师在旁边观察了一会，不时给予一些帮助，作品完成后，昊昊长舒了一口气说她终于成功了。

老师（冲她笑着竖起大拇指）：你能坚持下来，真的很厉害！

昊昊：我最喜欢搭房子了，我现在是我们班搭房子的小高手！

老师：看出来了，你在安装窗户和门这方面很有办法。

昊昊：那当然，我下次可以把这个本领教给小朋友。

老师：你真像一个小老师！

角色区“小讲堂”游戏中，霖霖扮演的小老师正在指导学生画画。

霖霖老师：希希小朋友的楼画得真高啊！

希希：我最擅长画高楼了。

霖霖老师：琪琪，你画的这个小姑娘的辫子很特别。

琪琪：是吧，我也很喜欢，我妈妈就会编这种辫子。

【评析】关注幼儿一日活动中的表现并及时地表扬，能让幼儿感受到自己被教师或同伴关注和欣赏，同时也能强化幼儿身上良好的行为习惯，让教育取得事半功倍的效果。

（五）批评语

批评语是对幼儿的不良行为做出否定评价的教育口语。其主要作用是培养幼儿正确的是非观，纠正幼儿的错误和缺点。批评语言严厉、尖锐，教师态度严肃，会给幼儿一定的压力，如果说服教育能够有效果，批评教育就要少用、慎用。运用的原则是：多方了解，掌握事实；针对事件，及时教育；善用移情，换位思考；态度明确，批评适度。

情景再现

亲子春游活动中，小朋友们野餐完毕后，在草坪上开始玩泡泡游戏。毛毛和晨晨都在追着泡泡跑，老师和家长提醒了之后，没有效果，刚想拦着他们时，毛毛摔倒在地，晨晨也倒在了他的身上，毛毛哇哇大哭起来，老师抱起毛毛时发现他的后脑勺渗出血来了，晨晨吓坏了，躲在家长身后，老师和家长把毛毛送到医务室处理。

老师拉着晨晨的手问：你是不是很紧张啊？

晨晨低头说：老师，我下次不跑了。

老师认真地看着晨晨的眼睛说：你别害怕，毛毛的头只是蹭破了一层皮，不碍事的。你跑的时候手里拿的是什么呀？

晨晨：我手里拿了一块石头。

老师：你压在他身上后，手里的石头蹭到了毛毛的头，对吗？

晨晨：是的，我不是故意的。

老师拍着晨晨的肩膀说：老师相信你不是故意的，可是小朋友太小了，带着石头跑很容易伤着自己或者小伙伴。

晨晨：老师，我下次跑慢一点，手里也不拿东西了。

老师：这样确实会安全一些，我们一起去关心一下毛毛好吗？

老师带着晨晨和晨晨的家长一起到医务室关心慰问了毛毛，第二天上学时，晨晨送给了毛毛一个玩具，两个小伙伴和好如初。

【评析】对于此次意外伤害事件，教师关注到两个幼儿都受到了惊吓，以安抚为主，帮助幼儿分析原因，进而提出以后游戏时的要求，幼儿能愉悦接受。

互动平台

观看幼儿园大班科学活动“潜水艇”视频。

请结合视频讨论，教师在活动中都使用了哪些类型的教师口语，使用得是否恰当，如果是你来组织集体教学活动，你会如何组织。

【视频】
幼儿园大班科学活动
“潜水艇”

思考与练习

1. 什么是幼儿教师教育口语？

2. 使用幼儿教师教育口语应遵循哪些原则和要求？

3. 有这样一则故事：一把大锁挂在大门上，一根铁杆费了九牛二虎之力，也无法将它撬开。钥匙来了，它瘦小的身子钻进锁孔，轻轻一转，大锁就“啪”的一声打开了。铁杆问：“为什么我费了那么大力气也打不开，而你却轻而易举地就把它打开了呢？”钥匙说：“因为我最了解它的心。”每个人的心，都像上了锁的大门，要想打开它，首先要了解它，其次研究它，最后才能打开它。

说说这个故事对我们的教育工作有什么启示。

扫码
查看参考答案

4. 讲述你在见习时见到的幼儿教师使用教育口语的实例，并加以分析评价。

5. 请根据要求设计教育语言。

（1）佑佑小朋友喜欢拼搭积木，区域游戏时间持续两周都在建构区拼搭积木。今天建构区投放新的材料后，佑佑选择了一盒坦克车积木，组装到一半时遇到了困难，就把材料递给了旁边的小伙伴，然后又打算重新拆开一盒进行拼装。设计一段交谈语，打消佑佑遇到困难就逃避的想法，鼓励他继续拼装下去。

达标要求：能体现出耐心、细致，语言浅显易懂。

（2）中班的角色区里，龙龙（男童）、暄暄（轻微多动症男童）、笑笑（女童）三个小朋友在各自玩游戏，笑笑拿走了暄暄精心拼搭的“点心”，暄暄看到了刚好路过的龙龙，就以为是龙龙拿走的，大叫着冲上去对着龙龙胸口的衣服就咬了一口。老师看见后赶紧拦住暄暄，暄暄认为是龙龙拿了自己的材料，还不承认自己咬了龙龙，拒绝向龙龙道歉。龙龙更是委屈，在老师劝慰下虽然停止了哭声，但是还一直和好朋友解释自己没有拿走暄暄的“点心”。设计一段交谈和说服语，让暄暄小朋友接受事情的真相，并能向龙龙小朋友道歉。

达标要求：根据事实依据，公平处理问题，同时还能兼顾特殊幼儿的性格特点。

6. 根据所给情境，设计教育语言。

（1）怎样表扬午睡有进步的幼儿？

（2）如何说服不愿意吃青菜的幼儿？

（3）怎样激励被动接受的幼儿主动选择区域游戏？

（4）设计一段和中班幼儿交谈如何解决美工区收材料拖拉问题的交谈语。

（5）大班的天天在户外活动时因不愿意收车子，故意用车子撞倒了晨晨，怎样劝慰晨晨，怎样批评天天？

学习主题 4 幼儿园其他工作用语

学习笔记

一、与家长沟通语言

《幼儿园教育指导纲要（试行）》指出：“家庭是幼儿园重要的合作伙伴。应本着尊重、平等、合作的原则，争取家长的理解、支持和主动参与，并积极支持、帮助家长提高教育能力。”因此，幼儿教师与家长的沟通与交流就成为工作的一部分。有效的沟通可以获得信息，获得支持，善于沟通的幼儿教师可以让教育取得事半功倍的效果。

（一）家访

家访是幼儿教师对幼儿的成长环境、教养模式有更直观和深入了解的一种途径，是幼儿教师有目的、有针对性地和家长进行沟通的交际活动。常用到的家访形式有了解性家访、看望性家访，无论什么形式和目的的家访，都要注意以下四点。

1. 提前预约，征得同意

幼儿家长的职业不同，工作时间不同，为保证家访时家长在时间上和思想上都能有充分的准备，幼儿教师家访前必须先打电话或者当面预约，和家长定好时间后如期赴约。

学习笔记

2. 准备充分，获取信任

幼儿教师家访前在专业知识上要做足功课，家访时应穿着整洁大方，可以化淡妆和佩戴简洁的饰品，交谈时注意态势语要得体，不要有抓耳挠腮、跷二郎腿等不雅的动作，要面带微笑、目光自信、语音标准、语速适中，这样才能取信于家长，为双方的交流做好铺垫。

3. 端正态度，目的明确

大部分家长都非常重视教师家访，认为这是促进家长和教师关系良性发展的好时机，所以接待得比较隆重，如共进晚餐、赠送礼物等。幼儿教师在家访时间的选择上应该尽量避开三餐时间和幼儿休息时间，家访地点选择在幼儿家里，参与人员最好是班级两位教师和幼儿的父母。教师应明确家访的目的，尽可能排除不必要的干扰，交谈内容以幼儿为中心，有意识地控制谈话的内容，即使家长逐渐偏离了主题，也要巧妙地把话题引回来，给家长留下敬业的好印象。

4. 沟通交流，提高效率

家访主要是通过和家长的沟通交流，对幼儿现阶段的发展水平有一个准确的分析和判断，在教育幼儿的问题上达成共识，形成家长和教师共同的教育合力，达到更好地教育幼儿的目的。沟通最重要的特点是互动性，在交谈时教师有目的地提问会让交谈更有主题性和针对性，漫无目的地聊天会让家访时间无限延长。有些健谈的家长见到老师就有说不完的话，把幼儿从小到大的事情一件一件地、不厌其烦地并且绘声绘色地讲给老师听，或是家长认为老师就是权威，说什么就是什么，他们不懂教育，只听老师讲就行，这样是不可取的，幼儿教师要有控制交流内容和调动家长进行沟通的能力，以达到家访的最终目的。

情景再现

小班幼儿即将入园时，小班教师开始了家访工作，目的是了解幼儿的发展水平、生活环境、家庭教养方式等，便于开学初开展班级工作。教师会根据班级幼儿的家庭住址，提前安排家访时间，把家访安排表和家访时教师的工作流程发到班级群里，便于家长提前做好准备工作。

教师：果果家长您好，我是 ×× 幼儿园小四班的张老师，明天上午九点我们到您家去家访可以吗？

果果妈：欢迎老师，我们明天上午都在家。

教师：请问您家的地址是 ×× 小区 ×× 号楼 × 单元吗？

果果妈：是的，老师。明天您到了给我打电话，我下楼接您去。

教师：谢谢，咱们明天上午九点在小区楼下见。

果果妈：老师明天见。

见面后，家长和教师分别进行自我介绍，一位教师负责沟通和记录，另一位教师负责和幼儿进行简单的交流，这样便于教师更全面地了解幼儿的现状，客观分析幼儿的发展水平。

教师：平时在家谁照顾孩子多一点？

果果妈：我和他爸爸上班都忙，都是爷爷奶奶负责照看他，下班后我们都主动陪伴孩子，周末也是我们来照顾。

教师：父母的陪伴更能促进幼儿的成长，看来你们很关注孩子的教育。

果果妈：是的，现在大家都很重视孩子的早期教育，我们也不甘落后，包括给孩子选幼儿园，也是仔细斟酌后才选择的这个幼儿园。

教师：感谢信任和支持，请问他在家吃饭情况如何？有没有特别喜欢吃的食物或者不喜欢吃的食物？

果果妈：我家孩子不挑食，什么都爱吃，平时在家吃面食多一些，但要是做其他种类的饭他也不挑，而且最近这段时间我们都锻炼他自己吃饭，很少喂他。

教师：孩子生活自理能力很棒，期待宝贝开学后给小伙伴做个好榜样。

教师：孩子有过敏的药物或者食物吗？

果果妈：没有，从出生到现在没发现孩子对什么药物或者食物过敏，不过孩子在两岁时有过一次高烧惊厥，后来就没再犯过。

教师：高烧惊厥需要重视，我在这个表格上备注一下，以后入园时如果孩子身体不舒服一定要及时和老师沟通，我们会多关注，毕竟孩子健康成长是第一位的。

果果妈：好的，谢谢老师。

教师：别客气，孩子平时喜欢什么类型的玩具，愿意和同伴一起玩吗？

果果妈：他喜欢玩枪、变形金刚这类的玩具，还喜欢拼拼图。特别喜欢和小朋友一起玩，我们小区里有很多和他一起长大的孩子每天都会约着在广场上玩。

教师：有固定的玩伴挺好的，孩子有阅读习惯吗？平时都喜欢看哪些方面的书？

果果妈：他喜欢听我讲故事，我给他订了一些杂志，他很喜欢，平时也会带他去借阅图书。

教师：良好的阅读习惯会让孩子受益终身，这个好习惯一定要坚持下去。那么，孩子入园后，谁主要负责接送和沟通呢？

果果妈：早上爸爸送到幼儿园，下午放学的时候奶奶接，您要是有什么问题和他爸爸沟通就行，我担心奶奶年纪大了，有些问题转达不清楚。

教师：好的，平时幼儿在园的简单反馈我们会和奶奶沟通，关于家园配合方面的我们会通过电话和您沟通，或者单独约谈您。

果果妈：好的，我们一定积极配合老师的工作。

教师：感谢您的理解。希望开学后我们一起努力帮助孩子尽快度过适应期。

果果妈：好的老师，以后您多费心了，开学有什么问题咱们再沟通！

【评析】本次家访目的明确，准备充分，问答的形式便于家长和教师进行有针对性的交流，不容易跑题。

（二）接送幼儿

每天早上接待幼儿入园和下午组织幼儿离园时，教师和家长会有短暂的面对面交流的时间，便于教师与家长及时反馈和沟通幼儿在园和在家的情况。这种每天都要进行的看似简单的口语交流，却实实在在有着立竿见影的教育作用和效果。为了更好地与幼儿沟通，幼儿教师要持之以恒地做到以下四点。

1. 耐心热情，积极主动

幼儿每天在幼儿园的学习发展情况都有变化，幼儿教师尽量做到主动向家长反馈，或者对家长提出的问题和建议给予及时答复。接送幼儿时琐碎事情比较多，幼儿教师要调整心态，端正态度，做到和每位家长沟通都能不厌其烦，保持最大的工作热情。

学习笔记

2. 关注全体，一视同仁

幼儿教师要善于观察和反思，有针对性地观察和指导幼儿，了解每个幼儿的发展水平和个性特征，有计划地和每位幼儿家长沟通，切不可只关注某一小部分幼儿。要保证经常主动和每位家长都沟通交流，面对不同家长提出的各种问题都能给予解答。

3. 合理安排，言简意赅

因为家长接送幼儿的时间比较集中，所以幼儿教师和每位家长的沟通时间不宜过长，回答家长的问题和反馈幼儿的情况要强调重点、言简意赅。如果有特殊情况必须当天解决，沟通时间较长的，可以先请家长和幼儿在教室等候，不能因为要解决个别幼儿的问题而不理会大部分家长的询问，幼儿教师可先把大部分家长和幼儿送走之后，再与家长单独进行沟通。

4. 及时反馈，提出建议

幼儿在发展中出现的问题或者特殊的阶段表现，教师和家长要及时沟通交流，这样便于家园双方及时有效地解决问题。同时教师在发现家长有错误的教育行为时要用合适的方法指出，并给予合理的指导和建议。当然对于家长教育幼儿的好的行为也要给予鼓励和肯定，这样更有利于提高家园共育的质量。

情景再现

幼儿园晨间接待时，教师微笑着站在教室门口和每位来园的小朋友打招呼。

教师：壮壮早上好，你今天是第一个来园的。

壮壮：老师早上好。

壮壮妈妈：老师，我今天单位有事就早送了一会儿，他有点咳嗽，您帮我关注一下他的精神状况，我中午来接他看医生，谢谢老师！

教师：好的，我会提醒他多喝水，少剧烈活动，午餐的时候少给他吃肉食，您看可以吗？

壮壮妈妈：非常感谢老师。

教师：您别客气，电话保持畅通，有什么事情我会及时和您联系的。

教师：美洋洋早上好。

美洋洋家长：老师早上好！老师，我想和您反映一件事情。

教师：您说。

美洋洋家长：美洋洋回家总是说暄暄小朋友喜欢掐人，我今天看到美洋洋的手上有痕迹，我也不知道孩子说的是真的还是假的，所以想和您说一下，请您关注一下这个孩子。

教师拉着美洋洋：洋洋，来让老师看看你的小手，还疼吗？能跟老师说说这是怎么回事吗？

美洋洋：昨天玩游戏时，暄暄非要抢我的玩具，我没给他，他就掐我的手。

教师摸摸美洋洋的头说：当时一定很疼吧，下次遇到这种事情一定要勇敢地推开他，然后再告诉老师，我们都会帮助你的。

接着教师对家长说：非常感谢您的及时反馈，等孩子来了之后，我会和他交谈的，暄暄平时很喜欢和美洋洋在一起玩，但他在和同伴相处时遇到问题容易冲动。对于孩子在幼儿园发生的事情我们没有观察到也表示歉意，这两天我会关注美洋洋的情绪，有问题再和您沟通。

美洋洋家长：谢谢老师，让您费心了。

教师：您别客气。

【评析】教师晨间接待时沟通最多的是关于孩子生活、交往等方面的问题，教师对家长提出的问题及时解答并给出好的建议或解决办法，让沟通变得更顺畅、有效。

（三）家长会

幼儿园家长会通常是以班为单位进行的，是幼儿家长共同参加的集体活动。幼儿教师是家长会的主持人，家长会的主要内容是向家长介绍幼儿园和班级概况、每个幼儿的在园情况、需要家长配合解决的问题和最新的教育理念以及家长提问等。家长会的前期工作很关键，幼儿教师不仅要做好充足的思想准备，而且要做好交际口语的准备，这样才能确保家长会顺利圆满地进行。

【文本】
“互动交流”情境再现

1. 轻松融洽

作为主持人，幼儿教师口语的表达形式奠定了家长会的基调。幼儿教师语言应亲切，态度诚恳，使家长们在一个轻松、融洽的气氛中与教师进行平等的交流。教师还应鼓励家长积极提出问题，引导大家共同讨论，以达到互通有无、共同提高的效果。

2. 正面反馈

每个孩子在父母心目中都是优秀的、完美的，幼儿教师要掌握家长的心理，在家长会上应逐一对每个幼儿进行表扬，不能把家长会开成“告状会”“批斗会”，而对于一些存在的问题可以不点名提出，以引起家长的警惕，有则改之，无则加勉。

学习笔记

3. 关注全体

幼儿教师对两类幼儿比较关注：一类是特别优秀的，另一类是特别调皮的。而介于这两者之间比较守纪律、不太爱表现的幼儿往往会被忽略。家长会是家长了解幼儿在园情况的一种渠道，和接送幼儿时的沟通交流不同，家长会上对每个幼儿的评价是面向全体家长、公开透明的，幼儿教师一定要顾及每个幼儿，也要顾及每位家长，不能出现会议开了很久快要结束了，还有个别幼儿的名字没被提到的情况，这样就会伤害家长的自尊心，甚至让家长对幼儿教师产生不信任感，从而影响今后教育工作中和家长的沟通交流。

4. 互动交流

家长会的形式虽然是幼儿教师主持，家长参与，但是不能成了“一言堂”，如果教师凭借自己的专业知识和职业定位，居高临下，滔滔不绝，让家长只有听的份儿，没有发言的机会，这就不是成功的家长会。家长会应建立在平等互动的基础上，让家长们畅所欲言，各抒己见，可以有争论，可以有异议，能够现场解决的问题大家要达成一致，不能解决的问题应在家长会结束后继续沟通，争取找到合理的解决办法。

情景再现

小班新学期家长会，教师准备了班级幼儿适应期一日生活的各个环节的活动照片以及家长会内容的PPT。

教师：非常感谢大家抽出时间参加本次家长会，可以看出大家对孩子在幼儿园生活和学习情况的重视。下面将由我带着大家一起来欣赏一些孩子在适应期间的精彩活动。

教师边播放活动照片，边解释说：早晨入园时，孩子们很少哭闹，大部分都是笑着走进教室的，他们对幼儿园已经有了安全感。虽然个别幼儿还有哭闹现象，但是只要老师抱一抱、哄一哄，他们也很快就能转移注意力，开始找自己喜欢的玩具玩了起来……

家长们看着自己孩子的照片频频点头，不时地对着旁边的家长说：孩子们比大人棒，我每天都特别担心她在幼儿园会不会哭闹呀，不会吃饭怎么办呀，没想到她表现得比我想象的要好多了。

接着教师介绍本学期的教学重点以及学校的各项规章制度。

教师：孩子的教育需要家庭、学校和社会三方共同努力，我们班级的教育工作同样离不开大家的支持和配合，下面我将介绍一下本学期的工作重点和家长需要配合的工作……

家长边听边记录……

【评析】教师以图片展示的方式关注到班级全体幼儿，图文并茂的解读能更直观地让家长了解幼儿情况，引发共鸣和交流的话题。

（四）突发事件 >>>>>>>>>>>>>>>>>>>>>>>>>>>>>>>>>>>>

幼儿园中的突发事件有很多种，如幼儿突然发病，幼儿意外受伤，家长和老师或其他工作人员发生误会等。无论遇到什么情况，幼儿教师都要保持镇定，积极采取措施，控制事态发展，争取把事件的影响和危害降到最低。

1. 态度镇定

幼儿教师在处理突发事件时注意控制好自己的情绪，沉着冷静，不要意气用事。如果是孩子生病受伤，首先运用所学的幼儿卫生学知识正确处理，并在第一时间拨打紧急电话说清地点和病情，不可在幼儿面前表现出害怕、消极的情绪，要鼓励幼儿“勇敢”“坚持”，用拥抱或握住幼儿的手等态势语传递关爱和力量，要和幼儿在一起等待救援。

如果是幼儿教师与其他工作人员或家长发生误会，一定要以大局为重，不要急于辩解或争吵，而是等待家长情绪平复后再沟通。

2. 讲述客观

遇到幼儿发病或受伤等突发事件时，幼儿教师需要及时和家长取得联系，同时要注意讲述情况时不可夸大其词，也不能轻描淡写，应该客观、真实地加以说明，并嘱咐家长不要着急，告知园方已经采取了相应措施，不要因为突发事件处理不当而引发家长对幼儿园和幼儿教师的信任危机。

假如和家长发生了误会，一定是沟通不畅引起的，在解决问题时要实事求是，先做自我批评，然后再详细解释事情的原委，尽可能得到家长的认同，避免误会加深。

学习笔记

情景再现

幼儿离园时，家长排队接孩子，果果妈妈接到果果后，和老师愉快地沟通了一会儿就离开了。过了一会儿，果果妈妈在班级群里发信息问：果果脑门上怎么有个青的印记，老师放学时为什么没有和家长沟通？

教师回信息：没有看到孩子头上有青的印记，也没发现果果今天在幼儿园有碰撞，而且放学的时候也没听您说孩子头上有青的印记呀。

果果妈：放学的时候要是能看到，那得多大的包啊？上次在同一位置也发现了这样的印记就算了，孩子老是发生这样的事情，老师是不是要好好反思一下？幼儿园有监控吗？如果有必要的话我们要申请调监控。

教师：孩子在幼儿园的事情我们是不会隐瞒的，也是隐瞒不住的。请问孩子能说清楚事情的原因吗？能麻烦您发一张孩子的照片吗？

果果妈上传孩子的照片后：孩子太小说不出原因，幼儿园有监控吗？

教师：幼儿园有监控，欢迎家长监督我们的工作，我现在还没有下班，您方便到幼儿园来沟通和解决这件事情吗？

果果妈：我们今天有事就不过去了，以后有必要的话我们会随时调取监控的。

教师和班级同事共同回忆孩子一天在园的情况，没有发现孩子有碰撞行为。于是到园长室调取了当天的活动监控视频，发现孩子在起床穿鞋时头碰了一下卧室的门把手，由于动作轻微，孩子也没有反应，教师忙着照顾起床的孩子没有看到，因此也就忽视了。找到原因后教师觉得很委屈，毕竟不是自己的工作失职造成的，家长在群里公开指责让教师很难堪。但是考虑到要和家长相处三年，彼此建立信任感还是非常重要的，于是教师决定主动和家长解释事情的原委。

教师主动把果果午睡碰到门把手的视频截取发给果果妈妈，编辑信息：果果妈，我们仔细地看了孩子在园的视频，发现果果只有这个时候有碰撞，其他时间没有发生摔倒和碰撞现象，孩子皮肤比较娇嫩，容易产生青的印记，再加上印记在额头上被头发挡住了，我们也没有及时关注到，真的很抱歉。现在我们已经在门把手后面安装了安全防撞条，明天征得果果的同意我们会给她调换睡觉的位置，这样就会避免这样的事情再次发生。

果果妈：老师，真的非常感谢，我们也不是爱找事的家长，只是看到孩子头上青的印记有些着急。既然找到了事情的原因，我们也就放心了，我们对老师的处理非常满意，也希望老师以后一如既往地和我们交流。

教师：感谢您的理解，以后有问题我们多多沟通。

【评析】对于家长的公开指责和刁难，教师首先能做到有理有据，不卑不亢，同时能从大局出发找到原因，主动沟通，解决问题，化解矛盾。

学习笔记

二、与同事交际语言

幼儿教师在幼儿园的工作时间，接触最频繁的就是幼儿和同事。同事之间会有各种交流，如交接工作、教学研讨、课余交谈等，这些看似简单平常的口语交际活动，也要注意一些口语表达技巧。

（一）交接工作

幼儿园每个班的保教工作一般是由两位幼儿教师共同完成的，分早班和下午班，所以两位教师每天都要交接工作，为了防止出现纰漏和失误，幼儿教师在交接工作时一定要做到以下几点。

1. 条理清晰

幼儿园的工作非常繁杂，每天都有大大小小的事情需要交接，无论早班还是下午班的教师在交接本上记录时都要分类罗列，如幼儿园工作安排、本班要延续的活动、未到园幼儿的名单及事由和自带药品的幼儿名单及服用方法等。除有条理地记录外，在交接时还需要清晰地传达给接班老师。

情景再现

早班教师在上课前会带着幼儿一起数一数班级里一共来了多少位小朋友，对于请假的幼儿，班级三位教师都要沟通请假的原因。胡老师组织幼儿吃水果的时间，李老师上班来了，问：今天来了多少孩子?

胡老师：现在来了 27 个，尧尧说十点多到，算上他咱们今天就是 28 个孩子。

李老师：哦，好的，尧尧妈妈也给我发信息了，说是去打预防针了。

胡老师：是的，她也是这么给我发的。小宝旅游，估计下周要回来上课，霖霖发烧了，请了一天病假。

李老师：好的，我知道了。

郭老师：我早上到食堂报了 27 人，等尧尧来，我再去把人数改一下。

李老师：好的，郭老师，辛苦你想着这件事。

【评析】班级当天来园人数以及请假原因三位教师都要清楚，及时口头交接，保证一天的教学活动正常开展。

情景再现

小班区域游戏开放时间，李老师负责观察和指导室内区域游戏，胡老师负责走廊里角色区和建构区的游戏指导。讲评环节要开始了，胡老师把幼儿在走廊区域游戏的观察记录以表格和图片的形式和李老师做了简单的交接。

胡老师：今天娃娃家里有 5 个小朋友。若涵喜欢穿绿色的围裙，汪汪喜欢穿粉色的围裙，他们俩今天一起合作制作了蛋糕，若涵还负责照顾暄暄扮演的宝宝。晨晨和佳佳扮演了爸爸，负责开车去采购，他们几个小朋友游戏常规都很好，都能按位置摆放材料。暄暄到今天为止是第四天到娃娃家游戏了，而且每次都扮演宝宝。我拍了一些他们游戏时的照片，现在放到电脑上，等会你可以请他们自己来讲述游戏情况。

李老师：好的，汪汪和若涵合作的蛋糕作品还在吗?

胡老师：有图片，他们收的时候把作品拆掉了。

李老师：好的，谢谢!

胡老师：不客气。

【评析】直接沟通幼儿的游戏情况，可以帮助教师客观分析幼儿的游戏水平，让游戏讲评环节做到有的放矢。

学习笔记

2. 重点突出

班级的事情虽然很多，但要分出轻重缓急，有些紧急的和重要的事情必须再三强调，如刚提到教室里的一壶热水，教师在交班时要重点说明水很烫，不要让幼儿接近等。教育无小事，尤其是对于没有生活经验的幼儿，更要细致、周到，防微杜渐。

情景再现

张老师上午带幼儿进行户外活动时，西西小朋友在拍球时不小心滑倒了，膝盖蹭破了皮。教师把他带到保健室做了消毒处理后，他又继续玩了。张老师通过微信的形式与家长做了沟通，西西的妈妈告诉张老师下午是西西的奶奶来接，到时和奶奶说一声就可以了。张老师和带下午班的赵老师说：赵老师，西西今天拍球时蹭破了膝盖，已经处理过伤口了。

赵老师：需要我下午和家长沟通吗？

李老师：非常感谢！我已经和西西的妈妈沟通过了，下午是西西奶奶来接孩子，辛苦你放学时再和西西奶奶说一下这件事。

赵老师：好的，没问题。

【评析】幼儿在幼儿园出现磕碰现象，带班教师及时和家长电话沟通后，也要让对班教师知晓此事，这样不管下午放学时是谁接孩子都不会出现一问三不知的现象。

（二）教学研讨

学习笔记

幼儿园的教研活动有很多种，如集体备课时的教研、本园内的专题教研、本行业的学术报告等。参加教研活动，既要本着虚心学习的态度，也要提出有理论依据的观点。对于意见相左的问题，以探讨为主，可以求同存异。为确保完成教学研究任务，达到教学研究的效果，幼儿教师在口语表达方面要注意以下几点。

1. 态度谦和

教学研讨本来就是一种严肃庄重的活动，幼儿教师在参与过程中要态度谦和，虚心诚恳，多用礼貌用语和谦辞，如“谢谢”“请多多指教”等，遇到不同观点要认真倾听，不可极力争辩，努力创造良好的学术氛围。

2. 观点鲜明

教研活动是为了提高教学水平，让参会人员各抒己见、交流教学心得体会的一个交流平台。在教学研讨中，幼儿教师要有自己独到的见解，不能人云亦云，要有言之有理、言之有据的鲜明观点供参会者讨论。

3. 简明扼要

每次的教研活动是学习也是交流，每个人都有自我展示的机会，这个展示的前提是要认真听、仔细想、积极说。因此，幼儿教师在发言时无须过多的客套话，尽可能避免过多的口头禅，如“这个这个”“啊”“嗯”等，最好开门见山，直奔主题。

（三）课余交谈

课余交谈一般指课余时间的聊天，或是谈古论今、家长里短，或是交流兴趣爱好、交换生活信息，是拉近人与人关系有效的方式之一，也是建立良好人际关系的基础。课余交谈和一般社交口语有很多交叉点，要遵循以下规律。

1. 不触隐私

每个人都有自己的心灵空间，同事之间聊天时，如果对方想把内心世界一

学习笔记

起分享，那么就做一个忠实的倾听者；如果对方一直回避某些事情，切忌刨根问底地去触及与此相关的敏感话题。不要认为关系密切就可以毫无保留，这样不仅得不到别人的信任，而且会失去更多的朋友。

2. 不传闲话

同事之间有很多共同的话题，在相同的工作环境中免不了有人会说说别人的闲话，发发工作中的牢骚。无论什么情况，尽可能正面疏导，最好能解决矛盾。如果无能为力，也要让自己成为闲话的“垃圾袋”，装进来，封口，打包，扔出去，不要让闲言碎语破坏同事之间的关系。

3. 以诚相待

同事之间相处要诚实、守信，在工作中相互学习，在生活上相互照顾，最大限度地去帮助别人，也要心存感激地接受别人的帮助。但以诚相待并不是大包大揽，不是碍于面子，勉强答应了对方又满腹牢骚，而是对实在是力所不能及的事情一定要诚恳地告诉对方缘由，以求谅解。

相关链接

幼儿园交接班制度

1. 为了保证保教工作的顺利进行，各班教师、保育员必须认真做好交接班工作，认真填写交接班记录本。

2. 当班教师应及时、认真完成当班的各项任务，并对幼儿的健康、学习等情况做好记录。对当班时所发生的问题妥善处理。

3. 早班和下午班教师要互相沟通，配合一致地向幼儿进行体、智、德、美全面发展的教育，及时交换情况，研究解决的办法。

4. 要求交班教师认真填写交班记录本，接班教师认真检查每一个幼儿的身体状况，幼儿人数与交班记录相符，方可签上自己的名字，谁签名谁负责；如接班教师未签名，发生事故由交班教师负责，交班教师应要求接班教师在检查幼儿身体后签名方可离岗。

5. 交班记录内容如下。

（1）幼儿基本情况，如人数、情绪及健康状况、带药及服药（药的名称和剂量由家长填写）情况及体弱儿照顾等。

（2）幼儿进食情况、教育教学情况、活动情况。

（3）有无事故发生（包括小伤、破皮情况）。

6. 如因交接手续不清引起的事故，则追究当事人的责任。

7. 无论任何情况，交接班程序都不能简化，交接班记录不能漏写或补写。

8. 交接班记录本、服药记录本每学期末应上交存档，平时要随时抽查。

学习笔记

三、与其他相关人员交流语言

幼儿教师因工作需要会和很多社会相关部门有业务往来，如教育行政部门、社区门诊和医院等，在与这些部门人员交流时，要注意以下几点。

（一）懂礼貌

礼貌是待人接物的基础，无论去哪个部门，都应先敲门，征得同意后方可进入。见面后主动、有礼貌地做自我介绍，如果对方先伸手，要迅速相迎握手；如果对方点头示意，也要随之点头示意，但不可主动向对方伸手。

（二）有自信

确定对方就是自己要找的人，要自信地说明来意，在与对方交流时要学会用目光交流，表达自信和诚意。

（三）会倾听

良好的倾听是开启人际关系的一把钥匙，与对方交谈时，要认真倾听，不随意打断别人的话，适当时给予点头表示认同。

（四）善交流

仅靠倾听不能达到解决问题的目的，要在适当的时候接上话题，表达自己的观点，掌控谈话的方向，做有效的双向交流。

相关链接

握手的礼仪

1. 握手的顺序。

主人、长辈、上司、女士主动伸出手，客人、晚辈、下属、男士再相迎握手。

2. 握手的方法。

（1）一定要用右手握手。

（2）要紧握对方的手，时间一般以 1 ～ 3 秒为宜。当然，过紧地握手，或是只用手指部分漫不经心地接触对方的手都是不礼貌的。

（3）被介绍之后，最好不要立即主动伸手。年轻者、职务低者被介绍给年长者、职务高者时，应根据年长者、职务高者的反应行事，即当年长者、职务高者用点头致意代替握手时，年轻者、职务低者也应随之点头致意。和年轻女性或异国女性握手，男士一般不要先伸手。

（4）握手时，年轻者对年长者、职务低者对职务高者都应稍稍欠身相握。有时为表示特别尊敬，可用双手迎握。男士与女士握手时，一般只宜轻轻握女士手指部位。男士握手时应脱帽，切忌戴手套握手。

（5）握手时双目应注视对方，微笑致意或问好；多人同时握手时应按顺序进行，切忌交叉握手。

（6）在任何情况下拒绝对方主动要求握手的举动都是无礼的，但手上有水或不干净时，应谢绝握手，同时必须解释并致歉。

社交场合的空间距离

当人们进行交际的时候，交际双方在空间所处位置的距离有重要的意义，它不仅告诉我们交际双方的关系、心理状态，而且也能反映出民族和文化特点。心理学家发现，任何一个人都需要在自己的周围有一个自己能够把握的自我空间，这个空间的大小会因文化背景、环境、行业、个性等而不同。不同的民族在谈话时，对双方保持多大距离有不同的看法。根据霍尔博士（美国人类学家）的研究，有四种距离表示不同情况：

1. 亲密接触（0 ～ 45cm）。交谈双方关系密切，身体的距离从直接接触到相距约 45cm，这种距离适用于双方关系最为密切的场合，如夫妻及情侣之间。

2. 私人距离（46 ～ 120cm）。朋友、熟人或亲戚之间的往来以这个距离为宜。

3. 礼貌距离（121 ～ 360cm）。这种距离用于处理非个人事务的场合，如进行一般社交活动，或在办公、办理事情时。

4. 一般距离（361 ～ 750cm）。这种距离适用于非正式的聚会，如在公共场所听演出等。

思考与练习

1. 为自己搭配两套家访时的服装。

2. 设计一段到幼儿园报到见园长时的自我介绍。

3. 说一说自己在社交场合遇到的尴尬，并叙述如何化解尴尬。

4. 小组合作，完成以下练习：

（1）两人一组，模拟幼儿遇到突发事件时教师和家长的通话。

（2）以小组为单位，大声练习“你好”“谢谢”等礼貌用语。

（3）以小组为单位，每人模拟向领导汇报本班情况。

（4）以小组为单位，讨论在社交场合遇到尴尬事的处理方法。

（5）两人一组，模拟打电话到外单位办事时的开场白。

（6）两人一组，练习早班和下午班教师的交接用语。

达标要求：要说明幼儿来园情况和待办事宜，如生病服药幼儿的精神状况和饮水情况，要和某位家长沟通的事项等。

（7）两人一组，分别扮演幼儿教师和家长，模拟本班一个幼儿在户外活动时膝盖磕破了，教师给家长打电话的情景。

达标要求：清楚地说明幼儿现在的情况和已经采取的措施，明确告知家长需要配合的事项（如及时赶到哪家医院、是否需要带幼儿的替换衣物等）。

专题检测题

一、基础练习

1. 提问语有哪些类型？请结合幼儿园教学实例谈一谈。

2. 使用批评语时应注意哪些问题？

二、实践练习

练习一：欣赏下面教学活动中教师的教学口语，并进行模拟练习。

扫码

查看参考答案

1. 大班科学活动“小鼹鼠的地下王国”。

活动目标

（1）通过绘本《小鼹鼠的地下王国》理解上下、前后、里外、中间、旁边等方位词。

（2）听指令做游戏掌握上下、前后、里外、中间、旁边等方位。

活动准备

每人一个毛绒玩具；每人一张记录表，筐子（三个大筐子、每人一个小白筐）；每人一支笔；场景布置；绘本 PPT。

活动过程

（1）通过绘本《小鼹鼠的地下王国》理解上下、前后、里外、中间、旁边等方位词。

师：今天我们班来了一位小客人——小鼹鼠，它的名字叫贝贝，它住在哪里呢？（讲故事，讲完故事后，教师出示图片引导幼儿交流回顾故事，巩固上下、前后、里外、中间、旁边等方位词）

（2）幼儿拿出毛绒玩具听指令来游戏。

师：小鼹鼠也给小朋友准备了礼物，礼物就在我这儿，小鼹鼠要和我们一起做游戏。请你听好了，小鼹鼠说放在哪里，你就放在哪里。放好以后就请你坐好。

“请你放在身体的前面”“请你放在身体的后面”“请你藏在身体里面”“请你放在板凳的上面”“请你放在板凳的下面”“请你放在筐子的外面”“请你放在筐子的里面”“请你放在中间筐子里面”。（幼儿根据教师指令做游戏）

师：还想玩吧，我们换一种玩法，当我把身体转过去铃鼓响起时，小朋友开始藏你手中的玩具，不能藏得很远哦！当我把身体转过来铃鼓停止时，大家一起告诉我藏在了哪里，好吗？（师幼一起游戏）

（3）游戏：寻找礼物并记录。

师：小朋友玩累了，小鼹鼠先替你们保管一下礼物，抬头看看上面是什么？再上面的上面呢？再往上呢？……那下面呢？再下面呢？再下面呢？（幼儿遐想上面的上面是什么，下面的下面是什么。）

师：小鼹鼠替小朋友准备了好多好多的礼物送给妈妈，可是它把这些礼物都藏了起来，藏到哪里去了？我也不知道，但是我相信大家一定能找到，为了能让大家尽快地拿到礼物，小鼹鼠给大家每人一张记录表，记录你在哪里找到的，还要带上一个小白筐，把找到的礼物放到小白筐里，当听到铃鼓声大家赶快回来。（幼师游戏）

师：小朋友们，你找了哪些礼物？你是怎么记录的？请把你的记录方式和记录结果分享给其他小朋友好吗？（教师鼓励幼儿大胆讲述记录方式和结果，同伴间互相学习，提升经验。）

——徐州幼儿师范高等专科学校附属幼儿园　孟倩倩

2. 中班健康活动“肚子里有个火车站”。

活动目标

（1）理解故事内容，用自己的语言表达感受和发现，能大胆地猜想故事内容。

（2）通过欣赏故事，初步了解食物在体内的消化过程。

（3）学会选择健康的食物，养成良好的饮食习惯。

活动准备

经验准备，幼儿已经看过食物消化过程的视频；物质准备，绘本 PPT，人体消化系统流程图（简化的人体解剖图）。

活动过程

（1）导入环节。

师：这个小女孩叫茱莉亚，她突然听到了一个奇怪的声音。（出示第一页）

师：小朋友听一听这是什么声音？我们什么时候会发出这个声音？（教师模仿“咕噜噜”的声音）

幼：好像是打雷的声音，好像是肚子饿的声音……

师：（教师鼓励幼儿大胆猜测声音是从哪里来的。）

幼：可能是从肚子里传出来的……

师：现在，我们来看一看肚子里为什么会发出这个声音。

（2）阅读画面，了解故事内容。

①基本部分（引导幼儿观察，推测故事发展）。

引导幼儿观察书本的封面，猜测故事情节，激发幼儿欣赏故事的兴趣。

师：图中有什么？

幼：小山、小人 / 精灵、火车、洞……

师（引导幼儿猜测）：你们猜猜这是在什么地方？发生了什么事呀？

幼：这是一个火车站，他们可能要去旅游；这绿色的是小精灵……

师：这是一个火车站，这里有许多可爱的小精灵，可是让人奇怪的是这个火车站和这些小精灵是在一个小朋友（茱莉娅）的肚子里，想知道小精灵为什么在茱莉亚的肚子里吗？那我们接着往下看。

②展开部分（幼儿观察绘本，教师讲述故事，帮助幼儿初步理解故事内容，了解食物消化过程）。

教师分段逐页讲述故事至“听到的咕噜噜的声音”，边讲边引导幼儿观察画面。

师：朱莉娅的肚子为什么会发出咕噜噜的声音？朱莉娅听到的咕噜噜声是什么呀？

师：原来，我们开始听到的声音“咕噜噜”是茱莉娅的肚子里的小精灵发出来的声音，小朋友猜对了吗？小精灵的工作是什么？

继续讲述故事至“也不会把他弄疼”。

师：朱莉娅吃午餐的时候，发生了什么事情？

师：肚子小精灵们为什么会那么生气？如果是你们，你们会怎么做？

（幼儿表演生气中的小精灵是怎样工作的）

幼儿讨论朱莉娅应该怎么吃饭才不会把肚子小精灵弄疼呢？

继续讲述故事至“这个过程对我们来说特别有趣！”（边讲解边请幼儿观察简化版的人体解剖图）

师：吃进去的食物会先到哪里？再到哪里呢？最后的终点站在哪里？

继续讲述故事：茱莉亚肚子里的小精灵们在工作的时候，是不是一帆风顺的呢？我们一起来听听又发生了什么事情。

师：茱莉亚为什么会生病呢？（吃得太多、太快了）

③结束部分（讲述完绘本的最后一部分）。

师：茉莉亚的肚子怎么不疼了呢？小精灵做了哪些事呢？

（3）讨论关于食物的选择。

师：每个人的肚子里都有一列小火车，还有很多帮助你的胃工作的小精灵。如果你是小精灵，大家来说说小精灵喜欢什么样的食物，不喜欢什么样的食物，为什么呢？

师：作为小精灵的主人，大家需要怎么做才能让自己的身体更健康，小精灵也会很开心呢？

师：小主人们说得都很好，那以后每次吃饭，就比比看谁肚子里的小精灵最开心，好吗？

——徐州幼儿师范高等专科学校附属幼儿园　岳静楠子

练习二：根据下面的教学活动设计教学口语。

1. 教师运用游戏的方式激发幼儿学习儿歌的欲望，带领幼儿感知和理解儿歌的内容，引领幼儿学习朗诵儿歌。

附：

藏猫猫

月儿明，月儿亮，
月儿底下藏猫猫，
拍拍手，快藏好，
睁开眼睛瞧一瞧，瞧一瞧，
噫！一个不见了。
别着急，慢慢找，
东瞅瞅，西瞧瞧，
蹑着脚，猫着腰，
伸手抓住那黑影，
那黑影，
“喵”，找到了。

2. 中班数学活动“搭建城堡”。

教师指导幼儿学习用各种形状的积木搭建城堡，并能在表格的正确位置用自己的方法记录每种形状积木的数量。

附表格：

		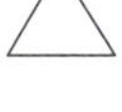				

3. 根据活动目标、动作要领、游戏玩法，为小班体育活动“快乐的小青蛙”设计游戏玩法和游戏规则的阐释语，并为该体育活动设计结束语。

活动目标

（1）在游戏中发展跳跃和跑的能力。

（2）激发积极参与、体验体育游戏的兴趣。

动作要领

向上跳跃的动作要领，双脚并拢，膝盖弯曲，双手向上摆动。

游戏玩法

设计小青蛙捉害虫的游戏，指导幼儿学会向上跳跃。

练习三：欣赏下面情景再现中教师的提问语，说说教师提问语的运用对你有什么启发。

数学活动“美丽的项链”。

活动目标

（1）在看看、说说、玩玩中识别 ABAB 的模式，并尝试排序。

（2）能手眼协调地进行操作活动，并能说出自己的排列模式。

（3）乐意帮助小熊，积极参与活动。

活动准备

玩偶一个，红色、黄色、蓝色串珠若干，图标若干。

活动过程

（1）导入环节。

师：我今天带来一位好朋友小熊熊！小熊熊今天想和我们分享它收到的礼物（出示项链的一段）。这是一条特别的项链，小熊熊说它最喜欢这条项链啦！

（2）学习 ABAB 模式的排列方法。

①学习 ABAB 模式。

师：哎？这条项链有几种颜色呢？（两种）分别是什么颜色呢？（黄色和红色）谁来试一试，找出项链的排列顺序。（红色、黄色）

师：很好！接下来会是什么颜色呢？谁来动手试试？（指名一个幼儿穿项链）

师：说一说为什么这样穿。（这里是黄色，所以我接了一个红色）

师：观察得真仔细！小熊熊要和你握个手，谢谢你！

教师小结：是的，这串项链就是一个红、一个黄、一个红、一个黄排着队的。

②做项链。

师扮小熊熊：能不能再请你们帮个忙？我有许多好朋友，它们也很喜欢我的项链，你们帮我做一些送给它们。注意听做项链的要求，项链要有两种颜色，排列顺序是一种颜色接着另一种颜色。（幼儿操作，教师巡视指导）

（3）分享评价。

①自主观察。

师：请完成任务的小朋友把自己做的项链挂到展示台上（幼儿挂），仔细观察展示台上的项链，说说你的项链和其他好朋友的有什么不同。

②分享验证。

师：谁来说说自己项链的排列模式。（幼儿说）

师：有没有和她的项链一样的？（幼儿集体验证并归为一类。以此类推，把几个颜色不同的模式都分享验证）

——徐州开发区大庙中心幼儿园　蒋华

练习四：假设你是一名幼儿园老师，在幼儿园安排小朋友参加劳动，家长知道后，找到教师兴师问罪：孩子在家里都没有劳动，为什么让孩子做苦力？请你设计与家长沟通的语言，化解矛盾。

学习评价与反思

评价要点：了解幼儿教师职业口语特点，掌握幼儿教师职业口语技巧，正确运用集体教学活动口语、教育口语与幼儿园其他工作用语。